Lieber Sascha,

hier eine Lektüre für den Fall,
dass du jemals wirklich
absolut heftige Langeweile haben
solltest.

Deine "Nachbarin" Eileen :-.

Schriftenreihe

Studien zum Erbrecht

Band 26

ISSN 1865-309X (Print)

Verlag Dr. Kovač

Eileen Meichle

Die Vererbbarkeit des Geldentschädigungsanspruchs bei Verletzung des Allgemeinen Persönlichkeitsrechts

Verlag Dr. Kovač

Hamburg
2021

VERLAG DR. KOVAČ GMBH
FACHVERLAG FÜR WISSENSCHAFTLICHE LITERATUR

Leverkusenstr. 13 · 22761 Hamburg · Tel. 040 - 39 88 80-0 · Fax 040 - 39 88 80-55

E-Mail info@verlagdrkovac.de · Internet www.verlagdrkovac.de

Bibliografische Information der Deutschen Nationalbibliothek
Die Deutsche Nationalbibliothek verzeichnet diese Publikation
in der Deutschen Nationalbibliografie;
detaillierte bibliografische Daten sind im Internet
über http://dnb.d-nb.de abrufbar.

ISSN: 1865-309X (Print)
ISBN: 978-3-339-12372-5
eISBN: 978-3-339-12373-2

Zugl.: Dissertation, Julius-Maximilians-Universität Würzburg, 2021
Erstberichterstatterin: Prof. Dr. Inge Scherer
Zweitberichterstatter: Prof. Dr. Christof Kerwer
Tag der mündlichen Prüfung: 20.01.21

Meinen Eltern

Vorwort

Die vorliegende Arbeit wurde von der Juristischen Fakultät der Julius-Maximilians-Universität Würzburg im Wintersemester 2020/21 als Dissertation angenommen.

Aufgrund des aktuellen Bezugs und der medialen Aufmerksamkeit der sog. „Kohl-Rechtsprechung", war die Erstellung dieser Arbeit für mich besonders spannend. Einerseits war es möglich, nochmals intensiv die historische Entwicklung eines Anspruchs nachzuvollziehen und aufzuarbeiten. Zudem konnte ich ein Bewusstsein dafür entwickeln, welchen Herausforderungen sich die Rechtsordnung aufgrund der sich stets wandelnden gesellschaftlichen Verhältnisse immer wieder erneut stellen muss.

Mein besonderer Dank für die wirklich stets herausragende Betreuung im Rahmen meiner Promotion gilt zunächst meiner Doktormutter Frau Prof. Dr. iur. Inge Scherer. Ich hätte mir weder fachlich noch menschlich eine bessere Unterstützung wünschen können.
Ebenfalls herzlich bedanken möchte ich mich bei Herrn Prof. Dr. iur. Christof Kerwer für die freundliche Übernahme des Zweitgutachtens sowie bei Herrn Prof. Dr. iur. Tobias Reinbacher, der mir auch „in Zeiten von Corona" als Prüfungsvorsitzender eine Online-Disputation ermöglicht hat.

Zudem danke ich hier meinen ehemaligen Studienkollegen Stefan, Anne, Lotte, Jakob, Peter und Hülsi, die mittlerweile enge Freunden sind und nicht nur die Studienzeit unvergesslich gemacht haben, sondern mich auch im Rahmen meiner Promotion stets – sei es mit gutem Zuspruch oder einem kühlen Getränk – bestärkt haben.

Besonderer Dank gilt hier auch meiner Freundin Bettina Arnegger, die mich seitdem ich denken kann auf meinem Lebensweg begleitet und unterstützt.
Auch sie wird noch im Jahr 2021 ihr Promotionsstudium erfolgreich abgeschlossen haben! Herzlichen Glückwunsch Bettini!

Ebenso sei hier der besondere Einsatz meiner Partnerin Caroline Mehnert erwähnt - sie hat mir so unglaublich viel Geduld für meine Promotion entgegengebracht. Ihr Engagement und ihr Rückhalt im Rahmen der Erstellung und Korrektur meiner Arbeit war mehr als ich jemals erwartet hatte.

Zudem habe ich von ihr das schönste Fahrrad als Anerkennung dieses Werkes bekommen. Danke!

Mein besonderer Dank gilt an dieser Stelle aber meinen Eltern Elisabeth und Harald Meichle. Trotz zwischenzeitlich durchaus begründeter Zweifel haben sie immer an mich geglaubt. Ich könnte mir keine bessere Unterstützung im Leben wünschen.

Ganz besonders sei hier das überragende Engagement meines Vaters erwähnt, der wesentlich zum Gelingen der Arbeit beigetragen hat. Danke!

Herzlichen Dank.

Köln, im Mai 2021, Eileen Meichle.

Inhaltsverzeichnis

Literaturverzeichnis

Ahrens, Claus, Fragen der erbrechtlichen Gestaltung postmortaler Persönlichkeitsrechtsverwertungen, ZEV 2006, S. 237 – 242 (Zit.: *Ahrens*, ZEV 2006, 237).

Amelung, Ulrich, Der Schutz der Privatheit im Zivilrecht, Tübingen 2002 (Zit.: *Amelung*, Privatheit).

Balke, Rüdiger, Der Anspruch auf Hinterbliebenengeld im Verkehrsunfallrecht, SVR 2018, S. 207 – 211 (Zit.: *Balke*, SVR 2018, 207).

Bamberger, Heinz Georg/ Roth, Herbert/ Hau, Wolfgang/ Poseck, Roman, Beck´scher Onlinekommentar BGB, 53. Edition, Stand: 01.02.2020 (Zit.: *Bearbeiter* in: BeckOK BGB).

v. Bar, Christian, Deliktsrecht. Empfiehlt es sich, die Voraussetzungen der Haftung für unerlaubte Handlungen mit Rücksicht auf die gewandelte Rechtswirklichkeit und die Entwicklung in Rechtsprechung und Lehre neu zu ordnen? in: Bundesminister der Justiz (Hrsg.), Gutachten und Vorschläge zu Überarbeitung des Schuldrechts, Band II, Köln 1981, S. 1681 – 1778 (Zit.: *v. Bar*, Gutachten, S. 1681).

Barton, Dirk Michael, Pressefreiheit und Persönlichkeitsschutz, AfP 1995, S. 452 – 458 (Zit.: *Barton*, AfP 1995, 452).

Becker, Christoph, Persönlichkeitsrecht und Persönlichkeit des Rechts: Gedächtnisschrift für Heinz Hübner, Münster/Hamburg/Berlin/Wien/London 2017 (Zit.: *Becker*, Persönlichkeitsrecht).

Becker-Toussaint, Hildegard, Schmerzensgeldansprüche Beschuldigter bei Medieninformationen der Staatsanwaltschaften, NJW 2004, S. 414 – 418 (Zit.: *Becker-Touissant*, NJW 2004, 414).

Behr, Volker, Der Zeitpunkt der Vererblichkeit von Schmerzensgeldansprüchen, VersR 1976, S. 1106 – 1114 (Zit.: *Behr*, VersR 1976, 1106).

Behr, Volker, Anmerkung zum Urteil des OLG Köln v. 9.12.1975 – 15 U 210/75, NJW 1976, S. 1216 – 1217 (Zit.: *Behr*, NJW 1976, 1216).

Besecke, Walther, Die Schadensersatzpflicht nichtökonomischer Schäden, Erlangen 1914 (Zit.: *Besecke*, Schadensersatzpflicht).

Beuthien, Volker, Was ist vermögenswert, die Persönlichkeit oder ihr Image? Begriffliche Unstimmigkeiten in den Marlene-Dietrich-Urteilen, NJW 2003, S. 1220 – 1222 (Zit.: *Beuthien*, NJW 2003, 1220).

Beuthien, Volker, Vereitelt der Tod die Genugtuung?, GRUR 2014, S. 957 – 960 (Zit.: *Beuthien*, GRUR 2014, 957).

Beuthien, Volker, Statt Genugtuung für das Opfer Frohlocken des Täters? Zur rechtwidrigen Verwertung der Kohl-Protokolle, GRUR 2018, S. 1021 – 1025 (Zit.: *Beuthien*, GRUR 2018, 1021).

Bost, Jan-Patrick, Effiziente Verhaltenssteuerung durch den Ersatz von Nichtvermögensschäden – Eine ökonomische Analyse des Schmerzensgeld- und des Geldentschädigungsrechts anhand des deutschen Haftungsrechts, Berlin 2009 (Zit.: *Bost*, Verhaltenssteuerung).

Bötticher, Eduard, Schutzzweck der verletzten Privatrechtsnorm, AcP, 158. Band, 1959/1960, S. 358 – 409 (Zit.: *Bötticher*, AcP 158, 358).

Brandner, Hans Erich, Das allgemeine Persönlichkeitsrecht in der Entwicklung durch die Rechtsprechung, JZ 1983, S. 689 – 696 (Zit.: *Brandner*, JZ 1983, 689).

Bredemeyer, Dierk, Hinterbliebenengeld und Schockschadensersatz: Lösungen für die Praxis, ZEV 2017, S. 690 – 694 (Zit.: *Bredemyerer*, ZEV 2017, 690).

Brenneisen, Hartmut/ Brenneisen Julia, Rechtsprechung des BVerfG, Berlin 2009 (Zit.: *Brenneisen/Brenneisen*, Rspr. BVerfG).

Bruns, Alexander, Persönlichkeitsschutz im Internet – medienspezifisches Privileg oder medienpersönlichkeitsrechtlicher Standard?, AfP 2011, S. 421 – 428 (Zit.: *Bruns*, AfP 2011, 421).

Burandt, Wolfgang/ Rojahn, Dieter, Erbrecht, Kommentar, 3. Auflage, München 2019 (Zit.: *Bearbeiter* in: Burandt/Rojahn).

Burmann, Michael/ Heß, Rainer/ Hühnermann, Katrin/ Jahnke, Jürgen, Straßenverkehrsrecht, Kommentar, 26. Auflage, München 2020 (Zit.: *Bearbeiter* in: Straßenverkehrsrecht).

Burmann, Michael/ Jahnke, Jürgen, Hinterbliebenengeld – viele Fragen und etliche Antworten, NZV 2017, S. 401 – 413 (Zit.: *Burmann/Jahnke*, NZV 2017, 401).

Bußmann, Kurt, Anmerkung zum Urteil des BGH v. 14.2.1958 – I ZR 151/56, GRUR 1958, S. 411 (Zit.: *Bußmann*, GRUR 1958, 411).

Canaris, Claus-Wilhelm, Gewinnabschöpfung bei Verletzung des allgemeinen Persönlichkeitsrechts, in: Ahrens, Hans-Jürgen/ v. Bar, Christian/ Fischer, Gerfried/ Spickhoff, Andreas/ Taupitz, Jochen (Hrsg.), Festschrift für Erwin Deutsch zum 70. Geburtstag, Köln 1999, S. 85 – 109 (Zit.: *Canaris*, Gewinnabschöpfung, S. 85).

Coing, Helmut, Die Entwicklung des zivilrechtlichen Persönlichkeitsschutzes, JZ 1958, S. 558 – 560 (Zit.: *Coing*, JZ 1958, 558).

Cramer, Peter/ Kindermann, Harald, Wege zur Reform des Schmerzensgeldanspruchs, DAR 1980, S. 33 – 39 (Zit.: *Cramer/Kindermann*, DAR 1980, 33).

Cronemeyer, Patricia, Zum Anspruch auf Geldentschädigung bei der Verletzung des allgemeinen Persönlichkeitsrechts, AfP 2012, S. 10 – 14 (Zit.: *Cronemeyer*, AfP 2012, 10).

Degenhart, Thomas, Die Genugtuungsfunktion des Schmerzensgeldes in § 253 BGB, Bielefeld 2011, Dissertation Würzburg 2010 (Zit.: *Degenhart*, Genugtuungsfunktion).

Deutsch, Erwin, Anmerkung zum Urteil des OLG Celle v. 12.6.1968 – 9 U 180/67, JZ 1970, S. 548 – 549 (Zit.: *Deutsch*, JZ 1970, 548).

Deutsch, Erwin, Schmerzensgeld und Genugtuung, JuS 1969, S. 197 – 204 (Zit.: *Deutsch*, JuS 1969, 197).

Deutsch, Erwin, Über die Zukunft des Schmerzensgeldes, ZRP 1998, S. 291 – 294 (Zit.: *Deutsch*, ZRP 1998, 291).

Deutsch, Erwin, Schmerzensgeld für Vertragsverletzungen und bei Gefährdungshaftung, ZRP 2001, S. 351 – 354 (Zit: *Deutsch*, ZRP 2001, 351).

Diederichsen, Angela, Angehörigenschmerzensgeld „Für und Wider", DAR 2011, S. 122 – 124 (Zit.: *Diederischen*, DAR 2011, 122).

Dietzel, Andreas, Untergang statt Fortbestand – Zur Abgrenzung der unvererblichen Rechtsbeziehungen im Schuldrecht, Pfaffenweiler 1991 (Zit.: *Dietzel*, Untergang statt Fortbestand).

Dreier, Horst (Hrsg.), Grundgesetz, Kommentar, Band 1, Art. 1- 19, 3. Auflage, Tübingen 2013 (Zit.: *Bearbeiter in:* Dreier GG).

Dreier, Thomas/ Schulze, Gernot, Urheberrechtsgesetz, Kommentar, 6. Auflage, München 2018 (Zit.: *Bearbeiter* in: UrhG).

Ebel, Friedrich, Zur Höchstpersönlichkeit des Schmerzensgeldanspruchs, VersR 1978, S. 204 – 210 (Zit.: *Ebel*, VersR 1978, 204).

Ebert, Ina, Pönale Elemente im deutschen Privatrecht, Von der Renaissance der Privatstrafe im deutschen Recht, Tübingen 2004 (Zit.: *Ebert*, Pönale Elemente).

Eckert, Jörn, Der Begriff der Freiheit im Recht der unerlaubten Handlungen, JuS 1994, S. 625 – 631 (Zit.: *Eckert,* JuS 1994, 625).

Ehlers, Wolfram, Der Geldersatz für immaterielle Schäden bei deliktischer Verletzung des allgemeinen Persönlichkeitsrechts, Berlin 1977, Dissertation Würzburg 1974 (Zit.: *Ehlers,* Geldersatz).

Epping, Volker/ Hillgruber, Christian (Hrsg.), Beck´scher Online-Kommentar zum Grundgesetz, 42. Edition, Stand: 01.12.2019 (Zit.: *Bearbeiter* in: BeckOK GG).

Epping, Volker, Grundrechte, 8. Auflage, Berlin/Heidelberg 2019 (Zit.: *Epping,* Grundrechte).

Epping, Volker/ Hillgruber, Christian, Grundgesetz, Kommentar, 2. Auflage, München 2013 (Zit.: *Bearbeiter* in: Epping/Hillgruber GG).

Erdsiek, Gerhard, „Abhandlung: Der Regierungsentwurf zum Persönlichkeits- und Ehrenschutz", Archiv für Urheber- Film- Funk- und Theaterrecht (UFITA); Band 29, Baden-Baden 1959, S. 1 – 15 (Zit.: *Erdsiek,* UFITA, S. 1).

Erman, Walter, Bürgerliches Gesetzbuch, Kommentar, 15. Auflage, Münster 2017 (Zit.: *Bearbeiter* in: Erman BGB).

Eyermann, Erich, Verwaltungsgerichtsordnung, Kommentar, 15. Auflage, München 2018 (Zit.: *Bearbeiter* in: Eyermann VwGO).

Fischer, Annette, Anmerkung zum Urteil des BGH v. 06.12.2005 – VI ZR 265/04, ZEV 2006, S. 273 – 274 (Zit.: *Fischer,* ZEV 2006, 273).

Fischer, Thomas, Kommentar zum Strafgesetzbuch, 67. Auflage, München 2020 (Zit.: *Fischer,* StGB).

Fölsing, Philipp, Anmerkung zum Urteil des BGH v. 23.05.2017 – VI ZR 261/16, EWiR 2017, S. 595 – 596 (Zit.: *Fölsing*, EWiR 2017, 595).

Funkel, Thorsten, Schutz der Persönlichkeit durch Ersatz immaterieller Schäden in Geld – eine rechtsvergleichende Untersuchung des zivilrechtlichen Persönlichkeitsschutzes unter besonderer Berücksichtigung des Geldersatzes für Nichtvermögensschäden in Deutschland und England, München 2001 (Zit.: *Funkel*, Persönlichkeit).

Geis, Max-Emanuel, Der Kernbereich des Persönlichkeitsrechts, JZ 1991, S. 112 – 117 (Zit.: *Geis*, JZ 1991, 112).

von Gierke, Otto, Der Entwurf eines Bürgerlichen Gesetzbuchs und das deutsche Recht, Leipzig 1889 (Zit.: *v. Gierke*, Entwurf).

von Gierke, Otto, Deutsches Privatrecht, Band 1, Allgemeiner Teil und Personenrecht, 1. Auflage, Berlin 1895 (Zit.: *v. Gierke*, Privatrecht).

Gottwald, Stefan, Das allgemeine Persönlichkeitsrecht. Ein zeitgeschichtliches Erklärungsmodell, Berlin/Baden-Baden 1996, Dissertation Berlin 1996 (Zit.: *Gottwald*, Persönlichkeitsrecht).

Gounalakis, Georgios, Persönlichkeitsschutz und Geldersatz, AfP 1998, S. 10 – 25 (Zit.: *Gounalakis*, AfP 1998, 10).

Göbel, Judith, Geldentschädigung und Schmerzensgeld, Konvergenz oder Divergenz?, Frankfurt am Main 2004 (Zit.: *Göbel*, Geldentschädigung).

Göthel, Stephan R., Zu den Funktionen des Schmerzensgeldes im 19. Jahrhundert, AcP 205. Band, 2005, S. 36 – 65 (Zit.: *Göthel*, AcP 205, 36).

Götting, Horst-Peter, Persönlichkeitsrechte als Vermögensrechte, Tübingen 1995 (Zit.: *Götting*, Persönlichkeitsrechte).

Götting, Horst-Peter, Die Vererblichkeit der vermögenswerten Bestandteile des Persönlichkeitsrechts – ein Meilenstein in der Rechtsprechung des BGH, NJW 2001, S. 585 – 587 (Zit.: *Götting*, NJW 2001, 585).

Götting, Horst-Peter, Anmerkung zum Urteil des BGH v. 06.12.2005 – VI ZR 265/04, LMK 2006, 172015 (Zit.: *Götting*, LMK 2006, 172015).

Götting, Horst-Peter/ Schertz, Christian/ Seitz, Walter (Hrsg.), Handbuch des Persönlichkeitsrechts, München 2008 (Zit.: *Bearbeiter* in: Handbuch).

Gräber, Fritz, Finanzgerichtsordnung, Kommentar, 9. Auflage, München 2019 (Zit.: *Bearbeiter* in: Gräber FGO).

Gsell, Beate/ Krüger, Wolfgang/ Lorenz, Stephan/ Reymann, Christoph (Hrsg.), Beck´scher Online Grosskommentar zum Zivilrecht, Stand: 01.12.2019 (Zit.: *Bearbeiter* in: BeckOGK BGB).

Hager, Johannes, Allgemeines Persönlichkeitsrecht, JA 2014, S. 627 – 629 (Zit.: *Hager*, JA 2014, 627).

Hanau, Peter, Hinkende Gesamtschulden, VersR 1967, S. 516 – 524 (Zit.: *Hanau*, VersR 1967, 516).

Harke, Jan Dirk, Römisches Recht, Von der klassischen bis zu den modernen Kodifikationen, München 2008 (Zit.: *Harke*, Römisches Recht).

Harke, Jan Dirk, Das Sanktionensystem des Codex Hammurapi, Würzburg 2007 (Zit.: *Harke*, Sanktionensystem).

Hartl, Michael, Persönlichkeitsrechte als verkehrsfähige Vermögensgüter, Dissertation Konstanz 2004 (Zit.: *Hartl*, Persönlichkeitsrechte).

Helle, Ernst, Anmerkung zu den Urteilen des BGH v. 5.3.1963 – VI ZR 55/62 (Hamburg), und v. 5.3.1963 – VI ZR 61/62 (Düsseldorf), NJW 1963, S. 1403 – 1405 (Zit.: *Helle*, NJW 1963, 1403).

Helle, Jürgen, Besondere Persönlichkeitsrechte im Privatrecht: Das Recht am eigenen Bild, das Recht am gesprochenen Wort und der Schutz des geschriebenen Wortes, Tübingen 1991 (Zit.: *Helle*, Besondere Persönlichkeitsrechte).

Helle, Jürgen, Dissonanzen des postmortalen Persönlichkeitsrechts, AfP 2015, S. 216 – 224 (Zit.: *Helle*, AfP 2015, 216).

Hermann, Tobias, Persönlichkeitsrechte in der Krise – ein Notruf an den BGH, AfP 2018, S. 469 – 479 (Zit.: *Hermann*, AfP 2018, 469).

Hofstetter, Rolf, Zur Geschichte des Schmerzensgeldes, Dissertation Heidelberg 1961 (Zit.: *Hofstetter*, Schmerzensgeld).

Honsell, Heinrich, Die Funktion des Schmerzensgeldes, VersR 1974, S. 205 – 207 (Zit.: *Honsell*, VersR 1974, 205).

Honsell, Heinrich (Hrsg.), Kommentar zum UN-Kaufrecht; Übereinkommen der Vereinigten Nationen über Verträge über den Internationalen Warenkauf (CISG), 5. Auflage, München 1997 (Zit.: *Bearbeiter* in: Honsell).

Honsell, Heinrich, Römisches Recht, 8. Auflage, Heidelberg 2015 (Zit.: *Honsell*, Römisches Recht).

Hubmann, Heinrich, Das Persönlichkeitsrecht, 2. Auflage, Köln 1967 (Zit.: *Hubmann*, Persönlichkeitsrecht).

Hubmann, Heinrich, Anmerkung zum Urteil des BGH v. 19.9.1961 – VI ZR 259/60, JZ 1962, S. 121 – 122 (Zit.: *Hubmann*, JZ 1962, 121).

Jaeger, Lothar, Höhe des Schmerzensgeldes bei tödlichen Verletzungen im Lichte der neueren Rechtsprechung des BGH, VersR 1996, S. 1177 – 1186 (Zit.: *Jaeger*, VersR 1996, 1177).

Janssen, André, Präventive Gewinnabschöpfung, Tübingen 2016 (Zit.: *Janssen*, Gewinnabschöpfung).

Jauernig, Othmar, Bürgerliches Gesetzbuch, Kommentar, 17. Auflage, München 2018 (Zit.: *Bearbeiter* in: Jauernig BGB).

Jarass, Hans Dieter, Das allgemeine Persönlichkeitsrecht im Grundgesetz, NJW 1989, S. 857 – 862 (Zit.: *Jarass*, NJW 1989, 857).

Jarass, Hans Dieter/ Pieroth Bodo, Grundgesetz für die Bundesrepublik Deutschland, Kommentar, 15. Auflage, München 2018 (Zit.: *Bearbeiter* in: Jarass/Pieroth GG).

Kaser, Max/ Knütel, Rolf, Römisches Privatrecht, 19. Auflage, München 2008 (Zit.: *Kaser/Knütel*, Privatrecht).

Katzenmeier, Christian, Neuregelung des Anspruchs auf Schmerzensgeld, JZ 2002, S. 1029 – 1036 (Zit.: *Katzenmeier*, JZ 2002, 1029).

Kaufmann, Ekkehard, Dogmatische und rechtspolitische Grundlage des § 253 BGB, AcP, 162. Band, 1963, S. 421 – 439 (Zit.: *Kaufmann*, AcP 162, 421).

Kern, Bernd-Rüdiger, Die Genugtuungsfunktion des Schmerzensgeldes, AcP 191. Band, 1991, S. 247 – 272 (Zit.: *Kern*, AcP 191, 247).

Klippel, Diethelm, Der zivilrechtliche Schutz des Namens, Paderborn/München/Wien 1985 (Zit.: *Klippel*, Schutz).

Knöpfel, Gottfried, Billigkeit von Schmerzensgeld, AcP 155. Band, 1956, S. 135 – 157 (Zit.: *Knöpfel*, AcP 155, 135).

Kopp, Ferdinand/ Schenke, Wolf-Rüdiger, Verwaltungsgerichtsordnung, Kommentar, 15. Auflage, München 2019 (Zit.: *Kopp/Schenke*, VwGO).

Köndgen, Johannes, Haftpflichtfunktionen und Immaterialschaden am Beispiel von Schmerzensgeld bei Gefährdungshaftung, Berlin 1976 (Zit.: *Köndgen*, Haftpflichtfunktionen).

Körner, Marita, Zur Aufgabe des Haftungsrechts – Bedeutungsgewinn präventiver und punitiver Elemente, NJW 2000, S. 241 – 246 (*Körner*, NJW 2000, 241).

Kötz, Hein, Zur Reform der Schmerzensgeldhaftung, in: Festschrift für Ernst von Caemmerer, Tübingen 1978, S. 389 – 409 (Zit.: *Kötz*, Reform).

Kroiß, Ludwig/ Horn, Claus-Henrik/ Solomon, Dennis, Nachfolgerecht, Erbrechtliche Spezialgesetze, Kommentar, 1. Auflage 2015 (Zit.: *Bearbeiter* in: Nachfolgerecht).

Kutschera, Christoph, Zur Frage der Vererblichkeit des Anspruchs auf Geldentschädigung bei einer schweren Persönlichkeitsrechtsverletzung, AfP 2000, S. 147 – 149 (Zit.: *Kutschera*, AfP 2000, 147).

Ladeur, Karl-Heinz/ Gostomzyk, Tobias, Der Schutz von Persönlichkeitsrechten gegen Meinungsäußerungen in Blogs. Geht die große Zeit des privaten Presserechts im Internet zu Ende?, NJW 2012, S. 710 – 715 (Zit.: *Ladeur/ Gostomzyk*, NJW 2012, 710).

Lange, Hermann, Schadensersatz und Privatstrafe in der Mittelalterlichen Rechtstheorie, München/Köln 1955 (Zit.: *Lange*, Schadensersatz).

Lange, Hermann, Handbuch des Schuldrechts – Schadensersatz, 2. Auflage, Tübingen 1990 (Zit.: *Lange*, Handbuch).

Lange, Knut Werner, Schutz des allgemeinen Persönlichkeitsrechts durch zivilrechtliche Prävention?, VersR 1999, S. 274 – 282 (Zit.: *Lange*, VersR 1999, 274).

Lange, Knut Werner, Erbrecht, 2. Auflage, München 2017 (Zit.: *Lange*, Erbrecht).

Lange, Knut Werner/ Kuchinke, Kurt, Erbrecht, 5. Auflage, München 2001 (Zit.: *Lange/Kuchinke*, Erbrecht).

Langerhans, Paul, Übertragbarkeit und Vererblichkeit des Anspruchs auf Schmerzensgeld, ZRP 1977, S. 132 – 134 (Zit.: *Langerhans,* ZRP 1977, 132).

Larenz, Karl, Anmerkung zum Urteil des BGH v. 14.2.1958 – I ZR 151/56, NJW 1958, S. 827 – 830 (Zit.: *Larenz,* NJW 1958, 827).

Lichtenstein, Falk, Der Idealwert und der Geldwert des zivilrechtlichen Persönlichkeitsrechts vor und nach dem Tode: Grundlage für die Verwertung individueller Erkennbarkeit, Baden-Baden 2005 (Zit.: *Lichtenstein,* Idealwert).

von Liszt, Franz, Die Deliktsobligationen im System des Buergerlichen Gesetzbuchs: kritische und dogmatische Randbemerkungen, Berlin 1898 (Zit.: *v. Liszt,* Deliktsobligationen).

Lorenz, Egon, Immaterieller Schaden und „billige Entschädigung in Geld", Berlin 1981 (Zit.: *Lorenz,* Immaterieller Schaden).

Ludyga, Hannes, Entschädigung in Geld und postmortales allgemeines Persönlichkeitsrecht, ZEV 2014, S. 333 – 338 (Zit.: *Ludyga,* ZEV 2014, 333).

Ludyga, Hannes, Anmerkung zum Urteil des BGH v. 29.04.2014 – VI ZR 246/12, ZUM 2014, S. 706 – 707 (Zit.: *Ludyga,* ZUM 2014, 706).

Ludyga, Hannes, Entschädigung in Geld für Leben nach einem nicht erfolgten Behandlungsabbruch gegen den Willen des Patienten am Lebensende, NZFam 2017, S. 595 – 598 (Zit.: *Ludyga,* NZFam 2017, 595).

Ludyga, Hannes, Anmerkung zum Urteil des BGH v. 23.5.2017 – VI ZR 261/16, FamRZ 2017, S. 1615 – 1619 (Zit.: *Ludyga,* FamRZ 2017, 1615).

Martin, Klaus, Das allgemeine Persönlichkeitsrecht in seiner historischen Entwicklung, Hamburg 2007 (Zit.: *Martin,* Persönlichkeitsrecht).

Maunz, Theodor/ Dürig, Günter, Grundgesetz, Kommentar, Loseblattsammlung, Band I, Art. 1 – 5, 88. Ergänzungslieferung, München 2019, (Zit.: *Bearbeiter* in: Maunz/Dürig GG).

Medicus, Dieter, Bürgerliches Recht, 10. Auflage, München 1981 (Zit.: *Bearbeiter* in: Medicus 1981).

Meinke, Monika, In Verbindung mit.: Die Verbindung von Grundrechten miteinander und mit anderen Bestimmungen des Grundgesetzes in der Rechtsprechung des Bundesverfassungsgerichts., Berlin 2006 (Zit.: *Meinke*, Verbindung Grundrechten).

Mertens, Hans-Joachim, Persönlichkeitsrecht und Schadensersatz, JuS 1962, S. 261 – 269 (Zit.: *Mertens*, JuS 1962, 261).

Meyer-Ladewig, Jens/ Keller, Wolfgang/ Leitherer, Stephan/ Schmidt, Benjamin, Sozialgerichtsgesetz, Kommentar, 12. Auflage, München 2017 (Zit.: *Bearbeiter* in: SGG).

Motive, Motive zum Entwurfe eines Bürgerlichen Gesetzbuches für das Deutsche Reich, Band II, Recht der Schuldverhältnisse, Berlin/Leipzig 1888 (Zit.: Motive II).

Möller, Reinhard, Das Präventionsprinzip des Schadensrechts, Berlin 2005 (Zit.: *Möller*, Präventionsprinzip).

Mudgan, Benno, Die gesamten Materialien zum Bürgerlichen Gesetzbuch für das Deutsche Reich, II. Band, Recht der Schuldverhältnisse, Berlin 1899 (Zit.: *Mudgan*, Materialien).

Musielak, Hans-Joachim/ Voit, Wolfgang, Zivilprozessordnung mit Gerichtsverfassungsgesetz, Kommentar, 17. Auflage, München 2020 (Zit.: *Bearbeiter* in: Musielak/Voit ZPO):

Müller, Gerda, Zum Ausgleich des immateriellen Schadens nach § 847 BGB, VersR 1993, S. 909 – 916 (Zit.: *Müller*, VersR 1993, 909).

Müller, Gerda, Der Schutzbereich des Persönlichkeitsrechts im Zivilrecht, VersR 2008, S. 1141 – 1154 (Zit.: Müller, VersR 2008, 1141).

Müller, Gerda, Der Anspruch auf Hinterbliebenengeld, VersR 2017, S. 321 – 325 (Zit.: *Müller,* VersR 2017, 321).

Müller, Stefan, Überkompensatorische Schmerzensgeldbemessung? – Ein Beitrag zu den Grundlagen des § 253 Abs. 2 BGB n.F., Karlsruhe 2007 (Zit.: *Müller,* Schmerzensgeldbemessung).

Münchener Kommentar zum Bürgerlichen Gesetzbuch, hrsg. v. *Säcker, Franz J./ Rixecker, Roland/ Oetker, Hartmut/ Limperg, Bettina,* Band 1, Allgemeiner Teil, §§ 1 – 240, 8. Auflage, München 2018 (Zit.: *Bearbeiter* in: MüKo BGB).

Münchener Kommentar zum Bürgerlichen Gesetzbuch, hrsg. v. *Rebmann, Kurt/ Säcker, Franz J.,* Band 3, Schuldrecht Besonderer Teil, 2. Halbband, §§ 652 – 853, 2. Auflage, München 1984 (Zit.: *Bearbeiter* in: MüKo BGB 1984).

Münchener Kommentar zum Bürgerlichen Gesetzbuch, hrsg. v. *Säcker, Franz J./ Rixecker, Roland/ Oetker, Hartmut/ Limperg, Bettina,* Band 11, Erbrecht, §§ 1922 – 2385, §§ 27 – 35 BeurkG, 8. Auflage, München 2020 (Zit.: *Bearbeiter* in: MüKo BGB).

Münchener Kommentar zur Zivilprozessordnung, hrsg. v. *Krüger, Wolfgang/ Rauscher, Thomas,* Band 1, §§ 1 – 354, 6. Auflage, München 2020 (Zit.: *Bearbeiter* in: MüKo ZPO).

Nehlsen-v. Stryk, Karin, Schmerzensgeld ohne Genugtuung, JZ 1987, S. 119 – 127 (Zit.: *Nehlsen-v. Stryk,* JZ 1987, 119).

Neuer, Jörg, Das Schmerzensgeld, JuS 2013, S. 577 – 585 (Zit.: *Neuer,* JuS 2013, 577).

Niemeyer, Jürgen, Genugtuung des Verletzten durch Buße, Eine Untersuchung der Bußvorschriften im Alternativentwurf, Tübingen 1972 (Zit.: *Niemeyer,* Genugtuung).

Nipperdey, Hans Carl, Freie Entfaltung der Persönlichkeit, in: Karl August Bettermann/ Ders. / Ulrich Scheuner (Hrsg.), Die Grundrechte, Band IV, 2. Halbband, Berlin 1962, S. 742 – 909 (Zit.: *Nipperdey,* Grundrechte).

Palandt, Otto, Bürgerliches Gesetzbuch, 79. Auflage, München 2020 (Zit.: *Bearbeiter* in: Palandt BGB).

Pecher, Hans Peter, Der Anspruch auf Genugtuung als Vermögenswert, AcP, 171. Band, 1971, S. 44 – 81 (Zit.: *Pecher,* AcP 171).

Preuß, Nicola, Anmerkung zum Urteil des BGH v. 23.05.2017 – VI ZR 261/16, LMK 2017, 395735 (Zit.: *Preuß,* LMK 2017, 395735).

Prien, Jochen, Naturalrestitution als Schadensersatz bei deliktischer Verletzung der Ehre, Frankfurt am Main/ Bern/ New York 1985 (Zit.: *Prien,* Naturalrestitution).

Protokolle, Protokolle der Kommission für die zweite Lesung des Entwurfs des Bürgerlichen Gesetzbuchs / 2: Recht der Schuldverhältnisse Abschn. II, Titel 2 – 20, 1896 (Zit.:Protokolle Kommission).

Rolfs, Christian/ Giesen, Richard/ Kreikebohm, Ralf/ Udsching, Peter (Hrsg.), Beck Onlinekommentar Arbeitsrecht, 55. Edition, Stand: 01.03.2020, (Zit.: *Bearbeiter* in: BeckOK ArbR).

Sachs, Michael (Hrsg.), Grundgesetz Kommentar, 8. Auflage, München 2018 (Zit.: *Bearbeiter* in: Sachs GG).

Saenger, Ingo, Zivilprozessordnung, Handkommentar, 8. Auflage, Baden-Baden 2019 (Zit.: *Bearbeiter* in: Saenger ZPO):

Sailer, Kathrin, Prävention im Haftungsrecht, Frankfurt am Main 2005, Dissertation Würzburg 2005 (Zit.: *Sailer,* Prävention).

Schack, Haimo, Das Persönlichkeitsrecht der Urheber und auszuübenden Künstler nach dem Tode, GRUR 1985, S. 352 – 361 (Zit.: *Schack,* GRUR 1985, 352).

Schack, Haimo, Anmerkung zum Urteil des BGH v. 1.12.1999 – I ZR 49/97 (KG) – Marlene Dietrich, JZ 2000, S. 1060 (Zit.: *Schack,* JZ 2000, 1060).

Schack, Haimo, Europäische Rechtskraft?, in: Festschrift für Reinhold Geimer zum 80. Geburtstag, München 2017, S. 611 – 618 (Zit.: *Schack,* Rechtskraft, S. 611).

Schack, Haimo, Anmerkung zum Urteil des BGH v. 23.5.2017 – VI ZR 261/16, JZ 2018, S. 44 – 46 (Zit.: *Schack,* JZ 2018, 44).

Schlechtriem, Peter, Anmerkung zum Urteil des BGH v. 15.11.1994 – VI ZR 56/94, JZ 1995, S. 362 – 364 (Zit.: *Schlechtriem,* JZ 1995, 362).

Schlobach, Klaus, Das Präventionsprinzip im Recht des Schadensersatzes, 1. Auflage, Baden-Baden 2004, Dissertation Augsburg 2003 (Zit.: *Schlobach,* Präventionsprinzip).

Schubert, Claudia, Anmerkung zum Urteil des BGH v. 29.4.2014 – VI ZR 246/12, JZ 2014, S. 1056 – 1060 (Zit.: *Schubert,* JZ 2014, 1056).

Schubert, Werner, Anmerkung zum Urteil des BGH v. 23.05.2017 – VI ZR 261/16, JR 2018, S. 514 – 520 (Zit.: *Schubert,* JR 2018, 514).

Schulze, Reiner/ Dörner, Heinrich/ Ebert, Ina/ Hoeren, Thomas/ Kemper, Rainer/ Saenger, Ingo/ Schreiber, Klaus/ Schulte-Nölke, Hans/ Staudinger, Ansgar, Bürgerliches Gesetzbuch, Handkommentar, 10. Auflage, Baden-Baden 2019 (Zit.: *Bearbeiter* in: BGB-Hk).

Schwerdtner, Peter, Das Persönlichkeitsrecht in der deutschen Zivilrechtsordnung – offene Probleme einer juristischen Entdeckung, Berlin 1977 (Zit.: *Schwerdtner*, Persönlichkeitsrecht).

Schwerdtner, Peter, Der zivilrechtliche Persönlichkeitsschutz, JuS 1978, S. 289 – 301 (Zit.: *Schwerdtner*, JuS 1978, 289).

Seitz, Walter, Prinz und Prinzessin – Wandlungen des Deliktsrechts durch Zwangskommerzialisierung der Persönlichkeit, NJW 1996, S. 2848 – 2850 (Zit.: *Seitz*, NJW 1996, 2848).

Soergel, Hans-Theodor, Bürgerliches Gesetzbuch mit Einführungsgesetz und Nebengesetzen (BGB), Kommentar, Band 3/2, Schuldrecht 1/2, §§ 243 – 304, 13. Auflage, Stuttgart 2014 (Zit.: *Bearbeiter* in: Soergel BGB).

Spickhoff, Andreas, Anmerkung zum Urteil des BGH v. 29.04.2014 – VI ZR 246/12 (KG), LMK 2014, 359158 (Zit.: *Spickhoff*, LMK 2014, 359158).

Spindler, Gerald/ Schuster, Fabian, Recht der elektronischen Medien, Kommentar, 4. Auflage, München 2019 (Zit.: *Bearbeiter* in: Spindler/Schuster).

Staudinger, Ansgar, Das Persönlichkeitsrecht im Zivilrecht, Jura 2016, S. 783 – 792 (*Staudinger*, Jura 2016, 783).

v. Staudinger, Julius, Bürgerliches Gesetzbuch, Kommentar, §§ 833 – 853, 12. Auflage, Berlin 1986 (Zit.: *Bearbeiter* in: Staudinger BGB 1986).

v. Staudinger, Julius, Bürgerliches Gesetzbuch, Kommentar, Buch 5, Erbrecht, Einleitung zum Erbrecht, §§ 1922 – 1966, Berlin 2017 (Zit.: *Bearbeiter* in: Staudinger BGB).

Staudinger, Ansgar/ Schmidt, Rüdiger, Marlene Dietrich und der (postmortale) Schutz vermögenswerter Persönlichkeitsrechte, Jura 2001, S. 241 – 249 (Zit.: *Staudinger/Schmidt*, Jura 2001, 241).

Steenbuck, Michael, Das Hinterbliebenengeld, r+s 2017, S. 449 – 454 (Zit.: *Steenbuck*, r+s 2017, 449).

Steffen, Erich, Schmerzensgeld bei Persönlichkeitsverletzung durch die Medien – Ein Plädoyer gegen formelhafte Berechnungsmethoden bei der Geldentschädigung, NJW 1997, S. 10 – 14 (Zit.: *Steffen*, NJW 1997, 10).

Stoll, Hans, Empfiehlt sich eine Neuregelung der Verpflichtung zum Geldersatz für immateriellen Schaden? Gutachten für den 45. Deutschen Juristentag zu den Verhandlungen des Fünfundvierzigsten Deutschen Juristentags 1964 in Karlsruhe, Band I, Teil 1, München 1964 (Zit.: *Stoll*, Gutachten).

Stoll, Hans, Ersatz für immaterielle Schäden im Verkehrsrecht, DAR 1968, S. 303 – 310 (Zit.: *Stoll*, DAR 1968, 303).

Stoll, Hans, Der Tod als Schadensfall, in: Festschrift für Pan J Zepos, Band II, Athen/Freiburg/Köln 1973, S. 681 – 699 (Zit.: *Stoll*, FS Zepos, 681).

Tacke, Sarah Céline, Medienpersönlichkeitsrecht, Das System der Rechtsfolgen von Persönlichkeitsrechtsverletzungen durch Massenmedien, Berlin 2009, Dissertation Hamburg 2009 (Zit.: *Tacke*, Medienpersönlichkeitsrecht).

Thomas, Heinz/ Putzo, Hans, Zivilprozessordnung, Kommentar, 41. Auflage, München 2020 (Zit.: *Thomas/Putzo*, ZPO).

Unterreitmeier, Johannes, Die Restitution von Schmach und Schmerzen. Über die gemeinsamen historischen Wurzeln von Schmerzensgeld und Geldentschädigung, JZ 2013, S. 425 – 433 (Zit.: *Unterreitmeier*, JZ 2013, 425).

Wagner, Gerhard, Geldersatz für Persönlichkeitsrechtsverletzungen, ZEuP 2000, S. 200 – 228 (Zit.: *Wagner*, ZEuP 2000, 200).

Wagner, Gerhard, Prominente und Normalbürger im Recht der Persönlichkeitsverletzungen, VersR 2000, S. 1305 – 1310 (Zit.: *Wagner*, VersR 2000, 1305).

Wagner, Gerhard, Das Zweite Schadensersatzrechtsänderungsgesetz, NJW 2002, S. 2049 – 2064 (Zit.: *Wagner*, NJW 2002, 2049).

Wagner, Gerhard, Ersatz immaterieller Schäden: Bestandsaufnahme und europäische Perspektiven, JZ 2004, S. 319 – 330 (Zit.: *Wagner*, JZ 2004, 319).

Wagner, Gerhard, Schadensersatz in Todesfällen – Das neue Hinterbliebenengeld, NJW 2017, S. 2641 – 2646 (Zit.: *Wagner*, NJW 2017, 2641).

Walter, Ute, Geschichte des Anspruchs auf Schmerzensgeld – bis zum Inkrafttreten des Bürgerlichen Gesetzbuchs, Paderborn 2004 (Zit.: *Walter*, Geschichte Schmerzensgeld).

Wandt, Manfred, Gesetzliche Schuldverhältnisse, Deliktsrecht, Schadensrecht, Bereicherungsrecht, GoA, 9. Auflagen München 2019 (Zit.: *Wandt*, Gesetzliche Schuldverhältnisse).

Wandtke, Artur-Axel /Bullinger, Winfried, Praxiskommentar Urheberrecht, 5. Auflage, München 2019 (Zit.: *Bearbeiter* in: Wandtke/Bullinger UrhR).

Wente, Jürgen K., Das Recht der journalistischen Recherche: Ein Beitrag zum Konflikt zwischen den Medienfreiheiten und der informationellen Selbstbestimmung, Baden-Baden 1987 (Zit.: *Wente*, Recherche).

Wenzel, Karl Egbert, Das Recht der Wort- und Bildberichterstattung, Handbuch des Äußerungsrechts, 6. Auflage, Köln 2018 (Zit.: *Bearbeiter* in: Handbuch Äußerungsrecht).

Wesel, Uwe, Geschichte des Rechts, Von den Frühformen bis zur Gegenwart, 2. Auflage, München 2001 (Zit.: *Wesel*, Geschichte des Rechts).

Wesenberg, Gerhard/ Wesener, Gunter, Neuere Deutsche Privatrechtsgeschichte im Rahmen der europäischen Rechtsentwicklung, 4. Auflage, Wien/ Köln/Graz 1985 (Zit.: *Wesenberg/Wesener*, Privatrechtsgeschichte).

Westermann, Harm Peter, Das allgemeine Persönlichkeitsrecht nach dem Tode seines Trägers, FamRZ 1969, S. 561 – 572 (*Westermann*, FamRZ 1969, 561).

Wieling, Hans Josef, Interesse und Privatstrafe vom Mittelalter bis zum Bürgerlichen Gesetzbuch, Köln 1970 (Zit.: *Wieling*, Interesse und Privatstrafe).

Wiese, Günther, Der Ersatz des immateriellen Schadens, Recht und Staat, Heft 294/295, Tübingen 1964 (Zit.: *Wiese*, Ersatz des immateriellen Schadens).

Wortmann, Florian, Die Vererblichkeit vermögensrechtlicher Bestandteile des Persönlichkeitsrechts, Baden-Baden/Berlin 2005, Dissertation Münster 2004 (Zit.: *Wortmann*, Vererblichkeit).

Abkürzungsverzeichnis

a. A.	anderer Auffassung
Abs.	Absatz
Abschn.	Abschnitt
AcP	Archiv für civilistische Praxis
AfP	Archiv für Presserecht
a.F.	alte Fassung
ALR	Allgemeines Landrecht für die Preußischen Staaten
Anh.	Anhang
AöR	Archiv des öffentlichen Rechts
ArbGG	Arbeitsgerichtsgesetz
Art.	Artikel
AtomG	Atomgesetz
BAG	Bundesarbeitsgericht
Beschl.	Beschluss
BGB	Bürgerliches Gesetzbuch
BGBl.	Bundesgesetzblatt
BGH	Bundesgerichtshof
BGSG	Bundesgrenzschutzgesetz
BT	Bundestag
BT-Drs.	Drucksache des Deutschen Bundestags
BUrlG	Bundesurlaubsgesetz
BVerfG	Bundesverfassungsgericht
BVerfGE	Entscheidungen des Bundesverfassungsgerichts
bzw.	beziehungsweise
CCC	Constitutio Criminalis Carolina
CISG	United Nations Convention on Contracs for the International Sale of Goods
D	Digesten
d. h.	das heißt
DAR	Deutsches Autorecht
Ders.	Derselbe
DesignG	Designgesetz
DJT	Deutscher Juristentag

EGMR	Europäischer Gerichtshof für Menschenrechte
EGZPO	Einführungsgesetz ZPO
Einf.	Einführung
Einl.	Einleitung
EuGH	Europäischer Gerichtshof
EWiR	Entscheidungen zum Wirtschaftsrecht
f., ff.	folgende
FamRZ	Zeitschrift für das gesamte Familienrecht
FGO	Finanzgerichtsordnung
FS	Festschrift
Gai.	Gaius
GebrMG	Gebrauchsmustergesetz
gem.	gemäß
ggf.	gegebenenfalls
GenTG	Gentechnikgesetz
GG	Grundgesetz
GoA	Geschäftsführung ohne Auftrag
GRUR	Gewerblicher Rechtsschutz und Urheberrecht
GVG	Gerichtsverfassungsgesetz
Hk.	Handkommentar
HPflG	Haftpflichtgesetz
Hrsg.	Herausgeber
i.H.v.	in Höhe von
i.S.d.	im Sinne des
i.V.m.	in Verbindung mit
JA	Juristische Arbeitsblätter
Jhdt.	Jahrhundert
JURA	Juristische Ausbildung
JuS	Juristische Schulung
JZ	Juristen-Zeitung
Kap.	Kapitel
KG	Kammergericht
krit.	kritisch
KunstUrhG	Kunsturhebergesetz
LG	Landgericht
LMK	Lindemaier-Möhring Kommentierte BGH-Rechtsprechung

LuftVG	Luftverkehrsgesetz
MarkenG	Markengesetz
MDR	Monatsschrift für Deutsches Recht
m.w.N.	mit weiteren Nachweisen
n.F.	neue Fassung
NJW	Neue juristische Wochenschrift
Nr.	Nummer
NZFam	Neue Zeitschrift für Familienrecht
NZV	Neue Zeitschrift für Verkehrsrechts
NZWiSt	Neue Zeitschrift für Wirtschafts-, Steuer- und Unternehmensstrafrecht
OLG	Oberlandesgericht
PatG	Patentgesetz
ProdHaftG	Produkthaftungsgesetz
r+s	Recht und Schaden
RGBl.	Reichsgesetzblatt
Rn.	Randnummer
Rspr.	Rechtsprechung
S.	Seite
SGG	Sozialgerichtsgesetz
sog.	sogenannte
StGB	Strafgesetzbuch
StVG	Straßenverkehrsgesetz
SVR	Straßenverkehrsrecht
TKG	Telekommunikationsgesetz
UFITA	Archiv für Medienrecht und Medienwissenschaft
UmweltHG	Umwelthaftungsgesetz
UrhG	Urheberrechtsgesetz
Urt.	Urteil
v.	vom
VersR	Zeitschrift für Versicherungsrecht
vgl.	vergleiche
Vorb.	Vorbemerkung
VwGO	Verwaltungsgerichtsordnung
z. B.	zum Beispiel
ZEuP	Zeitschrift für Europäisches Privatrecht

A Einführung

Die vorliegende Arbeit beschäftigt sich mit der Vererbbarkeit des Geldentschädigungsanspruchs bei Verletzung des Allgemeinen Persönlichkeitsrechts. Auch wenn der Anspruch im BGB nicht ausdrücklich erwähnt wird, handelt es sich bei ihm um einen auf Geld gerichteten Ersatzanspruch, der von der Rechtsprechung entwickelt worden ist[1]. Ihm liegt der Gedanke zu Grunde, *„daß ohne solch einen Anspruch Verletzungen der Würde und Ehre des Menschen häufig ohne Sanktion blieben mit der Folge, daß der Rechtsschutz der Persönlichkeit verkümmern würde."*[2]

Allgemein ergibt sich aus § 253 Abs. 1 BGB der Grundsatz, dass wegen eines Schadens, der nicht Vermögensschaden ist, eine Entschädigung in Geld nur in den durch das Gesetz bestimmten Fällen gefordert werden kann. Problematisch ist in diesem Zusammenhang insbesondere, dass die Vorschrift des § 253 Abs. 2 BGB – die den Ersatz immaterieller Schäden grundsätzlich regelt – das Allgemeine Persönlichkeitsrecht nicht ausdrücklich nennt. Seit Einführung des Bürgerlichen Gesetzbuchs gab es zwar immer wieder Versuche, das Allgemeine Persönlichkeitsrecht bzw. den Geldentschädigungsanspruch zivilrechtlich zu regeln, jedoch allesamt erfolglos[3]. Daher hat der Anspruch bis heute keine gesetzliche Kodifikation erfahren und ist somit insgesamt eine Schöpfung der Rechtsprechung.

Heute mag es selbstverständlich sein, dass eine schwerwiegende Verletzung des Allgemeinen Persönlichkeitsrechts einen auf Geld gerichteten Ersatzanspruch begründen kann. Zur Zeit des Inkrafttretens des Bürgerlichen Gesetzbuchs war dies jedoch noch nicht der Fall. Denn ursprünglich war ein finanzieller Ersatz für Verletzungen der Ehre vom Zivilgesetzgeber nicht vorgesehen, da man sich nach den damals geltenden Moral- und Wertvorstellungen die „Ehre" eben nicht mit Geld „abkaufen" lassen konnte[4]. Im Laufe der Zeit haben sich jedoch die Gesellschaft,

---

1   So erstmals: BGH NJW 1958, 827 = BGH, Urt. v. 14.02.1958 (I ZR 151/56).
2   BGH NJW 1995, 861 (865) = BGH, Urt. v. 15.11.1994 (VI ZR 56/94).
3   Vgl. BT-Drs. III/1237, S. 1-32 sowie die Ausführungen in Kapitel G III bb) zu den Kodifikationsversuchen des Persönlichkeitsschutzes im Zivilrecht.
4   Vgl. *Mudgan*, Materialien, S. 98: „nach der allgemeinen Volksauffassung sei es wenig ehrenvoll, sich Beleidigungen durch Geld abkaufen zu lassen, und derjenige habe wenig

ebenso wie die tatsächlichen Gegebenheiten verändert und in diesem Zusammenhang auch ein Bedürfnis entwickelt, die Persönlichkeit des Menschen umfassend zu schützen. Dies hat die Rechtsprechung erkannt und den Geldentschädigungsanspruch geschaffen[5]. Ursprünglich noch aus entsprechender Anwendung des § 847 Abs. 1 BGB a.f. hergeleitet[6], stützt die Rechtsprechung den Anspruch heute unmittelbar auf den Schutzauftrag aus Art. 1 und 2 Abs. 1 GG[7].

I Anlass der Arbeit

Schon seit vielen Jahren ist die Frage der Vererbbarkeit des Geldentschädigungsanspruchs bei Verletzung des Allgemeinen Persönlichkeitsrechts ein in der Literatur durchaus umstrittenes Thema. Konkreter Anlass sich mit der Vererbbarkeit des Geldentschädigungsanspruchs umfassend auseinanderzusetzen, war vorliegend jedoch das sog. „Kohl-Urteil" aus dem Jahre 2018[8].

Die Biografie bzw. Lebenserinnerung des ehemaligen Bundeskanzlers Helmut Kohl: „Vermächtnis: Die Kohl Protokolle", hat in Medien und Politik für große Aufmerksamkeit gesorgt[9]. Dies mag insbesondere daran gelegen haben, dass in diesem Werk teils pikante Äußerungen des Altkanzlers über bekannte Politiker und Persönlichkeiten des öffentlichen Lebens enthalten sind, die er vermeintlich getätigt haben soll. Vorausgegangen war eine mehrjährige Zusammenarbeit des Journalisten Schwan mit Kohl, der ursprünglich als Ghostwriter dessen Memoiren verfassen sollte. Im Rahmen dieser Tätigkeit fanden etliche vertrauliche Gespräche zwischen den Männern statt, die auf Tonband aufgenommen wurden. Nachdem sich die beiden jedoch zerstritten und Kohl die Zusammenarbeit gekündigt hatte, veröffentlichte Schwan als Mitherausgeber eigenmächtig das genannte Werk. Hiergegen erhob Kohl Klage, gerichtet auf Geldentschädigung wegen Verletzung seines Allgemeinen Persönlichkeitsrechts i.h.v. fünf Millionen Euro. Für

---

Ehre zu verlieren, der die Verletzung derselben durch eine Klage auf Geld zu reparieren suche.".

5   Erstmals: BGH NJW 1958, 827 = BGH, Urt. v. 14.02.1958 (I ZR 151/56).
6   BGH NJW 1958, 827 = BGH, Urt. v. 14.02.1958 (I ZR 151/56).
7   *Sprau* in: Palandt BGB, § 823 Rn. 130.
8   GRUR-RS 2018, 17910 = OLG Köln, Urt. v. 29.05.2018 (15 U 64/17).
9   Vgl. z. B. Zeit Online, Kohl fordert Schadensersatz in Millionenhöhe (17.11.2015). Abgerufen am 19.04.2020 von https://www.zeit.de/gesellschaft/zeitgeschehen/2015-11/helmut-kohl-biografie-protokolle-schadenersatz-klage.

starke öffentliche Aufmerksamkeit[10] hatte bereits zuvor das Verfahren gesorgt, in welchem Kohl den Abdruck von insgesamt 115 Textpassagen dieses Werkes verbieten lassen wollte[11].

Durch Urteil des Landgerichts Köln vom 27.04.2017[12] wurde dem Altkanzler aufgrund einer schweren Persönlichkeitsrechtsverletzung schließlich ein Geldentschädigungsanspruch i.H.v. einer Million Euro zuerkannt. Diese Summe stellt den höchsten von deutschen Gerichten in einem solchen Zusammenhang jemals zuerkannten Anspruch dar[13].

Zwar wurde Altbundeskanzler Kohl somit ein Geldentschädigungsanspruch wegen der Verletzung seines Persönlichkeitsrechts zugesprochen, allerdings verstarb er am 16.06.2017. Zu diesem Zeitpunkt war das Urteil noch nicht rechtskräftig, da die Beklagten sowie auch der Verlag des Werkes, Berufung hiergegen eingelegt hatten.
In diesem Zusammenhang wurde durch Urteil des OLG Köln vom 29.05.2018[14] schließlich festgestellt, dass die von Helmut Kohl erstrittene Rekordsumme nicht dessen Alleinerbin und Ehefrau Maike Kohl-Richter zustehen soll, da der Anspruch unvererbbar sei.

II   Besonderheit des „Kohl-Urteils"

Die Annahme der Unvererbbarkeit des Geldentschädigungsanspruchs durch die Rechtsprechung des BGH ist nicht neu, da im Grundsatzurteil aus dem Jahre 2014[15] bereits entschieden wurde, dass der Geldentschädigungsanspruch bei Verletzung des Allgemeinen Persönlichkeitsrechts grundsätzlich unvererbbar sein soll. Der wesentliche Unterschied zum sog. „Kohl-Urteil" lag hier jedoch darin,

---

10   Vgl. z. B. Zeit Online, Kohl-Biograf Schwan muss deftige Zitate streichen (13.11.2014). Abgerufen am 19.04.2020 von https://www.zeit.de/gesellschaft/zeitgeschehen/2014-11/kohl-schwan-zitate-urteil-landgericht-koeln.
11   GRUR-RR 2015, 126 = LG Köln, Urt. v. 13.11.2014 (14 O 315/14).
12   BeckRS 2017, 125934 = LG Köln, Urt. v. 27.04.2017 (14 O 323/15).
13   Vgl. etwa BeckRS 2009, 21756 = OLG Hamburg, Urt. v. 30.07.2009 (7 U 4/08), 400.000 €, Klägerin: Prinzessin Madeleine; BeckRS 2015, 16609 und BeckRS 2015, 16608 = LG Köln, Urt. v. 30.09.2015 (28 O 7/14) und (28 O 2/14), 300.000 € und 335.000 €, Kläger: Jörg Kachelmann.
14   GRUR-RS 2018, 17910 = OLG Köln, Urt. v. 29.05.2018 (15 U 64/17).
15   BGH NJW 2014, 2871 = BGH, Urt. v. 29.04.2014 (VI ZR 246/12).

dass der Geschädigte bereits nach Anhängigkeit, aber noch vor Rechtshängigkeit des geltend gemachten Anspruchs verstorben war. Zudem hatte die Rechtsprechung bereits vor dem „Kohl-Urteil"[16] entschieden, dass auch die Rechtshängigkeit an der Unvererbbarkeit des Anspruchs nichts ändern könne, da der Geschädigte erst mit Rechtskraft des zusprechenden Urteils eine hinreichend gesicherte Position erlange, die ihm die vom Anspruch primär bezweckte Genugtuung verschaffen könne[17]. Die Besonderheit im Fall von Helmut Kohl liegt aber darin, dass dem Geschädigten erstmals in erster Instanz ein Geldentschädigungsanspruch wegen Verletzung seines Allgemeinen Persönlichkeitsrecht zugesprochen wurde, und der Tod vor Rechtskraft dieses zusprechenden Urteils tatsächlich den Übergang auf dessen Alleinerbin verhindert haben soll.

III   Genugtuungsfunktion als Universallösung für Unvererbbarkeit

Aus § 1922 Abs. 1 BGB ergibt sich das erbrechtliche Prinzip der Universalsukzession[18]. Danach geht grundsätzlich das Vermögen des Erblassers samt Verbindlichkeiten als Ganzes auf den oder die Erben über. Sinn und Zweck dieser Vorschrift ist es, vermögensrechtliche Ordnung zu wahren[19]. Da geldwerte Ansprüche grundsätzlich vererbbar sind[20], mag es auf den ersten Blick doch verwunderlich erscheinen, dass die Rechtsprechung von der Unvererbbarkeit des Geldentschädigungsanspruchs ausgeht[21]. Denn auch beim Geldentschädigungsanspruch handelt es sich um einen auf Geld gerichteten Ersatzanspruch, der aufgrund einer schwerwiegenden Verletzung des Allgemeinen Persönlichkeitsrechts entstehen kann. Zwar ersetzt der Anspruch keinen materiellen Schaden, sondern ist ein Ersatzanspruch, der aufgrund der Verletzung immaterieller Bestandteile des Allgemeinen Persönlichkeitsrechts entstehen kann. Jedoch ist hierbei zu berücksichtigen, dass seit der Aufhebung des § 847 Abs. 1 S. 2 BGB a.F. auch der Anspruch auf Schmerzensgeld uneingeschränkt vererbbar ist[22]. Da dieser ebenso einen immateriellen Schaden ersetzt, könnte man auf den Gedanken kommen, dass schon

---

16   GRUR-RS 2018, 17910 = OLG Köln, Urt. v. 29.05.2018 (15 U 64/17).
17   BGH NJW 2017, 3004 (3006) = BGH, Urt. v. 23.05.2017 (VI ZR 261/16).
18   *Weidlich* in: Palandt BGB, Einl. v. § 1922 Rn. 3.
19   *Beuthien*, GRUR 2014, 957 (957).
20   *Preuß* in: BeckOGK BGB, § 1922 Rn. 1.
21   Grundlegend: BGH NJW 2014, 2871 = BGH, Urt. v. 29.04.2014 (VI ZR 246/12).
22   Vgl. BGBl. I 1990, S. 478.

allein aufgrund der Vergleichbarkeit zum Schmerzensgeld sich die Vererbbarkeit des Geldentschädigungsanspruchs ergeben müsste[23]. So einfach ist dieses Problem jedoch nicht zu lösen, zumindest nicht nach Auffassung der Rechtsprechung. Denn diese ist der Ansicht, dass der Anspruch aufgrund der ihm überwiegend zugeschriebenen Genugtuungsfunktion[24], nicht vererbbar sein könne[25].

IV Ziel der vorliegenden Arbeit

Bei dem Streit um die Vererbbarkeit des Geldentschädigungsanspruchs bei Verletzung des Allgemeinen Persönlichkeitsrechts handelt es sich nicht lediglich um einen rechtsdogmatischen Streit, der hier juristisch aufgearbeitet werden soll, sondern die Frage der Vererbbarkeit des Anspruchs kann für jeden von einer Persönlichkeitsrechtsverletzung künftig Betroffenen von Bedeutung sein. Ist doch die Persönlichkeit des Menschen ständig der Gefahr ausgesetzt verletzt zu werden, so besteht auch ein grundsätzliches Interesse an der Frage der Vererbbarkeit des Geldentschädigungsanspruchs.

Die vorliegende Arbeit hat es sich daher zum Ziel gesetzt, diese Frage unter Berücksichtigung von Rechtsprechung und Literatur umfassend zu beantworten. Zum besseren Verständnis bedarf es hierfür zunächst der Darstellungen zur allgemeinen Ersatzfähigkeit immaterieller Schäden im Zivilrecht, insbesondere auch der historischen Entwicklung. Maßgeblich soll hier auf die Entstehung des Anspruchs auf Schmerzensgeld und des Geldentschädigungsanspruchs eingegangen werden. Innerhalb der historischen Betrachtung darf dabei nicht außer Acht gelassen werden, dass sich die Verhältnisse und Wertvorstellungen der Menschen seit Schaffung des BGB deutlich gewandelt haben.

Im Rahmen der Untersuchung der Rechtsprechung zur Unvererbbarkeit des Anspruchs wird sich diese Arbeit einerseits maßgeblich mit der Genugtuungsfunktion des Geldentschädigungsanspruchs beschäftigen und die Frage beantworten, ob diese dem Anspruch zugeschriebene Hauptfunktion tatsächlich als Universal-

---

23 So: *Cronemeyer*, AfP 2012, 10 (11 f.); *Hermann*, AfP 2018, 469 (473); *Kutschera*, AfP 2000, 147 (148).
24 So erstmals: BGH NJW 1961, 2059 = BGH, Urt. v. 19.09.1961 (VI ZR 259/60).
25 Zuletzt: GRUR-RS 2018, 17910 = OLG Köln, Urt. v. 29.05.2018 (15 U 64/17).

lösung zur Begründung der Unvererbbarkeit des Anspruchs herangezogen werden kann.

Weiterer Schwerpunkt wird es zudem sein, die Entwicklung der dogmatischen Herleitung des Anspruchs zu untersuchen. Wesentlich wird dabei die Vorschrift des § 847 Abs. 1 S. 2 BGB a.F. untersucht werden, die ursprünglich in entsprechender Anwendung zur Begründung des Geldentschädigungsanspruchs herangezogen wurde[26]. Auch wenn das Allgemeine Persönlichkeitsrecht von dieser Vorschrift nicht ausdrücklich erfasst war, muss untersucht werden, ob die Aufhebung der Vererbbarkeitsbeschränkungen des Schmerzensgeldanspruchs nicht auch zur uneingeschränkten Vererbbarkeit des Geldentschädigungsanspruchs geführt hat.

Schlussendlich setzt sich diese Arbeit zum Ziel, ein umfassendes Verständnis für den Geldentschädigungsanspruch zu entwickeln und unter Berücksichtigung von Rechtsprechung und Literatur eine einerseits rechtsdogmatisch konsequente sowie auch den tatsächlichen Gegebenheiten angepasste Lösung zur Beantwortung der Frage von Vererbbarkeit bzw. Unvererbbarkeit des Geldentschädigungsanspruchs zu liefern.

---

26   Erstmals: BGH NJW 1958, 827 = BGH, Urt. v. 14.02.1958 (I ZR 151/56).

B Der Schmerzensgeldanspruch, § 253 Abs. 2 BGB

Um ein allgemeines Verständnis für den Ersatz immaterieller Schäden zu erlangen, soll vorliegend zunächst der Anspruch auf Schmerzensgeld dargestellt werden.

I Allgemeines zum Schmerzensgeld

Aus § 253 Abs. 1 BGB ergibt sich der Grundsatz, dass ein Entschädigungsanspruch in Geld wegen eines Schadens, der nicht Vermögensschaden ist, nur in den durch das Gesetz bestimmten Fällen gefordert werden kann.
In § 253 Abs. 2 BGB bestimmt das Gesetz, dass im Falle eines Schadensersatzanspruchs wegen der Verletzung des Körpers, der Gesundheit, der Freiheit oder der sexuellen Selbstbestimmung auch wegen eines Schadens, der nicht Vermögensschaden ist, eine billige Entschädigung in Geld gefordert werden kann. Geregelt wird hier der Ersatz von immateriellen Schäden, also unmittelbar eine Ausnahme vom Grundsatz des § 253 Abs. 1 BGB[27]. Als weitere Ausnahme vom grundsätzlichen Ausschluss der Ersatzfähigkeit immaterieller Schäden kann im BGB daneben § 651f Abs. 2 BGB (Schadensersatz für vertane Urlaubszeit) genannt werden[28]. Zudem bestehen weitere Ausnahmevorschriften außerhalb des BGB[29], worauf hier jedoch nicht eingegangen werden soll.

Im allgemeinen Sprachgebrauch wird der Anspruch auf Ersatz von immateriellen Schäden als Schmerzensgeld bezeichnet, obwohl dieser Begriff im Gesetz selbst nicht verwendet wird[30]. Dogmatisch präziser wäre es daher wohl, vom Ersatz von Nichtvermögensschäden zu sprechen[31].

Dadurch, dass der Anspruch auf Schmerzensgeld heute in den §§ 249 ff. BGB, also dem allgemeinen Teil des Schuldrechts geregelt ist, handelt es sich bei Vorliegen der Tatbestandsvoraussetzungen um einen Anspruch, der umfassend, also

---

27   *Grüneberg* in: Palandt BGB, § 253 Rn. 4; *Oetker* in: MüKo BGB, § 253 Rn. 10.
28   *Grüneberg* in Palandt BGB, § 253 Rn. 2.
29   Ausführlich hierzu: *Spindler* in: BeckOK BGB, § 253 Rn. 3.
30   *Oetker* in: MüKo BGB, § 253 Rn. 4; *Müller*, VersR 1993, 909 (909).
31   *Oetker* in: MüKo BGB, § 253 Rn. 4.

sogar im Rahmen von vertraglichen Pflichtverletzungen sowie auch im Bereich der verschuldensunabhängigen Gefährdungshaftung entstehen kann[32].

II Historische Entwicklung des Anspruchs auf Schmerzensgeld

Ebenso wie die Gesellschaft und deren Bedürfnisse sich im Laufe der Zeit stets entwickeln, verändert sich auch fortlaufend das Recht. Um zu verstehen, dass der Anspruch auf Schmerzensgeld wie wir ihn heute kennen keinesfalls selbstverständlich ist, soll hier dessen historische Entwicklung – jedoch lediglich in groben Zügen – dargestellt werden. Auf eine detaillierte Darstellung wird aufgrund bereits mehrfach erfolgter umfassender Ausführungen verzichtet[33].

1) Römisches Recht

Das römische Recht war für den deutschen Rechtsraum von erheblicher Bedeutung[34]. Es besteht jedoch heute Einigkeit darüber, dass das Schmerzensgeld bzw. das was wir derzeit darunter verstehen, dem römischen Recht fremd war[35]. Grundlegender Anknüpfungspunkt für die Entwicklung des Rechts war gerade, dass es im Falle der Verletzung von Körper oder Gesundheit der Vergeltung für den Geschädigten bedurfte[36].
Hieran knüpfte auch im frühen römischen Recht die „actio legis aquiliae" an. Diese gewährte einem Geschädigten Schadensersatz, sofern ein fremder Sklave oder ein fremdes vierfüßiges Herdentier infolge einer unmittelbaren Einwirkung

---

32 *Teichmann* in: Jauernig BGB, § 253 Rn. 1.; vgl. BT-Drs. 14/7752, S. 14 ff.
33 Ausführlich hierzu: *Hofstetter*, Schmerzensgeld, m.w.N.; *Nehlsen-v. Stryk*, JZ 1987, 119, (120 ff.); *Walter*, Geschichte Schmerzensgeld.
34 *V. Gierke*, Entwurf, S. 572-592.
35 Vgl. *Hofstetter*, Schmerzensgeld, S. 1, 3, wonach die „poena" der actio legis Aquiliae gerade keine Spur des Schmerzensgeldes erstrebte und die „actio iniuriarum aestimatoria" nicht als Schmerzensgeldklage bezeichnet werden kann. *Ebert*, Pönale Elemente, S. 35; *Lange*, Handbuch, S. 58; *Wieling*, Interesse und Privatstrafe, S. 131 ff.;.
36 Soweit es zur damaligen Zeit bereits Rechtsordnungen gab, orientierten sich diese stets primär am Gedanken der Vergeltung des Verletzten (sog. Talionsprinzip). Hierzu. z. B. *Harke*, Sanktionensystem, S. 9; *Pecher*, AcP 171, 44 (63) m.w.N.; *Walter*, Geschichte Schmerzensgeld, S. 44.

getötet, verstümmelt, verbrannt oder gebrochen wurde[37]. Voraussetzung für den Ersatz des Schadens war jedoch stets das Vorliegen eines Vermögensschadens.

Als Begründung, dass es als Voraussetzung für einen Schadensersatz stets eines Vermögensschadens bedurfte, also immaterielle Schäden nicht ersetzt wurden, wird oftmals folgender berühmter Satz von Gaius aus den Digesten herangezogen: *„Cicatrium autem deformatis nulla fit aestimatio, quia liberum corpus nullam recipit aestimationem"* (Gai. D 9, 3, 7).

Frei übersetzt meint dies, dass eine Entschädigung für Schmerzen und Verunstaltung nicht gefordert werden kann, da der Körper eines freien Menschen nicht geschätzt werden kann[38]. Dieser Satz wirkte sich bis Ende des 17. Jahrhunderts hemmend auf die Entwicklung des Schmerzensgeldes aus, was insbesondere an der Rezeption des römischen Rechts lag[39].

Zwar gab es im römischen Recht bereits die Injurienklage (actio iniuriarum), welche sich neben der „actio legis aquiliae" entwickelt hatte und eine Sanktion von verbalen oder körperlichen Ehrkränkungen ermöglichte[40]. Im Rahmen dieser Klage war zwar grundsätzlich die Berücksichtigung von immateriellen Beeinträchtigungen denkbar[41], jedoch hatte der Geschädigte die Möglichkeit zu wählen, ob er eine öffentliche Bestrafung des Täters oder die Verurteilung zu einer Privatstrafe wünschte[42].

Die Bedeutung dieser Klageart war jedoch gering[43]. Zudem muss berücksichtigt werden, dass es sich bei der Injurienklage gerade um keine Klage handelte, die Schmerzensgeld in jener Form gewährte, wie wir es heute kennen. Denn die vom Geschädigten erlittenen Schmerzen begründeten den Anspruch nicht, sondern wurden allenfalls als Bemessungskriterium bei körperlichen Beeinträchtigungen herangezogen[44]. Zudem war als Folge der Injurienklage primär der Verlust von

---

37   *Besecke*, Schadensersatzpflicht, S. 17; *Ebert*, Pönale Elemente, S. 35 f.; *Honsell*, Römisches Recht, S. 1 ff.; *Kaser/Knütel*, Privatrecht, § 51 Rn. 10 ff.; *Lange*, Schadensersatz, S. 58 ff.; *Nehlsen-v. Stryk*, JZ 1987, 119 (120).
38   *Göthel*, AcP 205, 36 (38).
39   Vgl. *Hofstetter*, Schmerzensgeld, S. 7, 73.
40   Vgl. *Ebert*, Pönale Elemente, S. 37 ff.; *Honsell*, Römisches Recht, S. 3 ff.; *Kaser/Knütel*, Privatrecht, § 35 Rn. 2.
41   *Harke*, Römisches Recht, S. 200; *Nehlsen-v. Stryk*, JZ 1987, 119, (120).
42   *Ebert*, Pönale Elemente, S. 40.
43   *Ebert*, Pönale Elemente, S. 40, stellt fest, dass die Injurienklage im 4. und 5. Jahrhundert nur noch selten in durchweg leichteren Fällen nachweisbar ist.
44   *Hofstetter*, Schmerzensgeld, S. 6.

öffentlichen Ämtern sowie die erhebliche Einschränkung des Rechtsschutzes des Verurteilten bezweckt (sog. Infamie)[45] und somit nur sekundär ein geldwerter Ausgleich gedacht[46].

2) Germanisches Recht

Als Ausgangspunkt der Entwicklung des Anspruchs auf Schmerzensgeld wird heute oftmals das germanische Recht angesehen[47]. Im germanischen Recht gab es noch keine Trennung von Zivil- und Strafrecht, jedoch gab es die „Buße", welcher eine Doppelfunktion zukam. Die „Buße" war im Falle eines Rechtsbruchs auf Zahlung eines Schadensersatzes sowie auf Rache gerichtet, die nach Genugtuung verlangte[48] und ging somit über einen durch Delikt gewährten Schadensersatzanspruch hinaus[49]. Im Hinblick auf das Schmerzensgeld ist hier insbesondere als Teil des germanischen Bußensystems das sog. Wergeld zu beachten[50], aus welchem sich wohl das heutige Schmerzensgeld entwickelt hat[51]. Unter dem Wergeld verstand man im germanischen Recht eine Geldbuße, die wegen Totschlags an Blutsverwandte zu entrichten war[52]. Diese Geldsumme wurde als Befriedigung und Sühne für ein Verbrechen an die Familie des Opfers gegeben, so dass diese auf eine Blutrache verzichtete. Da das Wergeld somit den geschätzten Wert der Persönlichkeit zum Ausdruck brachte, spielten Stand, Geschlecht und Amt eine erhebliche Rolle für die Bestimmung der Höhe des Wergeldes[53].

---

45 *Ebert*, Pönale Elemente, S. 39.
46 *Walter*, Geschichte Schmerzensgeld, S. 56.
47 Vgl. *Hofstetter*, Schmerzensgeld, S. 7 ff. m.w.N.
48 *Wesel*, Geschichte des Rechts, Rn. 234.
49 *Wesel*, Geschichte des Rechts, Rn. 234.
50 *Niemeyer*, Genugtuung, S. 14-20.
51 *Wieling*, Interesse und Privatstrafe, S. 136 ff. A. A. ist wohl *Nehlsen- v. Stryk*, JZ 1987, 119 (120), da hier darauf abgestellt wird, dass sich der Schmerzensgeldanspruch wohl aus der Gerichtspraxis entwickelt hat.
52 *Wesel*, Geschichte des Rechts, Rn. 196.
53 *Wesel*, Geschichte des Rechts, Rn. 199.

3) Schmerzensgeld bei den Glossatoren und Kommentatoren

Durch die Arbeit der Glossatoren und Kommentatoren veränderte sich der Einfluss der „actio legis aquiliae" kaum[54]. Auch hier behielt sie ihre Doppelfunktion als Straf- und Schadensersatzklage[55] und Ansprüche auf Schmerzensgeld waren weiterhin aufgrund der Regelung „liberum corpus nullam recipit aestimationem" (Gai. D 9, 3, 7) ausgeschlossen[56].

Im Hinblick auf die Injurienklage kann festgehalten werden, dass diese zwar zunächst durch die Rezeption des römischen Rechts neue Geltung erlangte[57]. Sie wurde von den Kommentatoren und Glossatoren als private Bußklage angesehen, die sich in erster Linie auf Ehrverletzungen beziehen sollte[58] und fand im gemeinen Recht des 16. bis 18. Jahrhundert große Verbreitung[59]. Körperverletzungen wurden zwar noch in der römischen Injurienklage erfasst, im gemeinrechtlichen Injurienbegriff jedoch eher nicht mehr bzw. wurde der Anwendungsbereich immer mehr auf Beleidigungstatbestände beschränkt[60].

4) Art. 20 f. der Constitutio Criminalis Carolina

Im deutschen Rechtskreis fand der Schmerzensgeldanspruch seine erste gesetzliche Ausprägung in der Constitutio Criminalis Carolina aus dem Jahre 1532. Art. 20 und 21 der CCC gewährten allein demjenigen, der durch unrechtmäßige Folter geschädigt wurde, einen Schadensersatzanspruch für die verursachten Schmerzen[61]. In den folgenden Jahrhunderten weitete sich der Ersatzanspruch auf Schmerzensgeld für physische Einbußen, Entstellung und seelische Trauer bei

---

54   Zum Einfluss der Glossatoren und Kommentatoren auf das Schadensersatzrecht: *Lange*, Schadensersatz.

55   *Wesenberger/Wesener*, Privatrechtsgeschichte, § 5 III Rn. 9.

56   Vgl. *Hofstetter*, Schmerzensgeld, S. 7, 73, wonach sich dieser Satz von Gaius aus den Digesten bis Ende des 17. Jahrhunderts auswirkte.

57   Vgl. *Ebert*, Pönale Elemente, S. 64; *Hofstetter*, Schmerzensgeld, S. 21; *Wieling*, Interesse und Privatstrafe, S. 249.

58   *Ebert*, Pönale Elemente, S. 66; *Walter*, Geschichte Schmerzensgeld, S. 62.

59   *Ebert*, Pönale Elemente, S. 64, 69.

60   Im Hinblick auf den Umfang der gemeinrechtlichen Injurienklage besteht bei der Frage, ob auch Körperverletzungen mit umfasst waren Uneinigkeit. *Walter*, Geschichte Schmerzensgeld, S. 239 ist wohl der Ansicht, dass die Injurienklage auch Körperverletzungen mit umfasste; zurückhaltend: *Ebert*, Pönale Elemente, S. 66.

61   *Besecke*, Schadensersatzpflicht, S. 20 f.; *Hofstetter*, Schmerzensgeld, S. 13 ff.

Tötung eines nahen Angehörigen aus[62]. Neben der pönalen Regelung in der CCC und der Privatstrafklage der „actio injuriarium aestimatoria" – welche auf den verbalen Beleidigungstatbestand reduziert wurde[63] – bestanden bis ins 18. Jhdt. lediglich partikularrechtliche Regelungen zum Ersatz immaterieller Schäden.

5) Weitere Entwicklung im deutschen Rechtsraum

Im 19. Jahrhundert war der Ersatz von Schmerzensgeld im deutschen Raum in den einzelnen Gebieten unterschiedlich kodifiziert. Während das bayerische, das badische und das württembergische Recht den Ersatz von Schmerzensgeld weiterhin aus moralischen Gründen ablehnten[64], war es in den anderen Gebieten anerkannt[65].

Z. B. im sächsischen Bürgerlichen Gesetzbuch[66] war ein Ausgleich für immaterielle Einbußen vorgesehen, welche auf einer vorsätzlichen Körper- oder Freiheitsverletzung beruhten. Auch das Allgemeine Landrecht für die Preußischen Staaten gewährte nach dem Tatbestand des § 112 ALR Geschädigten aus dem Bauern- oder Bürgerstand in den Fällen einer vorsätzlichen oder fahrlässigen Körperverletzung, einen Anspruch auf Ersatz der verursachten Schmerzen[67]. In § 113 ALR wurden Richtlinien für die Bemessung aufgestellt[68].

Im Jahre 1872 wurde zudem § 231 des Reichsstrafgesetzbuches eingeführt, der dem Strafrichter im Falle der Körperverletzung die Möglichkeit gab, neben einer Strafe auch auf Buße zu erkennen[69], wobei diese an den Geschädigten zu leisten

---

62   Vgl. *Besecke*, Schadensersatzpflicht, S. 20 f.; *Ebert*, Pönale Elemente, S. 82 ff.; *Walter*, Geschichte Schmerzensgeld, S. 52, 83.

63   *Ebert*, Pönale Elemente, S. 175 f.; *Nehlsen-v. Stryk*, JZ 1987, 119 (120).

64   *Kaufmann*, AcP 162, 421 (433); *Walter*, Geschichte Schmerzensgeld, S. 186, 319 f., 325.

65   *Ebert*, Pönale Elemente, S. 192, 196 f.; *Hofstetter*, Schmerzensgeld, S. 53 ff.; *Nehlsen-v. Stryk*, JZ 1987, 119 (120); *Walter*, Geschichte Schmerzensgeld, S. 54, 335 ff.

66   Vgl. *Ebert*, Pönale Elemente, S. 167 ff.; *Hofstetter*, Schmerzensgeld, S. 39 ff.; *Walter*, Geschichte Schmerzensgeld, S. 327 ff.

67   *Besecke*, Schadensersatzpflicht, S. 22; *Hofstetter*, Schmerzensgeld, S. 34 ff.; *Stoll*, Gutachten, S. 1; *Walter*, Geschichte Schmerzensgeld, S. 155 ff., 172, 210.

68   *Köndgen*, Haftpflichtfunktionen, S. 46.

69   RGBl. (Nr. 651) Gesetz, betreffend die Redaktion des Strafgesetzbuchs für den Norddeutschen Bund als Strafgesetzbuch für das Deutsche Reich vom 15.05.1871, S. 127, 170; nach verbreiteter Auffassung war damit die actio iniuriarum abgeschafft worden, vgl. *Kaufmann*, AcP 162, 421 (425), m.w.N.

war[70]. Im Hinblick auf § 231 des Reichsstrafgesetzbuches wurde dabei teilweise die Auffassung vertreten, dass die Vorschrift eine zivilrechtliche Schadensersatznorm beinhalte, die für jegliche Körperverletzung Schmerzensgeld gewähre[71]. Zudem wurde angenommen, dass alle Folgen von Körperverletzungen – also gerade auch die Zahlung von Schmerzensgeld – abschließend in § 231 des Reichsstrafgesetzbuches enthalten seien[72]. Diese Auffassungen konnten sich jedoch nicht durchsetzen, da ihnen spätestens mit der Kodifikation des § 847 BGB a.f. der Boden entzogen wurde[73].

6) Kodifikation des deutschen Bürgerlichen Gesetzbuches

Im Jahre 1874 wurde vom Bundesrat eine Kommission zur Aufstellung eines allgemeinen Bürgerlichen Gesetzbuches einberufen[74]. Ziel der Kommission war es, das geltende Partikularrecht zusammenzufassen. Eine Reform war hingegen nicht gewollt[75].

Bereits mit dem ersten Entwurf der Kommission wurde die bis 1990 geltende Rechtslage ausgearbeitet[76].

Im Reichsgesetzblatt vom 24.08.1896[77] wurde § 847 Abs. 1 BGB a.F. veröffentlicht, wonach in den Fällen der Körper-, Gesundheits-, Freiheits- und nicht im Falle von Vertragsverletzungen[78] ein Anspruch auf billige Entschädigung in Geld vorgesehen war. Aus Gründen der Rechtssicherheit und Rechtseinheit wurden jedoch die Ehrverletzungen in § 847 BGB a.F. nicht aufgenommen, da die von der Reichsgesetzgebung beseitigte „actio injuriarum aestimatoria"[79] einen rein straf-

---

70   *Göthel*, AcP 205, 36 (56), m.w.N.
71   *Göthel*, AcP 205, 36 (56); *Walter*, Geschichte Schmerzensgeld, S. 302, welche auf eine Entscheidung des OAG Lübeck verweist, das 1873 die ausschließliche Regelung des Schmerzensgeldes durch das StGB annahm.
72   *Göthel*, AcP 205, 36 (56); *Nehlsen-v. Stryk*, JZ 1987, 119 (121).
73   Motive II, S. 800, woraus sich gerade ergibt, dass es nicht gewollt ist, dass der Strafrichter eine solche Buße verhängen darf, sondern ein Bedürfnis besteht diese Befugnis gerade dem Zivilrichter zuzuordnen.
74   *Göthel*, AcP 205, 36 (57).
75   Vgl. *Göthel*, AcP, 205, 36 (57); *v. Gierke*, Entwurf, S. 3.
76   *Göthel*, AcP 205, 36 (59).
77   RGBl. (Nr. 2321) Bürgerliches Gesetzbuch vom 18.08.1896, 195 (340, 341).
78   Kritik an der doch eigentlich unterschiedlichen Haftung aus Delikt und Vertrag: RGZ 65, 17 (21) = RG, Urt. v. 13.12.1906 (Rep. VI 130/06).
79   *Kaufmann*, AcP 162, 421 (425 ff.); *Stoll*, Gutachten, S. 1, 13, 50, 53 f.

rechtlichen Charakter hatte und die Befürchtung bestand, dass dieser durch die Aufnahme der Ehrverletzungen wieder eingeführt werden könnte[80]. Dies zeigte insbesondere, dass eine Privatstrafenklage nicht gewollt war[81]. Nach der Intention des Gesetzgebers handelte es sich beim Anspruch auf Schmerzensgeld um einen Ausgleichsanspruch, der die Entschädigung des Opfers für seine immateriellen Schäden bewirken sollte[82].

1990 erfuhr der Anspruch auf Schmerzensgeld die erste gesetzliche Änderung seit seinem Inkrafttreten[83]. Zu diesem Zeitpunkt waren bereits mehrere Reformversuche gescheitert[84]. Der bis dahin im Deliktsrecht in § 847 Abs. 1 BGB a. F geregelte Anspruch auf Schmerzensgeld konnte zum damaligen Zeitpunkt weder übertragen noch vererbt werden[85], es sei denn, der Ersatzanspruch wurde durch Vertrag anerkannt oder rechtshängig gemacht. Diese Unübertragbarkeit bzw. Unvererblichkeit wurde durch die Gesetzesreform im Jahre 1990 aufgehoben[86].

Das „Gesetz zur Modernisierung des Schuldrechts" vom 01.01.2002[87] brachte für den Schmerzensgeldanspruch noch keinerlei Veränderungen.
Zum 01.08.2002 trat jedoch das zweite Schadensrechtsänderungsgesetz[88] in Kraft.
Hierdurch erfuhr der Anspruch auf immateriellen Schadensersatz durch den Gesetzgeber seine grundlegende Verankerung im Allgemeinen Schuldrecht, § 253 Abs. 2 BGB. § 847 BGB a.F. wurde aufgehoben, welcher bis dahin als Schmerzensgeldparagraf bekannt war. Hierdurch verlor der Schmerzensgeldanspruch seinen bis dahin spezifischen „deliktsrechtlichen Charakter"[89]. Durch die Integration in die §§ 249 ff. BGB, also den allgemeinen Teil des Schuldrechts, kann nun

---

80   Vgl. Protokolle Kommission, S. 640; *Coing*, JZ 1958, 558 (558); *Walter*, Geschichte Schmerzensgeld, S. 25.
81   *Kaufmann*, AcP 162, 421 (436); *Walter*, Geschichte Schmerzensgeld, S. 397.
82   *Ebert*, Pönale Elemente, S. 451; *Stoll*, Gutachten, S. 38.
83   BGBl. I 1990, S. 478.
84   Vgl. *Cramer/Kindermann*, DAR 1980, 33 (35); *Deutsch*, JuS 1969, 197 (200); *Ebel*, VersR 1978, 204 (204 ff.); *Kötz*, Reform, 389 (404 f).; *Langerhans*, ZRP 1977, 132 (132); *Lorenz*, Immaterieller Schaden, S. 228 ff.; *Pecher*, AcP 171, 44 (44 ff.); *Stoll*, DAR 1968, 303 (306).
85   § 847 Abs. 1 S. 2 BGB a.F.
86   BGBl. I 1990, S. 478
87   Vgl. BGBl. I 2001, S. 3138.
88   Vgl. BGBl. I 2002, S. 2674; *Grüneberg* in: Palandt BGB, § 253 Rn. 1.
89   *Wandt*, Gesetzliche Schuldverhältnisse, § 20 Rn. 14.

Schmerzensgeld in den Fällen deliktischer Verschuldens- und Gefährdungshaftung gewährt werden, sowie auch im Falle der Vertragshaftung.

III   Der Anspruch auf Schmerzensgeld im neuen Haftungssystem

Zum 01.08.2002 trat das zweite Gesetz zur Änderung schadensersatzrechtlicher Vorschriften in Kraft[90]. Hierdurch erfuhr der Anspruch auf Schmerzensgeld eine grundlegende Umgestaltung, welche nun im Folgenden dargestellt werden soll.

1)   Neuregelung des § 253 BGB und Streichung des § 847 BGB a.f.

Der Grundsatz, wonach immaterielle Schäden nur in den vom Gesetz bestimmten Fällen ausgeglichen werden, war bereits in § 253 BGB a.f. enthalten und wurde in § 253 Abs. 1 BGB unverändert beibehalten[91]. § 847 BGB a.f. wurde hingegen ersatzlos gestrichen und § 253 Abs. 2 BGB eingeführt, der nun wie folgt lautet:

„Ist wegen der Verletzung des Körpers, der Gesundheit, der Freiheit oder der sexuellen Selbstbestimmung Schadensersatz zu leisten, kann auch wegen des Schadens, der nicht Vermögensschaden ist, eine billige Entschädigung in Geld gefordert werden."

Die wichtigste Änderung des Schmerzensgeldes bestand darin, dass die Vorschrift vom besonderen in den allgemeinen Teil des Schuldrechts vorverlagert wurde[92].

Durch die Aufnahme der Regelung in den allgemeinen Teil des Schuldrechts ist der Anwendungsbereich des Schmerzensgeldes nun erheblich ausgeweitet[93]: Anknüpfungspunkt ist nicht mehr lediglich die deliktsrechtliche Verschuldenshaftung, sondern kann jetzt jeder Schadensersatzanspruch sein, also auch vertragliche sowie verschuldensunabhängige Ansprüche aus Gefährdungshaftung[94]. Für das Deliktsrecht gilt weiterhin der allgemeine Verweis aus § 253 Abs. 2 BGB[95].

---

90   Vgl. BGBl. I 2002, S. 2674; *Grüneberg* in: Palandt BGB, § 253 Rn. 1.
91   *Oetker* in: MüKo BGB, § 253 Rn. 2; BT-Drs. 14/8780, S. 6.
92   *Wagner*, NJW 2002, 2049 (2053, 2055).
93   BGH NJW 2009, 3025 (3026) = BGH, Urt. v. 09.07.2009 (IX ZR 88/08).
94   *Oetker* in: MüKo BGB, § 253 Rn. 2, 5; *Schiemann* in: BGB-Hk, § 253 Rn. 3.
95   *Oetker* in: MüKo BGB, § 253 Rn. 21.

Zudem wurde in die Vorschriften der § 11 StVG, § 6 HPflG, § 36 LuftVG, § 32 Abs. 5 GenTG, § 8 ProdHaftG sowie in § 13 UmweltHG folgender Satz hinzugefügt:[96]

„Wegen des Schadens, der nicht Vermögensschaden ist, kann auch eine billige Entschädigung in Geld gefordert werden."

Die Rechtsgüter des § 847 BGB a.f. wurden nahezu unverändert in § 253 Abs. 2 BGB übernommen[97], lediglich der Anwendungsbereich der „sexuellen Selbstbestimmung" wurde erweitert und geschlechtsunabhängig geregelt[98].

Eine gesetzliche Kodifikation[99] bzw. eine Aufnahme des Allgemeinen Persönlichkeitsrechts in die Vorschrift des § 253 Abs. 2 BGB ist nicht erfolgt. Somit wird das Allgemeine Persönlichkeitsrecht heute auf Art. 2 Abs. 1 i.V.m. Art. 1 Abs. 1 GG gestützt[100].

§ 253 Abs. 2 BGB wurde – ebenso wie § 847 BGB a.F. – nicht als eigenständige Anspruchsgrundlage ausgestaltet, was sich bereits aus dem Wortlaut der Vorschrift ergibt[101]. Zudem sieht § 253 Abs. 2 BGB weiterhin eine Entschädigung am Maßstab der Billigkeit vor; auf die Einführung einer Bagatellgrenze bei lediglich unbedeutenden Beeinträchtigungen wurde verzichtet[102].

---

96   BT-Drs. 14/7752, S. 7 ff.
97   *Wagner*, NJW 2002, 2049 (2053). Aufgrund der Übernahme der Rechtsgüter wurde daher § 847 BGB a.f. ersatzlos gestrichen. Zwar war noch im Referentenentwurf von 2001 folgender Vorschlag für die Regelung in § 253 Abs. 2 BGB gemacht worden: „Ist wegen der Verletzung des Körpers, der Gesundheit, der Freiheit oder der sexuellen Selbstbestimmung Schadensersatz zu leisten, kann auch wegen eines Schadens, der nicht Vermögensschaden ist, eine billige Entschädigung in Geld gefordert werden, wenn 1. die Verletzung vorsätzlich herbeigeführt wurde und 2. der Schaden unter Berücksichtigung seiner Art und Dauer nicht unerheblich ist.". Jedoch wurde dieser Vorschlag der Beschränkung nicht angenommen. Vgl. hierzu: *Deutsch*, ZRP 2001, 351 (352).
98   *Grüneberg* in: Palandt BGB, § 253 Rn. 13; *Oetker* in: MüKo BGB, § 253 Rn. 23.
99   Vgl. BT-Drs. 14/7752, S. 24, 25.
100   *Di Fabio* in: Maunz/Dürig GG, Art. 2 Abs. 1 Rn. 128; *Rixecker* in: MüKo BGB, Anh. zu § 12 Rn. 4.
101   „ist [...] Schadensersatz zu leisten"; vgl. *Oetker* in: MüKo BGB, § 253 Rn. 16.
102   BT-Drs. 14/8780, S. 21, wonach die Bagatellklausel gerade nicht erforderlich sei.

2) Sinn und Zweck der Neuregelung

Ziel der Reform des Schadensrechts war es, einen allgemeinen Anspruch auf Schmerzensgeld zu schaffen, der gerade auch außerhalb der verschuldensabhängigen Deliktshaftung besteht[103]. Als Anstoß für die Reform und die Ausweitung des Ersatzanspruchs können insbesondere die damaligen Ereignisse im Zusammenhang mit HIV-infizierten Blutkonserven und das schwere Zugunglück von Eschede gesehen werden[104]. Zudem sah der Gesetzgeber das Bedürfnis, die Haftung gegenüber Arzneimittelgeschädigten zu verbessern[105].

Ein Grund der Reform war zum einen die Absicht des Gesetzgebers, das Haftungsrecht auch an den europäischen Standard anzugleichen, da es hier eine Differenzierung nach dem Verschuldensgrad im Allgemeinen nicht gab[106].

Des Weiteren spielte der Gedanke des Opferschutzes eine erhebliche Rolle[107]. Erleidet ein Geschädigter Körper- oder Gesundheitsverletzungen, besteht für diesen – unabhängig davon, ob diese schuldhaft herbeigeführt wurden oder nicht – ein Ausgleich des immateriellen Schadens. Diese Möglichkeit wurde durch die Reform im Jahre 2002 insbesondere dadurch verbessert, dass nun auch im Rahmen von Ansprüchen aus Gefährdungshaftung der Ersatz von immateriellen Schäden erfolgt. Dies hat im Rahmen der Straßenverkehrsdelikte zu einer erheblichen Änderung geführt. Hintergrund dafür war, einen Anreiz zur Eindämmung von Gefahren zu geben[108].

Zudem wollte der Gesetzgeber eine Prozessvereinfachung erreichen[109]. Das Problem lag zuvor primär darin, dass die Gewährung von Schmerzensgeld vom Verschulden des Schädigers abhängig war und es daher oftmals einer langwierigen Beweisaufnahme bedurfte[110].

---

103   BT-Drs. 14/8780, S. 1.
104   Vgl. *Deutsch*, ZRP 1998, 291 (292 f.); *Katzenmeier*, JZ 2002, 1029 (1030).
105   BT-Drs. 14/7752, S. 11.
106   BT-Drs. 14/7752, S. 15.
107   BT-Drs. 14/7752, S. 14.
108   *Wagner*, NJW 2002, 2049 (2053).
109   BT-Drs. 14/7752, S. 15.
110   BT-Drs. 14/7752, S. 15.

IV Unterscheidung von materiellen und immateriellen Schäden

Wie bereits aufgezeigt, sind die im BGB normierten ersatzfähigen immateriellen Schäden der Anspruch auf Schmerzensgeld gem. § 253 Abs. 2 BGB sowie der Anspruch nach § 651 f Abs. 2 BGB wegen vertaner Urlaubszeit. Das Gesetz unterscheidet zwischen materiellen und immateriellen Schäden (§ 253 Abs. 1 BGB). Da die Unterscheidung dieser Schäden manchmal jedoch durchaus Probleme bereiten kann[111] – insbesondere bei einem Schaden an einer Person – soll hier zumindest in groben Zügen dargestellt werden, was man überhaupt unter einem materiellen Schaden versteht.

1) Materieller Schaden; Vermögensschaden

Ein Schaden im natürlichen Sinne ist jede Einbuße an der Gesundheit, Ehre, Eigentum oder Vermögen des Geschädigten, welche er infolge eines bestimmten Ereignisses erleidet[112] und ist im Ansatz subjektbezogen[113].

Der materielle Schaden ist begrifflich identisch mit dem Vermögensschaden. Dabei ist der Umfang des Schadens nach der sog. Differenzhypothese zu ermitteln[114]. Danach ist ein Vermögensschaden dann gegeben, wenn der jetzige tatsächliche Wert des Vermögens des Geschädigten geringer ist als der Wert, den das Vermögen ohne das die Ersatzpflicht begründende Ereignis haben würde[115]. Die Rechtsprechung lässt von der sog. Differenzhypothese jedoch auch Ausnahmen zu, da es möglich ist, dass sich in bestimmten Fallgruppen danach gerade keine Vermögensminderung ergibt, obwohl diese eigentlich vorliegt[116]. Zu berücksichtigen sind hier insbesondere – als Ausnahmen von der Differenzhypothese – der Kom-

---

111   Vgl. *Bullinger* in: Wandtke/Bullinger UrhR, vor §§ 12 ff. Rn. 3; *Götting* in: Handbuch, § 37 Rn. 26; *Lichtenstein*, Idealwert, S. 318; *Wortmann*, Vererblichkeit, S. 309

112   *Grüneberg* in: Palandt BGB, Vorb. v. § 249 Rn. 9.

113   *Schulze* in: BGB-Hk, Vorb. zu §§ 249 – 253 Rn. 26 f.

114   Zumindest nach der Rechtsprechung sowie auch Stimmen in der Literatur, etwa: BGH NJW 2015, 1373 = BGH, Urt. v. 05.02.2015 (IX ZR 167/13); BGH NJW 2013, 2345 = BGH, Urt. v. 06.06.2013 (IX ZR 204/12); *Grüneberg* in: Palandt BGB, Vorb. v. § 249 Rn. 10.

115   *Grüneberg* in: Palandt BGB, Vorb. v. § 249 Rn. 10; *Oetker* in: MüKo BGB, § 249 Rn. 18; *Wandt*, Gesetzliche Schuldverhältnisse, § 22 Rn. 8.

116   *Grüneberg* in: Palandt BGB, Vorb. v. § 249 Rn. 10.

merzialisierungsgedanke sowie auch der normative Schadensbegriff, die im Folgenden kurz erläutert werden sollen. Auf weitere Ausnahmen soll hier nicht eingegangen werden[117].

a) Normativer Schadensbegriff

Berücksichtigt man bei der Schadensermittlung alle Vor- und Nachteile, die durch das Schadensereignis nach der sog. Differenzmethode entstanden sind, also den sog. natürlichen Schaden, könnte der Geschädigte unter Umständen unbilligerweise begünstigt oder benachteiligt werden. Daher muss ggf. auf normative Gesichtspunkte abgestellt werden, welche konkret in der Rechtsordnung enthalten sein müssen. Welche Vor- und Nachteile im Einzelnen dann für die Schadensermittlung zu berücksichtigen sind, wird mithilfe einer Wertung beantwortet (sog. normativer Schadensbegriff)[118].

b) Kommerzialisierungsgedanke

Bestimmte Lebensgüter, die eigentlich keinen in Geld messbaren Wert aufweisen, werden nach dem Kommerzialisierungsgedanken gerade „kommerzialisiert", d. h. ihre bloße Benutzung lässt sich in Geld bewerten[119]. Dies führt dazu, dass bei Beschädigung oder Entzug eines solchen Guts aufgrund des bloßen Verlustes der Gebrauchsmöglichkeit, ein Vermögensschaden selbst dann vorliegt, wenn nach der Differenzmethode keine Vermögensminderung festgestellt werden kann. Der Grundgedanke dahinter ist, dass im wirtschaftlichen Verkehr diese Güter gegen ein Entgelt erworben werden können. Daher sollen kommerzialisierbare Güter, die von zentraler Bedeutung für die Lebensführung sind, und wodurch fühlbare und in Geld messbare Nachteile entstehen können, ersatzfähig sein. Maßgeblich für die Bewertung ist hierbei die Verkehrsauffassung[120].

---

117   Hierzu ausführlich: *Grüneberg* in: Palandt BGB, Vorb. v. § 249 Rn. 10 ff.
118   *Grüneberg* in: Palandt BGB, Vorb. v. § 249 Rn. 13.
119   *Grüneberg* in: Palandt BGB, Vorb. v. § 249 Rn. 12.
120   *Grüneberg* in: Palandt BGB, Vorb. v. § 249 Rn. 12.

2)   Immaterieller Schaden; Nichtvermögensschaden

Zu beachten ist, dass auch bei immateriellen Schäden der Anspruch grundsätzlich zunächst auf Naturalrestitution gem. § 249 Abs. 1 BGB gerichtet ist, da diese stets vorrangig ist. Allerdings hat im Rahmen ideeller Schäden dies zumeist geringe Bedeutung, da die Wiederherstellung ohnehin meist unmöglich ist[121].

V   Funktionen des Anspruchs auf Schmerzensgeld

Im Unterschied zu einem materiellen Schaden kann ein immaterieller Schaden nicht unmittelbar in Geld beziffert werden[122]. Daher hängt die Höhe des Anspruchs auf Schmerzensgeld insbesondere davon ab, welche Funktionen und welches Ziel der Schmerzensgeldanspruch hat[123]. Zu berücksichtigen ist hierbei, dass die verschiedenen Funktionen des Schmerzensgeldes nicht aufgespalten werden können, da es sich beim Schmerzensgeld um einen einheitlichen Anspruch handelt[124].

Dem Schmerzensgeld werden verschiedene Funktionen zugeschrieben[125], welche im Folgenden dargestellt werden.

1)   Ausgleichsfunktion

Unumstritten ist wohl, dass ein Schmerzensgeld gewährt wird, um Einbußen am Wohlbefinden des Geschädigten auszugleichen[126]. Der Ausgleich der vom Geschädigten erlittenen Nachteile ist die vorrangige Funktion des Anspruchs auf Schmerzensgeld[127]. Zwar können Schmerzen und Empfindungen eines Geschädigten nicht unmittelbar mit Geld aufgewogen werden, Zweck des Schadenser-

---

121   *Grüneberg* in: Palandt BGB, § 253 Rn. 3.
122   *Grüneberg* in: Palandt BGB, Vorb. v. § 249 Rn. 9; *Oetker* in: MüKo BGB, § 253 Rn. 4.
123   *Grüneberg* in: Palandt BGB, § 253 Rn. 15; *Wandt*, Gesetzliche Schuldverhältnisse, § 23 Rn. 44.
124   *Grüneberg* in: Palandt BGB, § 254 Rn. 15.
125   *Grüneberg* in: Palandt BGB, § 253 Rn. 4; *Teichmann* in: Jauernig BGB, § 253 Rn. 4.
126   *Grüneberg* in: Palandt BGB, § 253 Rn. 4; *Wandt*, Gesetzliche Schuldverhältnisse, § 23 Rn. 44.
127   *Grüneberg* in: Palandt BGB, § 253 Rn. 4.

satzanspruchs ist es jedoch, eine Art „immaterielle Naturalrestitution" zu bewirken[128].

2) Genugtuungsfunktion

Seit der Entscheidung des Großen Zivilsenats des BGH aus dem Jahre 1955[129], welche vom BGH im Jahre 2016 bestätigt worden ist[130], vertritt die Rechtsprechung die Auffassung, dass dem Schmerzensgeld neben der Ausgleichsfunktion auch eine Genugtuungsfunktion zukommt, auch wenn dies zwischenzeitlich heftig kritisiert und teilweise sogar gänzlich abgelehnt wurde[131].

Begrifflich bereitet die Genugtuung im Rahmen des Schmerzensgeldes oftmals Schwierigkeiten, weil es eine allgemein gültige Definition des Begriffs durch Literatur, Rechtsprechung oder Gesetz nicht gibt[132]. Denn versteht man unter der Genugtuung „Buße" des Schädigers, so gelangt man zu einer dem Zivilrecht grundsätzlich fremden Bestrafung des Schädigers[133].

a) Historische Entwicklung der Genugtuungsfunktion

Nach Inkrafttreten des BGB und der Kodifikation des Schmerzensgeldes entwickelte sich eine ständige Rechtsprechung[134], wonach bei der zu ermittelnden Höhe des Anspruchs alle Umstände des Einzelfalles einbezogen wurden, auch die Vermögensverhältnisse[135]. Da es damals als Zweck des Schmerzensgeldes gesehen wurde, die Verbitterung des Geschädigten zu mildern, nutzte man den Anspruch zunächst auch zur Berücksichtigung pönaler Elemente[136].

---

128 *Spindler* in: BeckOK BGB, § 253 Rn. 14.
129 BGH NJW 1955, 1675 = BGH, Beschl. v. 06.07.1955 (VGS 1/55).
130 BeckRS 2016, 21466 = BGH, Beschl. v. 16.09.2016 (VGS 1/16).
131 *Grüneberg* in: Palandt BGB, § 253 Rn. 4; vgl. zudem *Degenhart*, Genugtuungsfunktion, S. 173 ff.
132 *Bötticher*, AcP 158, 358 (395); *Köndgen*, Haftpflichtfunktionen, S. 61.
133 *Neuer*, JuS 2013, 577 (577 f.). Ausführlich zum Verständnis von Genugtuung: *Degenhart*, Genugtuungsfunktion.
134 Vgl. *Knöpfel*, AcP 155, 135 (135 ff.).
135 Vgl. RGZ 63, 104 = RG, Urt. v. 27.03.1906 (Rep. III. 578/05).
136 *Walter*, Geschichte Schmerzensgeld, S. 409.

Eine Änderung erfuhr diese Rechtsprechung jedoch durch Urteil des III. Zivilsenats des BGH vom 29.09.1952[137]. Im Rahmen dieser Entscheidung ging es darum, ob die Vermögensverhältnisse des Schädigers sich auf die Bemessung des Schmerzensgeldes tatsächlich auswirken können. In dieser Entscheidung lehnte der BGH die Berücksichtigung der Vermögensverhältnisse und somit auch die Genugtuungsfunktion des Schmerzensgeldes ab. Funktion des Schmerzensgeldes war hiernach lediglich der Ausgleich der entstandenen Schäden[138]. Begründet wurde dies damit, dass nicht genügend berücksichtigt worden sei, dass der Gesetzgeber bei der Schaffung des § 847 BGB a.F. gerade keinen Strafcharakter begründen haben wolle[139], was insbesondere aus den Protokollen der Kommission für die zweite Lesung des Entwurfs des Bürgerlichen Gesetzbuches hervorgehe[140]. Es seien nur die Folgen zu berücksichtigen, welche die zum Ersatz verpflichtende Handlung mit sich gebracht habe[141].

Im Jahre 1955 änderte der BGH[142] seine Rechtsprechung jedoch wieder, wonach der Anspruch auf Schmerzensgeld neben dem Ausgleich nun doch auch die Genugtuung bezwecken soll. Dabei stellte der Große Senat folgenden Leitsatz auf:

„Der Anspruch auf Schmerzensgeld ist kein gewöhnlicher Schadensersatzanspruch, sondern ein Anspruch eigener Art mit einer doppelten Funktion: Er soll dem Geschädigten einen angemessenen Ausgleich für diejenigen Schäden bieten, die nicht vermögensrechtlicher Art sind, und zugleich dem Gedanken Rechnung tragen, daß der Schädiger dem Geschädigten Genugtuung schuldet für das, was er ihm angetan hat."[143]

Danach können alle Umstände des Einzelfalls Beachtung finden, welche dem individuellen Schadensfall sein Gepräge geben, also auch das Verschulden des Schädigers[144]. Als Begründung zog der Große Senat hierfür folgenden Gedankengang heran: Beim Nichtvermögensschaden kann – im Unterschied zum Vermö-

---

137   BGH NJW 1953, 99 ff. = BGH, Urt. v. 29.09.1952 (III ZR 340/51).
138   BGH NJW 1953, 99 (100 f.) = BGH, Urt. v. 29.09.1952 (III ZR 340/51).
139   BGH NJW 1953, 99 (100) = BGH, Urt. v. 29.09.1952 (III ZR 340/51); *Göthel*, AcP 205, 36 (62).
140   BGH NJW 1953, 99 (100) = BGH, Urt. v. 29.09.1952 (III ZR 340/51).
141   BGH NJW 1953, 99 (100) = BGH, Urt. v. 29.09.1952 (III ZR 340/51).
142   BGH NJW 1955, 1675 ff. = BGH, Beschl. v. 06.07.1955 (VGS 1/55).
143   BGH NJW 1955, 1675 ff. = BGH, Beschl. v. 06.07.1955 (VGS 1/55).
144   BGH NJW 1955, 1675 (1676) = BGH, Beschl. v. 06.07.1955 (VGS 1/55).

gensschaden – eine wirkliche Wiedergutmachung nicht erfolgen, da immaterielle Schäden Güter betreffen, die eben nicht in Geld messbar sind. Man könne Schmerzen nicht mit Freuden aufwiegen, wodurch die Schmerzen des Verletzten dann getilgt werden. Deshalb schuldet der Schädiger dem Geschädigten Genugtuung für das, was er ihm angetan hat[145].

Im Jahre 2016 hatte sich der BGH erneut mit der Frage der Berücksichtigung der wirtschaftlichen Verhältnisse von Schädiger bzw. Geschädigtem im Rahmen des Anspruchs auf Schmerzensgeld auseinanderzusetzen[146]. Als Ergebnis hieraus ergab sich, dass bei der Bemessung der billigen Entschädigung in Geld nach § 253 Abs. 2 BGB alle Umstände des Einzelfalles berücksichtigt werden können, also unter Umständen eben auch die wirtschaftlichen Verhältnisse[147]. Somit hat der BGH die Rechtsprechung aus dem Jahre 1955 bestätigt und geht weiterhin von der Doppelfunktion des Schmerzensgeldes aus. Neben der Ausgleichsfunktion bezweckt das Schmerzensgeld also auch die Genugtuung des Geschädigten[148].

b) Bestandteile der Genugtuungsfunktion

Die Vermögensverhältnisse des Schädigers und des Geschädigten sind nach der Rechtsprechung Bestandteile der Genugtuungsfunktion des Schmerzensgeldes[149]. Begründet wird dies gerade damit, dass aufgrund des unbestimmten Rechtsbegrif-

---

145   BGH NJW 1955, 1675 (1675) = BGH, Beschl. v. 06.07.1955 (VGS 1/55).
146   BeckRS 2016, 21466 = BGH, Beschl. v. 16.9.2016 (VGS 1/16).
147   BeckRS 2016, 21466 = BGH, Beschl. v. 16.9.2016 (VGS 1/16).
148   *Grüneberg* in: Palandt BGB, § 253 Rn. 4.
149   Dies war jedoch umstritten. Zwar ist seit der Entscheidung des Großen Zivilsenats aus dem Jahr 1955 (BGH NJW 1955, 1675 = BGH, Beschl. v. 06.07.1955 (VGS 1/55)) anerkannt, dass die wirtschaftlichen Verhältnisse der Beteiligten bei der Bemessung der „billigen Entschädigung" (also dem Schmerzensgeld) zu den zu berücksichtigenden Kriterien gehören, jedoch beabsichtige der 3. Strafsenat des BGH durch Beschluss vom 11.05.2015 (BeckRS 2015, 10910 = BGH, Beschl. v. 11. 5.2015 (3 StR 115/15)) „die Rechtsprechung, wonach bei der Bemessung der billigen Entschädigung in Geld die wirtschaftlichen Verhältnisse der Beteiligten berücksichtigt werden dürfen, aufzugeben". Allerdings hat der BGH mit Beschluss der Vereinigten Großen Senate vom 16.9.2016 (BeckRS 2016, 21466 = BGH Beschl. v. 16.9.2016 (VGS 1/16)) die Einbeziehung der wirtschaftlichen Verhältnisse innerhalb der Genugtuungsfunktion erneut bekräftigt. „Bei der Bemessung einer billigen Entschädigung in Geld nach § 253 Abs. 2 BGB (vormals § 847 BGB a.F.) können alle Umstände des Falles berücksichtigt werden. Die wirtschaftlichen Verhältnisse des Schädigers und des Geschädigten können dabei nicht von vornherein ausgeschlossen werden".

fes der „billigen Entschädigung in Geld" vom Richter alle Umstände des Einzelfalles berücksichtigt werden dürfen[150]. Zu diesen Umständen sollen eben auch die wirtschaftlichen Verhältnisse von Schädiger und Geschädigtem gehören, da sie dem konkreten Einzelfall eben ein besonderes Gepräge geben können[151]. Im Vordergrund steht jedoch stets die infolge der Schädigung erlittene Lebenshemmung[152].

Als weitere Bestandteile der Genugtuungsfunktion werden das Verschulden des Täters ebenso wie der Tatanlass gesehen, da hierdurch die Verbitterung des Geschädigten mit beeinflusst werden kann[153]. Denn durch den Anlass der Tat, sowie auch dem Grad des Verschuldens des Täters, kann beim Geschädigten gerade Wut und Verbitterung entstehen[154], wofür jener Genugtuung erhalten soll[155].

Zudem wird ein „verzögerter Schadensausgleich" – zumindest der Versicherung[156] – als weiterer Bestandteil der Genugtuungsfunktion gesehen. Dahinter steckt der Gedanke, dass es für den Geschädigten ebenso verbitternd ist, wenn ihm gegen den Schädiger ein Anspruch auf Schmerzensgeld zusteht, dieser jedoch die Regulierung des Schadens stets verweigert und der Geschädigte dadurch „zermürbt" wird. Zudem soll durch dieses Merkmal dem Missbrauch wirtschaftlicher Macht entgegengewirkt werden[157].

---

150   Vgl. BGH NJW 1955, 1675 = BGH, Beschl. v. 06.07.1955 (VGS 1/55); BeckRS 2016, 21466 Rn. 52 = BGH, Beschl. v. 16.09.16 (VGS 1/16).
151   BeckRS 2016, 21466 Rn. 59 = BGH, Beschl. v. 16.09.2016 (VGS 1/16).
152   BeckRS2016, 21466 Rn. 68 = BGH, Beschl. v. 16.09.2016 (VGS 1/16).
153   BGH NJW 1955, 1675 (1676) = BGH, Beschl. v. 06.07.1955 (VGS 1/55).
154   Vgl. *Bötticher*, AcP 158, 358 (398).
155   BGH NJW 1955, 1675 (1676) = BGH, Beschl. v. 06.07.1955 (VGS 1/55).
156   Das OLG Karlsruhe/Freiburg (OLG Karlsruhe/Freiburg NJW 1973, 851 (854) = OLG Karlsruhe/Freiburg, Urt. v. 02.11.1972 (4 U 149/71)) sprach gerade bei einer nicht zahlenden Versicherung eine Erhöhung der Genugtuung dem Geschädigten zu. Jedoch ist umstritten, ob dieses Merkmal des „verzögerten Schadensausgleichs" auch auf Privatpersonen ausgeweitet werden kann, da einerseits ein „wirtschaftliches Machtverhältnis" – wovon das Urteil gerade spricht – wohl kaum zwischen Privatpersonen bestehen kann und zudem das Urteil sich gerade ausdrücklich nur auf eine Versicherung bezieht. Zudem wird am Merkmal des „verzögerten Schadensausgleichs" kritisiert, dass es sich hierbei gerade um eine „Verzugsregelung durch die Hintertür" handelt und daher keinen Einfluss auf die Höhe des Schmerzensgelds haben darf, vgl. *Degenhardt*, Genugtuungsfunktion, S. 62.
157   OLG Karlsruhe/Freiburg NJW 1973, 851 (854) = OLG Karlsruhe Freiburg, Urt. v. 02.11.1972 (4 U 149/71).

VI   Umfang des Anspruchs auf Schmerzensgeld

Besteht dem Grunde nach ein Anspruch auf Schmerzensgeld, stellt sich nun die Frage über den Umfang, konkret die Höhe dieses Anspruchs.

1)   Höhe des Schmerzensgeldes; § 287 ZPO

Die Höhe des Schmerzensgeldes wird unter umfassender Berücksichtigung aller für die Bemessung maßgebenden Umstände des Einzelfalles bestimmt und steht nach § 287 ZPO im Ermessen des Gerichts[158]. Zu berücksichtigen sind hier insbesondere Art, Dauer und Intensität der Verletzung sowie auch der Grad des Verschuldens[159].

Hierbei besteht die Besonderheit, dass der Antrag im Rahmen einer Klageschrift, innerhalb welcher ein Anspruch auf Schmerzensgeld geltend gemacht wird, beim Schmerzensgeld trotz der Vorschrift des § 253 Abs. 2 Nr. 2 ZPO nach der Rechtsprechung lediglich eines geeigneten Vortrags des Klägers hinsichtlich der tatsächlichen Grundlagen für die Bemessung unter Angabe einer ungefähren Größenordnung bedarf, und das Gericht diese Größenordnung ohne Verstoß gegen die Dispositionsmaxime auch überschreiten darf; die Literatur spricht sich hier sogar gegen die Angabe einer ungefähren Größenordnung aus[160]. Dabei ist zu berücksichtigen, dass auch ein Klageantrag ohne Angabe eines ungefähren Größenbetrags die Verjährung des Anspruchs gem. § 204 Abs. 1 Nr. 1 BGB insgesamt hemmt[161] und bei Folgeschäden, welche bisher nicht berücksichtigt werden konnten, trotz Rechtskraft ggf. ein weiterer Anspruch auf Schmerzensgeld zuerkannt werden kann[162].

---

158   *Grüneberg* in: Palandt BGB § 253 Rn. 15.
159   *Grüneberg* in: Palandt BGB, § 253 Rn. 15; *Oetker* in: MüKo BGB, § 253 Rn. 36.
160   *Thomas/Putzo*, ZPO, § 253 Rn. 12.; ausführlich: *Teichmann* in: Jauernig BGB, § 253 Rn. 9 m.w.N.
161   BGH NJW 1996, 2425 (2427) = BGH, Urt. v. 30.04.1996 (VI ZR 55/95); *Teichmann* in: Jauernig BGB, § 253 Rn. 9 m.w.N.
162   *Ellenberger* in: Palandt BGB, § 284 Rn. 16; *Teichmann* in: Jauernig BGB, § 253 Rn. 9.

2)   Rechtsprechung und hierzu entwickelte Schmerzensgeldtabellen

Da – wie bereits aufgezeigt – die Höhe des Schmerzensgeldes gem. § 287 ZPO im Ermessen des Gerichts steht, bedarf es einer Art „Orientierungshilfe", um bei der Bemessung zu einheitlichen Ergebnissen zu kommen. Maßgeblich hierfür sind insbesondere die auf einer umfassenden Auswertung der bereits ergangenen gerichtlichen Entscheidungen entwickelten Schmerzensgeldtabellen[163]. Jedoch ist hierbei zu berücksichtigen, dass diese entwickelten Schmerzensgeldtabellen das Gericht nicht zwingend binden, sondern auch Abweichungen möglich sind. Bei einer groben Abweichung eines vergleichbaren Sachverhalte kann dies jedoch dazu führen, dass das Gericht sein Ermessen, welches ihm im Rahmen der Bestimmung der Höhe des Schmerzensgeldes eben zusteht, falsch ausgeübt hat[164].

3)   Verwendung des Schmerzensgeldes

Wofür der Geschädigte das vom Schädiger geleistete Schmerzensgeld verwendet, ist unerheblich, da der Ausgleich nicht davon abhängig gemacht werden kann, ob der Verletzte auch tatsächlich in der Lage ist, das Geld für die entgangenen Lebensfreuden zu verwenden. Der Geschädigte kann daher die erhaltene Entschädigung frei nach Belieben verwenden[165].

---

163   *Grüneberg* in: Palandt BGB, § 253 Rn. 15; *Oetker* in: MüKo BGB, § 253 Rn. 36.
164   *Oetker* in: MüKo BGB, § 253 Rn. 36.
165   *Oetker* in: MüKo BGB, § 253 Rn. 10, 57.

C Das Allgemeine Persönlichkeitsrecht

Da der Geldentschädigungsanspruch aufgrund der Verletzung des Allgemeinen Persönlichkeitsrechts entstehen kann, wird dieses im Folgenden dargestellt.

I Das Allgemeine verfassungsrechtliche Persönlichkeitsrecht

Das Allgemeine Persönlichkeitsrecht ist im Grundgesetz nicht ausdrücklich erwähnt[166], jedoch hat es mittlerweile die Statur eines Grundrechts im Grundgesetz gewonnen[167]. Es gehört zu den wohl am schwersten fassbaren Grundrechten des Grundgesetzes[168].

Als dogmatischer Ausganspunkt des Allgemeinen Persönlichkeitsrechts wird heute Art. 2 Abs. 1 i.V.m. Art. 1 Abs. 1 GG gesehen[169], wobei zu berücksichtigen ist, dass Begriff und dogmatische Ausprägung Schöpfungen der Rechtsprechung sind[170]. Das Allgemeine Persönlichkeitsrecht bezweckt den grundrechtlichen Schutz von Elementen, die nicht Gegenstand spezieller Freiheitsgarantien sind[171].

Geschütztes Rechtsgut ist der Geltungsanspruch des Menschen in der sozialen Welt und das Recht des Individuums, auf Entfaltung und Entwicklung seiner individuellen Persönlichkeit[172].

Da die spezielleren Freiheitsrechte, wie etwa Art. 4, 5, 10 oder 13 GG nur in Teilbereichen den Schutz der engeren persönlichen Lebenssphäre gewährleisten, haben Rechtslehre und Rechtspraxis einen ergänzenden Persönlichkeitsschutz zu-

---

166 *Di Fabio* in: Maunz/Dürig GG, Art. 2 Abs. 1 Rn. 128; *Rixecker* in: MüKo BGB, Anh. zu § 12 Rn. 1.
167 *Di Fabio* in: Maunz/Dürig GG, Art. 2 Abs. 1 Rn. 127.
168 *Lang* in: BeckOK GG, Art. 2 Rn. 32.
169 *Di Fabio* in: Maunz/Dürig GG, Art. 2 Abs. 1 Rn. 128; *Rixecker* in: MüKo BGB, Anh. zu § 12 Rn. 4.
170 *Di Fabio* in: Maunz/Dürig GG, Art. 2 Abs. 1 Rn. 128. Vergleiche ausführlich zur Herleitung der normativen Grundlage: *Meinke*, Verbindung Grundrechten, S. 57 – 61.
171 BVerfGE 95, 220 (241) = BVerfG, Beschl. v. 26.02.1997 (1 BvR 2172/96); BVerfGE 99, 185 (193) = BVerfG, Beschl. v. 10.11.1998 (1 BvR 1531/96); BVerfGE 101, 361 (380) = BVerfG, Urt. v. 09.11.1999 (1 BvR 635/96).
172 *Sprau* in: Palandt BGB, § 823 Rn. 86.

nächst punktuell[173], sodann in Form des Allgemeinen Persönlichkeitsrechts entwickelt[174].

1) Entwicklung des Allgemeinen Persönlichkeitsrechts

Das Allgemeine verfassungsrechtliche Persönlichkeitsrecht hat eine zivilrechtliche Vorgeschichte[175]. Ausgangspunkt hierfür war eine Streitfrage zu § 823 Abs. 1 BGB. Hierbei ging es darum, ob ein Schadensersatzanspruch wegen der Verletzung eines in § 823 Abs. 1 BGB genannten „sonstigen Rechts", auch mit dem Allgemeinen Persönlichkeitsrecht begründet werden könne. Diese Frage wurde vom Reichsgericht verneint, da es eine ausdrückliche gesetzliche Grundlage für ein Allgemeines Persönlichkeitsrecht vermisste[176]. Jedoch entschied der Bundesgerichtshof im Jahr 1954 hierzu anders[177]. Argumentation hierfür war die Anerkennung des Rechts des Menschen auf Achtung seiner Würde (Art. 1 Abs. 1 GG) und auf die freie Entfaltung seiner Persönlichkeit (Art. 2 Abs. 1 GG) durch das Grundgesetz. Aufgrund dessen sei daher auch das Allgemeine Persönlichkeitsrecht als verfassungsrechtlich gewährleistetes Grundrecht anzusehen. Im Lichte dieses Grundrechts wurde die ungenehmigte Veröffentlichung privater Aufzeichnungen als eine Verletzung des Allgemeinen Persönlichkeitsrechts unter § 823 Abs. 1 BGB subsumiert[178]. Der BGH bestätigte die Existenz des Allgemeinen Persönlichkeitsrechts in den Folgejahren in einer Vielzahl von Fällen[179]. Diese zivilrechtliche Rechtsprechung wurde vom Bundesverfassungsgericht ausdrück-

---

173   Angedeutet etwa bereits in BVerfGE 6, 32 (41); vgl. auch: BVerfGE 4, 7 (15 f.) und BVerfGE 8, 274 (329).

174   Zur Entwicklung des Persönlichkeitsschutzes in der Literatur und in der Rechtsprechung des Bundesgerichtshofs und des Bundesverfassungsgerichts: *Brandner*, JZ 1983, 689 (689 ff.); *Jarass*, NJW 1989, 857 (857 ff.).

175   *Lang* in: BeckOK GG, Art. 2 Rn. 33.

176   RGZ 51, 369 (372 f.) = RG, Urt. v. 29.05.1902 (Rep. VI. 50/02); RGZ 69, 401 (403) = RG, Urt. v. 07.11.1908 (Rep. I. 638/07); RGZ 82, 333 (334) = RG, Urt. v. 28.05.1913 (Rep. I. 435/12); RGZ 113, 413 (414 f.) = RG, Urt. v. 12.05.1926 (I 287/25).

177   Vgl. BGH NJW 1954, 1404 ff. = BGH, Urt. v. 25.05.1954 (I ZR 211/53).

178   BGH NJW 1954, 797 = BGH, Urt. v. 17.02.1954 (II ZR 63/53).

179   So etwa in: BGH NJW 1996, 984 = BGH, Urt. v. 05.12.1995 (VI ZR 332/94); BGH NJW 1963, 902 = BGH, Urt. v. 05.03.1963 (VI ZR 55/62); BGH NJW 1961, 2059 = BGH, Urt. v. 19.09.1961 (VI ZR 259/60); BGH NJW 1962, 1004 = BGH, Urt. v. 05.01.1962 (VI ZR 72/61); BGH NJW 1957, 1315 = BGH, Urt. v. 10.05.1957 (I ZR 234/55).

lich bestätigt, wobei eine der ersten deutlichen Entscheidungen hierzu der „Soraya-Beschluss" aus dem Jahre 1973[180] war.

2) Träger des Allgemeinen Persönlichkeitsrechts

Gem. Art. 2 Abs. 1 GG hat „jeder" das Recht auf die freie Entfaltung seiner Persönlichkeit. Daher gilt der Artikel für alle natürlichen Personen. Gem. Art. 19 Abs. 3 GG können sich auch juristische Personen auf das Allgemeine Persönlichkeitsrecht berufen, soweit es seinem Wesen nach auf diese anwendbar ist. Da das Allgemeine Persönlichkeitsrecht verschiedene Ausprägungen hat, können diejenigen, die vom menschlichen Individuum unablöslich sind, nicht auf juristische Personen angewendet werden. Hierzu gehört z. B. das Recht auf sexuelle Selbstbestimmung, das Recht auf Kenntnis der biologischen Abstammung oder das Recht am eigenen Bild[181].

Jedoch haben sich auch Ausprägungen des Allgemeinen Persönlichkeitsrechts so weit von den Individualinteressen natürlicher Personen verselbstständigt, dass sie ihrem Wesen nach eben auch auf juristische Personen anwendbar sind. Hierzu gehört etwa das Recht am gesprochenen Wort[182] auf den Schutz vor unterstellten Äußerungen, das Recht am eigenen Namen auf den Geheimnisschutz und – nach allerdings umstrittener Auffassung – die informationelle Selbstbestimmung[183]. Erscheint es zweifelhaft, ob eine Ausprägung des Allgemeinen Persönlichkeitsrechts nun seinem Wesen nach auf die juristische Person angewendet werden kann oder nicht, kann es hilfreich sein, der Funktion der betreffenden Schutzbereichsausprägung nachzugehen[184]. Der soziale Geltungsanspruch einer Person ist z. B. im Ansatz auf zwischenmenschliche Beziehungen angelegt. Daher kann man wohl kaum von der Ehre einer juristischen Person sprechen[185], jedoch lebt auch eine juristische Person ggf. von ihrem „guten Ruf". Insofern lässt sich also der Schutz des sozialen Geltungsanspruchs von Art. 2 Abs. 1 GG seinem Wesen nach

---

180 BVerfGE 34, 269 (281 f.). In früherer Rechtsprechung kommt das Allgemeine Persönlichkeitsrecht zwar der Sache nach schon vor, jedoch nicht so klar unter dieser Bezeichnung; siehe hierzu: BVerfGE 6, 389 (433); BVerfGE 27, 1 (6); BVerfGE 27, 344 (351).
181 *Enders* in: BeckOK GG, Art. 19 Rn. 42, 43.
182 BVerfGE 106, 28 (43).
183 BVerfGE 118, 168 (203).
184 *Remmert* in: Maunz/Dürig GG, Art. 19 Rn. 103.
185 Im Strafrecht wird aber weitgehend auch ein Ehrschutz juristischer Personen anerkannt: *Fischer*, StGB, vor § 185 Rn. 12 m.w.N.

auch auf juristische Personen anwenden[186]. Jedoch lässt sich bei juristischen Personen Art. 2 Abs. 1 GG nicht „in Verbindung mit" Art. 1 Abs. 1 GG bringen. Daher zitiert das Bundesverfassungsgericht bei juristischen Personen im Rahmen des Allgemeinen Persönlichkeitsrechts den Art. 2 Abs. 1 GG allein[187].

3)   Schutzbereich des Allgemeinen Persönlichkeitsrechts

Da das Allgemeine Persönlichkeitsrecht ein sog. Rahmenrecht ist[188], erweist sich der sachliche Schutzbereich sehr weit. Das Allgemeine Persönlichkeitsrecht schützt „den engeren persönlichen Lebensbereich und die Erhaltung seiner Grundbedingungen"[189]. Hierzu zählt gerade derjenige Bereich der privaten Lebensgestaltung eines Jeden, in dem er seine Individualität entwickeln und bewahren kann[190]. Aufgrund der Eigenart des Allgemeinen Persönlichkeitsrechts als unbenanntes Freiheitsrecht, kann die Rechtsprechung den geschützten Inhalt nicht abschließend festlegen, sondern nur einzelne Ausprägungen herausarbeiten[191]. Da es keinen festgesetzten Schutzbereich gibt, wird die Abgrenzung zu anderen Grundrechten zwar erschwert, jedoch stellt das Allgemeine Persönlichkeitsrecht eben ein sog. Auffanggrundrecht dar[192]. Diese von der Rechtsprechung herausgearbeiteten Fallgruppen des Schutzbereichs lassen sich in drei Richtungen aufteilen: die Selbstwahrung, die Selbstbestimmung und die Selbstdarstellung[193].

---

186   *Di Fabio* in: Maunz/Dürig GG, Art. 2 Rn. 224 m.w.N.
187   Zuletzt BVerfGE 118, 168 (203); siehe auch *Jarass*, in: Jarass/Pieroth GG, Art. 2 Rn. 52 m.w.N.
188   BGH NJW 1987, 2667 = BGH, Urt. v. 10.03.1987 (VI ZR 244/85).
189   BVerfGE 54, 148 (153); BVerfGE 72, 155 (170); BVerfGE 96, 56 (61); BVerfGE 121, 69 (90).
190   BVerfGE 79, 256 (268); BVerfGE 117, 202 (225).
191   BVerfGE 24, 72 (78); BVerfGE 54, 148 (154).
192   *Lang* in: Epping/Hillgruber GG, Art. 2 Rn. 33.
193   *Brenneisen/Brenneisen*, Rspr. BVerfG, S. 11; *Jarass*, NJW 1989, 857 (858 f.). Hierbei ist jedoch zu berücksichtigen, dass die Zuordnung der Rechte in eine Klasse oftmals schwierig ist, und daher nicht einheitlich gehandhabt werden kann, vgl. *Dreier* in: Dreier GG, Art. 2 Abs. 1 Rn. 70.

II Das Allgemeine Persönlichkeitsrecht im Zivilrecht

Um ein Verständnis für das zivilrechtliche Persönlichkeitsrecht zu erlangen, welches ein Institut des einfachen Rechts ist[194], muss man sich zunächst bewusst machen, dass das verfassungsrechtliche und das zivilrechtliche Persönlichkeitsrecht nicht identisch sind[195].

1) Abgrenzung zum verfassungsrechtlichen Persönlichkeitsrecht

Noch älter als die Diskussion um die Anerkennung des Allgemeinen Persönlichkeitsrechts als Grundrecht ist gerade der Streit um den Schutz des Allgemeinen Persönlichkeitsrechts im Privatrecht[196]. Vom Reichsgericht wurde es noch abgelehnt[197], in der sog. „Leserbrief-Entscheidung" des Bundesgerichtshofs hat es hingegen erstmals Anerkennung gefunden[198]. In dieser Entscheidung des BGH wurden Art. 1 Abs. 1 GG und Art. 2 Abs. 1 GG als wesentliche Grundlagen des Allgemeinen Persönlichkeitsrechts herausgestellt[199]. Jedoch ist das von § 823 Abs. 1 BGB geschützte Allgemeine Persönlichkeitsrecht mit dem erst später vom Bundesverfassungsgericht entwickelten Grundrecht des Allgemeinen Persönlichkeitsrechts nicht identisch, denn es handelt sich hierbei um ein Institut des einfachen Rechts[200]. Etwas Anderes könnte nur gelten, wenn das Grundrecht des Allgemeinen Persönlichkeitsrechts unmittelbare Drittwirkung entfalten würde, was jedoch wie bei den meisten anderen Grundrechten nicht der Fall ist[201]. Das Allge-

---

194   BVerfGE 34, 269.
195   Vgl. *Di Fabio*, in: Maunz/Dürig GG, Art. 2 Abs. 1 GG, Rn. 138, 143; *Helle*, Besondere Persönlichkeitsrechte, S. 6, 30, 51; *Hubmann*, Persönlichkeitsrecht, S. 113; *Jarass*, NJW 1989, 857, (858); *Nipperdey*, Grundrechte, S. 741, 836.
196   *Jarass*, NJW 1989, 857.
197   RGZ 51, 369 (372 f.) = RG, Urt. v. 29.05.1902 (Rep. VI. 50/02); RGZ 69, 401 (403) = RG, Urt. v. 07.11.1908 (Rep. I. 638/07); RGZ 113, 413 (414) = RG, Urt. v. 12.05.1926 (I 287/25); RGZ 123, 312 (320) = RG, Urt. v. 29.10.1927 (I 76/27).
198   BGH NJW 1954, 1404 = BGH, Urt. v. 25.05.1954 (I ZR 211/53).
199   BGH NJW 1954, 1404 (1404) = BGH, Urt. v. 25.05.1954 (I ZR 211/53); ebenso BGH NJW 1957, 1146 (1146 f.) = BGH, Urt. v. 02.04.1957 (VI ZR 9/56).
200   *Di Fabio*, in: Maunz/Dürig GG, Art. 2 Abs. 1 GG, Rn. 138, 143; *Helle*, Besondere Persönlichkeitsrechte, S. 6, 30, 51; *Hubmann*, Persönlichkeitsrecht, S. 113; *Nipperdey*, Grundrechte, S. 741, 836.
201   Eine Ausnahme gilt nur für das Grundrecht der Koalitionsfreiheit, da Art. 9 Abs. 3 S. 2 GG ausdrücklich Drittwirkung anordnet. Umstritten ist die Situation bei Art. 1 Abs. 1 GG; vgl. *Herdegen* in: Maunz/Dürig GG, Art. 1 Abs. 3 Rn. 64 ff.

meine Persönlichkeitsrecht des Grundgesetzes besitzt verfassungsrechtlichen Rang und kann daher vom Gesetzgeber nur in begrenztem Umfang beschränkt werden[202]. Das privatrechtliche Persönlichkeitsrecht hingegen ist dem Zugriff des Gesetzgebers in vollem Umfang ausgesetzt, wobei eine Beschneidung des privatrechtlichen Persönlichkeitsschutzes nicht gegen Verfassungsrecht verstoßen darf[203].

Ein weiterer wichtiger Unterschied der Persönlichkeitsrechte ist, dass sich die Verfassung darauf beschränkt, dem Gesetzgeber einen Rahmen vorzugeben. Es bleibt dem Gesetzgeber überlassen, wie der Persönlichkeitsschutz im Einzelnen realisiert wird. Daher ist das privatrechtliche Persönlichkeitsrecht auch nur eine Ausgestaltung der verfassungsrechtlich zulässigen Möglichkeiten[204]. Zudem kommt das verfassungsrechtliche Persönlichkeitsrecht dort nicht zum Tragen, wo spezielle Grundrechte dem Schutz der Persönlichkeit dienen, wie die Grundrechte zur Sicherung des Brief-, Post- und Fernmeldegeheimnisses oder der Unverletzlichkeit der Wohnung[205]. Das privatrechtliche Persönlichkeitsrecht schließt demgegenüber diese Elemente meist mit ein.

Es ist jedoch einzuräumen, dass die Reichweite des Schutzes durch die beiden Arten des Persönlichkeitsrechts häufig ähnlich oder sogar gleich ausfällt. Daher ist es auch oft unschädlich, dass die Differenzierung von verfassungsrechtlichem und privatrechtlichem Persönlichkeitsrecht vernachlässigt wird[206].

2) Zweispurigkeit des Persönlichkeitsschutzes

Das zivilrechtliche Allgemeine Persönlichkeitsrecht schützt neben immaterielle Interessen auch Vermögensinteressen des Rechtsträgers vor rechtswidrigen Eingriffen. Hierbei ist zu beachten, dass es durchaus vorkommen kann, dass eine einzige Verletzungshandlung beide Ausprägungen des Persönlichkeitsrechts trifft[207].

---

202 Vgl. z. B. BVerfGE 80, 137 (153).
203 *Schwerdtner*, JuS 1978, 289 (291).
204 *Schwerdtner*, JuS 1978, 289 (291).
205 BGH NJW 1986, 2261 (2262 f.) = BGH, Urt. v. 09.04.1986 (3 StR 551/85).
206 Vgl. *Eckert*, JuS 1994, 625 (630); *Geis*, JZ 1991, 112 (112).
207 So z. B. in BGH NJW 1996, 984 = BGH, Urt. v. 05.12.1995 (VI ZR 332/94). Hierin ging es darum, dass eine Zeitschrift einen Artikel über Caroline von Monaco frei erfand und hierin behauptete, diese leide an Brustkrebs. Hierdurch wurde ein Teil des Vermögenswerts an ihrer Person ausgenutzt, sowie auch das Bild ihrer Person in der Öffentlichkeit verfälscht.

a) Materielle Bestandteile

Kommt es durch den Eingriff in das Allgemeine Persönlichkeitsrecht zu einer Verletzung vermögenswerter Bestandteile, hat der Geschädigte einen Anspruch auf Schadensersatz nach Maßgabe der §§ 249 ff. BGB[208]. Klassisches Beispiel hierfür ist etwa die Verwertung eines Abbildes einer öffentlich bekannten Person, die ihre Bekanntheit etwa dadurch wirtschaftlich verwerten kann, dass sie einem Verlag gegen Entgelt gestattet, ein Bild zu Werbezwecken zu verwenden, um so einen höheren Gewinn zu erzielen. Nutzt nun der Verlag das Foto ohne Einwilligung des Urhebers zum Zwecke der Absatzsteigerung, erleidet dieser eine finanzielle Benachteiligung. Dahinter steckt der Gedanke, dass es allein dem Rechtsträger obliegt zu entscheiden, ob und in welchem Umfang er seine Persönlichkeitsmerkmale Dritten wirtschaftlich zur Verfügung stellt[209]. Entscheidendes Merkmal ist hier der Umstand, dass der Schädiger unerlaubt das Persönlichkeitsmerkmal des Geschädigten zur Gewinnerzielung verwendet hat[210]. Eine besondere Schwere des Eingriffs ist hingegen gerade nicht Voraussetzung[211]. Bei der Frage, ob nun Vermögensinteressen des Anspruchstellers berührt werden, ist entscheidend, ob der vermeintliche Schädiger die Persönlichkeit des Betroffenen als Mittel zur Gewinnerzielung ausgenutzt hat. Dies kann beispielsweise zu verneinen sein, wenn eine Berichterstattung im Vordergrund steht und die kommerziellen Interessen daher in den Hintergrund treten[212].

Die Berechnung der Schadenshöhe erfolgt entweder anhand des konkret entstandenen wirtschaftlichen Nachteils, der Zahlung einer angemessenen (fiktiven) Lizenzgebühr, oder der Geltendmachung desjenigen Gewinns, den der Schädiger aufgrund der Persönlichkeitsrechtsverletzung erzielt hat[213].

b) Immaterielle Bestandteile

Liegt ein immaterieller Schaden beim Geschädigten vor, räumt die Rechtsprechung ihm seit der sog. Herrenreiter-Entscheidung einen Entschädigungsan-

---

208   *Staudinger* in: BGB-Hk, § 823 Rn. 110; *Staudinger/Schmidt*, Jura 2001, 241 (249).
209   BGH NJW 1956, 1554 (1555) = BGH, Urt. v. 08.05.1956 (I ZR 62/54).
210   BGH NJW 2000, 2195 (2197) = BGH, Urt. v. 01.12.1999 (I ZR 49/97).
211   *Sprau* in: Palandt BGB, 823 Rn. 132; *Staudinger* in: BGB-Hk, § 823 Rn. 110.
212   Etwa: BGH NJW 2012, 1728 = BGH, Urt. v. 20.03.2012 (VI ZR 123/11).
213   *Müller*, VersR 2008, 1141 (1152).

spruch ein[214]. Ein Beispiel für solch einen Schaden kann eine Berichterstattung über sexuelle Misshandlungen durch Priester sein, wobei infolge einer Verwechslung das Foto eines unbeteiligten Priesters veröffentlicht wird[215]. Hinter der Gewährung einer Entschädigung für solche Handlungen steht der Gedanke, dass Verletzungen der Ehre und Würde des Menschen ansonsten oft nicht sanktioniert werden würden und somit der Persönlichkeitsschutz verloren gehen würde[216].

3)   Ansprüche bei Persönlichkeitsrechtsverletzung

Wird eine Person in ihrer Persönlichkeit verletzt, stellt sich die Frage, welche Ansprüche sie in diesem Fall überhaupt geltend machen kann. Um dies zu beantworten, müssen verschiedene Gesichtspunkte beachtet werden. Einerseits stellt sich z. B. die Frage, ob im konkreten Fall materielle und/oder immaterielle Bestandteile des Persönlichkeitsrechts verletzt worden sind. Zudem ist ebenso das Rechtsschutzziel zu berücksichtigen. Auch die jeweiligen Tatbestandsvoraussetzungen sind zur Beantwortung der Frage maßgeblich, da manche Ansprüche beispielsweise ein Verschulden des Anspruchsgegners erfordern, während es aber auch verschuldensunabhängige Ansprüche gibt[217].

a) Der Unterlassungsanspruch

Gegen rechtswidrige Eingriffe in das Persönlichkeitsrecht kann sich der Verletzte zunächst mit dem in der Praxis am häufigsten geltend gemachten Unterlassungsanspruch zur Wehr setzen[218].
Als verschuldensunabhängiger Anspruch kann er sich gegen Tatsachenbehauptungen, Meinungsäußerungen und Werturteile richten. Er wurde in Analogie zu §§ 12 S. 2, 862 Abs. 1 S. 2, 1004 Abs. 1 S. 2 BGB als präventiver Schutz des Persönlichkeitsrechts entwickelt[219]. Ziel des Anspruchs kann es einerseits sein, eine erstmalig drohende Verletzung des Allgemeinen Persönlichkeitsrechts zu

---

214   BGH NJW 1958, 827 = BGH, Urt. v. 14.02.1958 (I ZR 151/56).
215   OLG Koblenz NJW 1997, 1375 = OLG Koblenz, Urt. v. 20.12.1996 (10 U 1667/95).
216   BGH NJW 1995, 861 (864) = BGH, Urt. v. 15.11.1994, (VI ZR 56/94).
217   *Sprau* in: Palandt, BGB, § 823 Rn. 129.
218   *Rixecker* in: MüKo BGB, Anh. zu § 12 Rn. 271; *Sprau* in: Palandt, BGB, Einf. v. § 823 Rn. 33.
219   *Rixecker* in MüKo BGB, Anh. zu § 12 Rn. 271; *Sprau* in: Palandt BGB, Einf. v. § 823 Rn. 33.

verhindern oder aber auch die Fortsetzung bzw. erneute Begehung von Verletzungshandlungen zu unterbinden[220]. Voraussetzung ist, dass eine widerrechtliche Beeinträchtigung droht. Hierfür spricht die tatsächliche Vermutung einer Wiederholungsgefahr, wenn der Schädiger bereits rechtswidrig in das Persönlichkeitsrecht eingegriffen hat. Zwar kann diese Vermutung widerlegt werden, jedoch werden hieran hohe Anforderungen gestellt[221]. Zweck des Unterlassungsanspruchs insgesamt ist es, künftiges Verhalten des Störers zu steuern. Dabei ist zu beachten, dass Störer nicht lediglich derjenige sein kann, der beispielsweise eine unmittelbar rechtsverletzende Äußerung tätigt, sondern vielmehr jeder, der – egal in welcher Weise – willentlich und adäquat kausal entweder zur Rechtsgutsverletzung beiträgt, oder dessen Verhalten solch eine Beeinträchtigung befürchten lässt[222]. Auf die Art sowie auch auf den konkreten Umfang des Beitrags kommt es hierbei nicht an[223].

b) Der Beseitigungsanspruch

Der verschuldensunabhängige Beseitigungsanspruch ergibt sich aus § 1004 Abs. 1 BGB analog i.V.m. §§ 823 ff. BGB[224]. Im Unterschied zum Unterlassungsanspruch ist der Beseitigungsanspruch nicht auf ein in der Zukunft liegendes Verhalten gerichtet, sondern Zweck ist es vielmehr, eine bereits erfolgte oder noch andauernde Beeinträchtigung zu korrigieren[225]. Zudem kann der Anspruch im Hinblick auf Verletzungen des Allgemeinen Persönlichkeitsrechts nur bei unwahren Tatsachenbehauptungen, nicht aber bei Werturteilen geltend gemacht werden[226]. Der Anspruchsteller hat dabei die Unwahrheit einer Tatsachenbehauptung zu beweisen. Der Anspruchsgegner muss hingegen all diejenigen Tatsachen angeben, aus denen sich die Wahrheit seiner Äußerung ergibt. Als Rechtsfolge können Maßnahmen verlangt werden, welche die Beeinträchtigung wirksam beseitigen[227].

---

220 *Rixecker* in MüKo BGB, Anh. zu § 12 Rn. 217, 273.
221 *Herrler* in: Palandt BGB, § 1004 Rn. 32.
222 BGH NJW 2016, 56 = BGH, Urt. v. 28.07.2015 (VI ZR 340/14).
223 BGH NJW 2004, 762 (765) = BGH, Urt. v. 09.12.2003 (VI ZR 373/02); *Burkhardt* in: Handbuch Äußerungsrecht, Kap. 12 Rn. 10.
224 *Sprau* in: Palandt BGB, Einf. v. § 823 Rn. 37.
225 *Fritzsche* in: BeckOK BGB, § 1004 Rn. 55 f.
226 Z. B. BGH NJW 1995, 861 = BGH, Urt. v. 15.11.1994 (VI ZR 56/94).
227 Vgl. *Rixecker* in: MüKo BGB, Anh. zu § 12 Rn. 283 ff.

c) Der Gegendarstellungsanspruch

Der Gegendarstellungsanspruch dient dem Schutz der verfassungsrechtlich gewährleisteten Selbstbestimmung des Einzelnen hinsichtlich der Darstellung der eigenen Person in den Medien[228]. In seinen Voraussetzungen ähnelt er dem Beseitigungsanspruch. Er ist ein von §§ 823 ff. BGB unabhängiger zivilrechtlicher Anspruch[229]. Der Gegendarstellungsanspruch kann lediglich bei Tatsachenbehauptungen erfolgreich geltend gemacht werden. Durch Veröffentlichung einer Gegendarstellung soll es dem Betroffenen ermöglicht werden, an gleicher Stelle und mit entsprechend der Verletzungshandlung vergleichbarem Publizitätsgrad, den Sachverhalt aus eigener Sicht zu berichtigen und zu korrigieren[230].

d) Der Schadensersatzanspruch

Wird das Allgemeine Persönlichkeitsrecht in seinen materiellen Bestandteilen schuldhaft verletzt, kann für einen hierdurch eingetretenen Schaden Ersatz gem. § 823 Abs. 1 BGB verlangt werden. Art, Inhalt und Umfang des Schadens richten sich hierbei nach den allgemeinen Grundsätzen der §§ 249 ff. BGB[231]. Es ist stets eine umfassende Abwägung aller Umstände des Einzelfalls vorzunehmen[232]. Voraussetzung hierfür ist jedoch die rechtswidrige, schuldhafte Verletzung des Allgemeinen Persönlichkeitsrechts durch den Anspruchsgegner[233].

e) Der Geldentschädigungsanspruch

Der Anspruch auf Geldentschädigung wegen Verletzung des Allgemeinen Persönlichkeitsrechts kann bei Verletzung ideeller Bestandteile der Persönlichkeit geltend gemacht werden[234]. Primär wird dem Anspruch die Funktion der Genug-

---

228 BGH NJW 1976, 1198 = BGH, Urt. v. 06.04.1974 (VI ZR 246/74); BGH NJW 1978, 210 = BGH, Urt. v. 15.11.1977 (VI ZR 101/76).
229 *Sprau* in: Palandt BGB, Einf. v. § 823 Rn. 43.
230 *Sprau* in: Palandt BGB, Einf. v. § 823 Rn. 43 m.w.N.
231 *Sprau* in: Palandt BGB, Einf. v. § 823 Rn. 24.
232 *Teichmann* in: Jauernig BGB, § 823 Rn. 67.
233 *Sprau* in: Palandt, BGB, § 823 Rn. 129.
234 *Sprau* in: Palandt BGB, § 823 Rn. 130.

tuung zugeschrieben[235], wobei unter gewissen Voraussetzungen auch der Präventionsfunktion eine eigenständige Bedeutung zukommen kann[236]. Der Anspruch will verhindern, dass schwere Verletzungen der menschlichen Würde und Ehre nicht sanktionslos hingenommen werden müssen[237]. Voraussetzung für solch einen Anspruch ist es jedoch, dass es sich um einen schweren Eingriff in das Allgemeine Persönlichkeitsrecht handelt, der nicht anders ausgeglichen werden kann[238].

f) Der Anspruch auf Herausgabe/Bereicherung

Zudem kann auch ein Anspruch auf Herausgabe dessen bestehen, was der Schädiger durch Eingriff in den Zuweisungsgehalt des Allgemeinen Persönlichkeitsrechts erlangt hat. Dieser Anspruch wird auf die sog. bereicherungsrechtliche Eingriffskondiktion gem. § 812 Abs. 1 S. 1 Alt. 2 BGB gestützt[239]. Da das Allgemeine Persönlichkeitsrecht dem jeweiligen Inhaber zugewiesen ist, kann ein rechtswidriger Eingriff in dieses somit ggf. den Kondiktionsanspruch begründen. Resultiert aus diesem Eingriff nämlich eine Vermögensverschiebung, so wird diese durch die Eingriffskondiktion rückgängig gemacht[240].

4) Verfahrensrechtliche Fragen

Geht es um Streitigkeiten im Zusammenhang mit der Verletzung des Allgemeinen Persönlichkeitsrechts, so sind diese zumeist bürgerliche Rechtsstreitigkeiten i.S.d. § 13 GVG. Gem. § 15a Abs. 1 S. 1 Nr. 3 EGZPO kann das Landesrecht verlangen, dass vor Erhebung einer Klage ein Güteverfahren durchgeführt wird, wenn um eine Verletzung der „persönlichen Ehre" gestritten wird[241]. Für andere Beeinträchtigungen des Persönlichkeitsrechts gilt dies jedoch nicht.

---

235 Grundlegend: BGH NJW 2014, 2871 (2872) = BGH, Urt. v. 29.04.2014 (VI ZR 246/12).
236 BGH NJW 2014, 2029 (2036) = BGH, Urt. v. 17.12.2013 (VI ZR 211/12); BGH NJW 2006, 605 (607) = BGH, Urt. v. 06.12.2005 (VI ZR 265/04); BGH NJW 2005, 215 (215) = BGH, Urt. v 05.10.2004 (VI ZR 255/03); *Müller* in: Handbuch, § 51 Rn. 7, 10.
237 BGH NJW 1996, 984 (985) = BGH, Urt. v. 05.12.1995 (VI ZR 332/94).
238 *Sprau* in: Palandt BGB, § 823 Rn. 130.
239 *Sprau* in: Palandt BGB, § 812 Rn. 94.
240 Hierzu ausführlich: *Rixecker* in: MüKo BGB, Anh. zu § 12 Rn. 315 ff.
241 Ausgenommen sind jedoch in Presse und Rundfunk begangene Verletzungen der „persönlichen Ehre".

Gem. § 2 Abs. 1 Nr. 3 a), Nr. 3 d) ArbGG sind persönlichkeitsrechtliche Streitigkeiten zwischen Arbeitgebern und Arbeitnehmern im Zusammenhang mit dem Arbeitsverhältnis den Arbeitsgerichten zugewiesen. Voraussetzung hierfür ist jedoch stets ein mit dem Arbeitsverhältnis bestehender innerer Zusammenhang[242]. Bei Verletzungen des Persönlichkeitsrechts durch Äußerungen von Hoheitsträgern, die diese in ihrer hoheitlichen Funktion getätigt haben, ist der Verwaltungsrechtsweg eröffnet[243]. Soweit es sich hierbei jedoch um einen Amtshaftungsanspruch, also einen Schadensersatzanspruch nach § 839 Abs. 1 BGB i.V.m. Art. 34 S. 3 GG handelt, ist dieser vor den Zivilgerichten geltend zu machen[244]. Auch bei der Abwehr und beim Ausgleich[245] persönlichkeitsrechtlicher Beeinträchtigungen durch die öffentliche Hand im Bereich ihrer privatrechtlichen Betätigung ist der Zivilrechtsweg eröffnet. Entscheidendes Kriterium ist hier stets, zu welchem Zweck und in Wahrnehmung welcher Funktion die Äußerung erfolgt ist[246]. Verletzungen des Persönlichkeitsrechts durch staatsanwaltliche oder gerichtliche Informationen sind ebenso auf dem Verwaltungsrechtsweg geltend zu machen[247].

---

242 BGH NJW 2000, 2358 = BGH, Beschl. v. 28.03.2000 (VI ZB 31/99).
243 *Kopp/Schenke*, VwGO, § 40 Rn. 13.
244 *Sprau* in: Palandt BGB, § 839 Rn. 86. Dass die Zivilgerichte für den Anspruch aus Amtshaftung zuständig sind ergibt sich aus Art. 34 S. 3 GG i.V.m. § 40 Abs. 2 VwGO. Hier sind streitwertunabhängig die Landgerichte zuständig, § 71 Abs. 2 Nr. 2 GVG.
245 Dies ergibt sich aus der abdrängenden Sonderzuweisung des § 40 Abs. 2 S. 1 VwGO.
246 Anders ist dies nur dann, wenn Äußerungen von Hoheitsträgern so sehr Ausdruck ihrer persönlichen Meinung und Einstellung sind, dass sie ein ausschließlich individuelles Gepräge tragen.
247 *Becker-Toussaint*, NJW 2004, 414 (414 ff.).

III   Postmortaler Schutz des Allgemeinen Persönlichkeitsrechts

Heute ist es selbstverständlich, dass die Persönlichkeit des Menschen auch über den Tod hinaus geschützt wird[248]. Im Mephisto Urteil[249] aus dem Jahre 1968 wurde das postmortale Persönlichkeitsrecht erstmals anerkannt[250]. In dieser Entscheidung hat der Senat jedenfalls Verletzungshandlungen, die „grobe ehrverletzende Entstellungen nach dem Tode" des Rechtsträgers zur Folge haben, unter den Tatbestand des § 823 Abs. 1 BGB subsumiert[251]. Der postmortale Schutz folgt aber nicht wie das Allgemeine Persönlichkeitsrecht aus Art. 2 Abs. 1 i.V.m. Art. 1 Abs. 1 GG, sondern allein aus Art. 1 Abs. 1 GG. Grund hierfür ist, dass das Grundrecht aus Art. 2 Abs. 1 GG nur einer lebenden Person zustehen kann, da es auf die freie Entfaltung der Persönlichkeit gerichtet ist und somit eine handlungsfähige Person voraussetzt[252].

1)   Allgemeines

Das Allgemeine Persönlichkeitsrecht erlischt mit dem Tod des Menschen[253]. Aus Art. 1 Abs. 1 GG ergibt sich jedoch, dass die Würde des Menschen unantastbar ist. Hieraus folgt, dass der Staat auch über den Tod einer Person hinaus verpflichtet ist, die Würde eines Einzelnen zu schützen[254]. Daher hat die Rechtsprechung – neben dem strafrechtlichen Schutz des Andenkens Verstorbener (§ 189 StGB) – bei fortwirkender Beeinträchtigung den zivilrechtlichen Schutz des postmortalen Persönlichkeitsrechts anerkannt[255].

---

248   Vgl. etwa BGH NJW 2009, 751 = BGH, Urt. v. 16.09.2008 (VI ZR 244/07).
249   BGH NJW 1968, 1773 ff. = BGH, Urt. v. 20.03.1968 (I ZR 44/66); im Anschluss: BVerfGE 30, 173 ff.
250   Dass das Persönlichkeitsrecht den Tod des Rechtsträgers überdauert, wurde in Bezug auf das Urheberpersönlichkeitsrecht bereits im Jahr 1954 festgehalten: BGH GRUR 1955, 201 ff. = BGH, Urt. v. 26.11.1954 (I ZR 266/52).
251   BGH NJW 1968, 1773 (1774) = BGH, Urt. v. 20.03.1968 (I ZR 44/66).
252   BVerfGE 30, 173 (175).
253   BGH NJW 2007, 684 = BGH, Urt. v. 05.10.2006 (I ZR 277/03).
254   BVerfGE 30, 173 (194).
255   BGH NJW 1968, 1773 = BGH, Urt. v. 20.03.1968 (I ZR 44/66); BGH NJW 1990, 1986 = BGH, Urt. v. 08.06.1989 (I ZR 135/87); in der Literatur wird vereinzelt ein postmortaler Persönlichkeitsschutz im Zivilrecht abgelehnt, so z. B. *Westermann*, FamRZ 1969, 561.

2) Schutzbereich des postmortalen Persönlichkeitsrechts

Im Hinblick auf den Umfang des Schutzes des postmortalen Persönlichkeitsrechts ist zu berücksichtigen, dass der Schutz deutlich hinter demjenigen zurückbleibt, der einer lebenden Person hinsichtlich ihres Allgemeinen Persönlichkeitsrechts zukommt[256]. Der allgemeine Achtungsanspruch einer lebenden Person schützt diese aber auch über den Tod hinaus vor Herabwürdigungen und Erniedrigungen. Ebenso ist der soziale Geltungswert einer Person, den sie durch Lebensleistung erworben hat, über den Tod hinaus geschützt[257].

a) Immaterielle Interessen

Da keine handelnde Person nach dem Tod mehr existiert, werden ideelle Beeinträchtigungen nur eingeschränkt geschützt. Jedoch bleibt das Andenken des Verstorbenen gegen Angriffe auf die Menschenwürde durch Art. 1 Abs. 1 GG geschützt[258]. Denn auch nach dem Tod einer Person besteht ihr durch Lebensleistung erworbener Geltungswert fort[259]. Insbesondere werden grob ehrverletzende Entstellungen des Persönlichkeitsbildes sowie der Schutz des Rechts am eigenen Bild gegen Herabwürdigung sowie Erniedrigung eine angemessene Zeit auch nach dem Tode geschützt[260].

b) Materielle Interessen

Auch nach dem Tod einer Person kann ein Interesse daran bestehen, dass deren durch Lebensleistung erworbenes Lebensbild nicht uneingeschränkt kommerziell genutzt wird, und dies ihre Persönlichkeit beeinträchtigt[261]. Dahinter steckt der Gedanke, dass es unbillig wäre, den durch Leistung geschaffenen wirtschaftlichen „Persönlichkeitswert" allein aufgrund des Todes nun ungeschützt Dritten zu über-

---

256 *Rixecker* in: MüKo BGB, Anh. zu § 12 Rn. 46.
257 *Leipold* in: MüKo BGB, § 1922 Rn. 127.
258 *Rixecker* in: MüKo BGB, Anh. zu § 12 Rn. 47.
259 *Sprau* in Palandt BGB, § 823 Rn. 89.
260 *Rixecker* in: MüKo BGB, Anh. zu § 12 Rn. 57.
261 *Rixecker* in: MüKo BGB, Anh. zu § 12 Rn. 58.

lassen[262]. Diese sog. vermögenswerten Bestandteile des Persönlichkeitsrechts sind übertragbar und vererblich[263].

Als Rechtsfolge schuldet derjenige, der sich anmaßt die materiellen Güter der Persönlichkeit des Einzelnen zu verwerten, ohne rechtlich dazu befugt zu sein, Schadensersatz oder Herausgabe des Erlangten einschließlich eines etwa erzielten Gewinns[264].

3) Geltendmachung des postmortalen Persönlichkeitsrechts

Auch bei der Geltendmachung des postmortalen Persönlichkeitsrechts ist zu unterscheiden, ob materielle oder immaterielle Beeinträchtigungen geltend gemacht werden. Der Schutz der Persönlichkeit des Verstorbenen gegen ideelle Beeinträchtigungen in Form von Unterlassungs- und Widerrufsansprüche kann von denjenigen geltend gemacht werden, die vom Verstorbenen dazu ermächtigt wurden, sowie in Analogie zu § 22 KunstUrhG, § 60 Abs. 2 UrhG, § 77 Abs. 2 StGB auch die nächsten Angehörigen des Verstorbenen, ohne dass es auf deren Erbenstellung ankommt[265]. Voraussetzung ist jedoch stets ein ausreichendes Rechtsschutzbedürfnis[266]. Die Geltendmachung materieller Bestandteile des postmortalen Persönlichkeitsrechts steht hingegen lediglich den Erben des Verstorbenen zu und gehen auf diese über[267], zumindest insoweit, als sie auch der Verstorbene hätte verwerten können[268]. Die Beeinträchtigung vermögenswerter Interessen des Verstorbenen dürfen nur entsprechend dessen ausdrücklichem oder mutmaßlichen Willen geltend gemacht werden[269] und bedürfen einer besonders sorgfältigen Interessenabwägung[270].

262 *Götting*, Persönlichkeitsrechte, S. 281.
263 *Rixecker* in: MüKo BGB, Anh. zu § 12 Rn. 58 m.w.N. Zur verfassungsrechtlichen Unbedenklichkeit: *Götting*, NJW 2001, 585; *Staudinger/Schmidt*, JURA 2001, 241.
264 *Rixecker* in: MüKo BGB, Anh. zu § 12 Rn. 315.
265 BGH NJW 1968, 1773 = BGH, Urt. v. 20.03.1968 (I ZR 44/66); *Leipold* in: MüKo BGB, § 823 Rn. 123.
266 *Sprau* in: Palandt BGB, § 823 Rn. 89.
267 BGH NJW 2000, 2195 = BGH, Urt. v. 01.12.1999 (I ZR 49/97); BGH NJW 2000, 2201 = BGH, Urt. v. 01.12.1999 (I ZR 226/97); *Götting*, NJW 2001, 585; *Ahrens*, ZEV 2006, 237; *Schack*, JZ 2000, 1060.
268 BGH NJW 2006, 605 (607) = BGH, Urt. v. 06.12.2005 (VI ZR 265/04).
269 BGH NJW 2012, 1728 = BGH, Urt. v. 20.03.2012 (VI ZR 123/11).
270 *Sprau* in: Palandt BGB, § 823 Rn. 90.

In zeitlicher Hinsicht ist zu beachten, dass der postmortale Persönlichkeitsschutz nicht unbeschränkt besteht. Der Schutz bei ideellen Beeinträchtigungen der Persönlichkeit vermindert sich mit zunehmendem Abstand vom Todeszeitpunkt, wird jedoch gerade nicht auf einen bestimmten Zeitraum beschränkt[271]. § 22 S. 2 KunstUrhG sieht etwa für den Schutz von unverfälschten Abbildungen gegen Verbreitung und öffentliche Zurschaustellung eine Frist von zehn Jahren vor. Zudem hat die Rechtsprechung die Formel geprägt, dass das Schutzbedürfnis in dem Maße schwindet, „in dem die Erinnerung an den Verstorbenen verblasst und im Laufe der Zeit auch das Interesse an der Nichtverfälschung des Lebensbildes abnimmt"[272]. Abzustellen ist dabei jeweils auf die Intensität der Beeinträchtigung, ebenso wie auf die Bekanntheit bzw. Bedeutung des geprägten Persönlichkeitsbildes[273].

Die Schutzdauer bei Beeinträchtigung vermögenswerter Interessen der Persönlichkeit endet hingegen spätestens zehn Jahre nach dem Tod des Verstorbenen[274].

4) Entwicklung der Rechtsprechung

Nach der Rechtsprechung bestehen die vermögenswerten Bestandteile des Persönlichkeitsrechts auch nach dem Tod fort und gehen auf die Erben über. Diese können also ggf. einen Schadensersatzanspruch bei ungenehmigter Vermarktung des Bildnisses und des Namens eines Verstorbenen geltend machen[275]. Ob wegen der Verletzung des postmortalen Persönlichkeitsrechts auch eine Geldentschädigung verlangt werden kann, ist hingegen umstritten und wird wohl überwiegend abgelehnt[276]. Denn die Rechtsprechung ist der Ansicht, dass bei einem Ausgleich

---

271   *Rixecker* in: MüKo BGB, Anh. zu § 12 Rn. 59.

272   BGH NJW 1990, 1986 (1988) = BGH, Urt. v. 08.06.1989 (I ZR 135/87).

273   BGH NJW 1990, 1986 (1988) = BGH, Urt. v. 08.06.1989 (I ZR 135/87).

274   *Sprau* in: Palandt BGB, § 823 Rn. 90; kritisch: *Rixecker* in: MüKo BGB, Anh. zu § 12 Rn. 57.

275   Vgl. BGH NJW 2000, 2195 = BGH, Urt. v. 01.12.1999 (I ZR 49/97); BGH NJW 2000, 2201 = BGH, Urt. v. 01.12.1999 (I ZR 226/97); hierzu: *Götting* NJW 2001, 585; *Schack* JZ 2000, 1060; *Ahrens* ZEV 2006, 237.

276   BGH NJW 2006, 605 = BGH, Urt. v. 06.12.2005 (VI ZR 265/04); BGH NJW 1974, 1371 = BGH, Urt. v. 04.06.1974 (VI ZR 68/73); *Hubmann*, Persönlichkeitsrecht, S. 348; a. A. hingegen OLG München GRUR-RR 2002, 341 = OLG München, Urt. v. 09.08.2002 (21 U 2654/02), das im Hinblick auf die neuere Rechtsprechung zur Vererblichkeit vermögenswerter Bestandteile des Persönlichkeitsrechts auch im immateriellen Bereich eine Weiterentwicklung und Verstärkung des Schutzes durch Zubilligung

für die schwere Verletzung der Persönlichkeit des Geschädigten der Gedanke der Genugtuung für das Opfer im Vordergrund stehe und einem Verstorbenen nach seinem Tod eben keine Genugtuung für die Verletzung seiner Persönlichkeit mehr verschafft werden könne[277]. Auch der Präventionszweck könne keine ausreichende Rechtfertigung für solch einen Anspruch liefern[278]. Allein die Verletzung der vermögenswerten Bestandteile des Persönlichkeitsrechts kann zu einem Schadensersatzanspruch der Erben führen, soweit das Persönlichkeitsrecht des Verstorbenen bereits zu Lebzeiten einen Vermögenswert gewonnen hat[279].

---

von Geldentschädigungsansprüchen für geboten hält; dafür auch: *Ludyga* ZEV 2014, 333 (338); *Westermann*, FamRZ 1969, 561 (571).

277   BGH NJW 1974, 1371 = BGH, Urt. v. 04.06.1974 (VI ZR 68/73); BGH NJW 2006, 605 (606 f.) = BGH, Urt. v. 06.12.2005 (VI ZR 265/04); zustimmend: *Schack* GRUR 1985, 352 (358); a.A. OLG München GRUR-RR 2002, 341 = OLG München, Urt. v. 09.08.2002 (21 U 2654/02) mit Besprechung in: *Beuthien*, NJW 2003, 1220.

278   BGH NJW 2014, 2871 (2873) m.w.N. = BGH, Urt. v. 29.04.2014 (VI ZR 246/12).

279   So zuletzt BGH NJW 2012, 1728 (1729 f.) = BGH, Urt. v. 20.03.2012 (VI ZR 123/11), wonach kein Schadensersatzanspruch gegeben ist, wenn in der Person des Verstorbenen keine kommerziellen Interessen bestanden haben; ob solch eine Differenzierung überhaupt sinnvoll ist, ist stark umstritten, so z. B. *Fischer*, ZEV 2006, 273; *Götting*, LMK 2006, 172015.

D Der Anspruch auf Geldentschädigung wegen Verletzung des Allgemeinen Persönlichkeitsrechts

Nachdem nun die Grundzüge des Anspruchs auf Schmerzensgeld sowie des Allgemeinen Persönlichkeitsrechts dargestellt worden sind, soll der Anspruch auf Geldentschädigung wegen Verletzung des Allgemeinen Persönlichkeitsrechts untersucht werden.

I Allgemeines zum Geldentschädigungsanspruch

In stetiger Rechtsprechung[280] erkennt der BGH eine Geldentschädigung bei einer schwerwiegenden Persönlichkeitsrechtsverletzung an[281]. Ursprünglich als immaterieller Schadensersatz in entsprechender Anwendung des § 847 Abs. 1 a.F. BGB entwickelt[282], leitet die Rechtsprechung den Anspruch heute unmittelbar aus § 823 BGB i.V.m. Art. 1 Abs. 1 und Art. 2 Abs. 1 GG her[283]. Der BGH hat hierbei ausdrücklich klargestellt, dass es sich beim Anspruch auf eine immaterielle Entschädigung in Geld bei Verletzung des Allgemeinen Persönlichkeitsrechts nicht um einen Anspruch auf Schmerzensgeld i.S.d. § 253 Abs. 2 BGB handelt, sondern dieser unmittelbar aus Art. 1 Abs. 1 und Art. 2 Abs. 1 GG hergeleitet wird[284]. Obwohl § 253 Abs. 1 BGB ausdrücklich klarstellt, dass von dem BGB zugrunde-liegenden Prinzip der Naturalrestitution nur in den gesetzlich bestimmten Fällen abgewichen werden darf[285], hat die Rechtsprechung quasi contra legem den Geldentschädigungsanspruch entwickelt[286]. Dieser Anspruch auf Geldentschädigung beruht auf dem Gedanken, dass ohne solch einen Anspruch eine Verletzung der Ehre und der Persönlichkeit des Betroffenen häufig ohne Sanktion bliebe, und somit der Rechtsschutz der Persönlichkeit verkümmern würde[287].

---

280 Erstmals: BGH NJW 1958, 827 = BGH, Urt. v. 14.02.1958 (I ZR 151/56).
281 *Teichmann* in: Jauernig BGB, § 823 Rn. 65.
282 *Grüneberg* in: Palandt BGB, § 253 Rn. 10
283 *Grüneberg* in: Palandt BGB, § 253 Rn. 10; *Sprau* in: Palandt BGB, § 823 Rn. 130.
284 Erstmals ausdrücklich: BGH NJW 1995, 861 (864 f.) = BGH, Urt. v. 15.11.1994 (VI ZR 56/94).
285 *Grüneberg* in: Palandt BGB, § 253 Rn. 2, 3.
286 *Mann* in: Spindler/Schuster, § 823 Rn. 100.
287 BGH NJW 1996, 984 (985) = BGH, Urt. v. 05.12.1995 (VI ZR 332/94).

Diese Herleitung des Anspruchs hält auch noch nach der Einführung des § 253 Abs. 2 BGB stand, der § 847 BGB a.F. ersetzt. Denn aus der Gesetzesbegründung hierzu ergibt sich, dass die Rechtsprechung in den Fällen der Verletzung des Allgemeinen Persönlichkeitsrechts eine Geldentschädigung gerade vom Schmerzensgeld unterscheide und diese somit von § 253 Abs. 2 BGB unabhängig sei[288]. Der Anspruch steht nur lebenden natürlichen Personen vorwiegend unter dem Gesichtspunkt der Genugtuung zu[289]. Zudem kann in bestimmten Fallkonstellationen auch der Präventionsfunktion besondere Bedeutung zukommen[290].

II Dogmatischer Hintergrund

Nach § 253 Abs. 1 BGB kann Ersatz eines Nichtvermögensschadens nur in den durch das Gesetz bestimmten Fällen verlangt werden. Zu solch einer gesetzlichen Ausnahme gehörte insbesondere § 847 BGB a.F.[291]. § 847 Abs. 1 BGB a.F. erfasste jedoch lediglich die Fälle der Verletzung des Körpers und der Gesundheit, sowie Fälle der Freiheitsentziehung; eine gesetzliche Anordnung im Hinblick auf die Verletzungen des Allgemeinen Persönlichkeitsrechts lag – und liegt auch mit der Neuregelung des § 253 Abs. 2 BGB – nicht vor.
Daher wurde ein finanzieller Ausgleich der immateriellen Schäden bei Verletzungen des Allgemeinen Persönlichkeitsrechts zunächst von der Rechtsprechung versagt[292].

„Es ist anerkannten Rechts, daß auch die Verletzung von Persönlichkeiten vermögensrechtliche Ersatzansprüche auslösen kann. Ein Schaden freilich, der nicht Vermögensschaden ist, kann nach geltendem Recht nicht zu einem Geldersatzanspruch führen, weil hier keiner der Fälle vorliegt, in denen das Gesetz den Anspruch eigens darauf erstreckt."[293]

---

288   BT-Drs. 14/7752, S. 25.
289   *Sprau* in: Palandt BGB, § 823 Rn. 130.
290   Erstmals ausdrücklich: BGH NJW 1995, 861 (865) = BGH, Urt. v. 15.11.1994 (VI ZR 56/94).
291   Heute § 253 Abs. 2 BGB. Vgl. BT-Drs. 14/7752, S. 10.
292   BGH NJW 1956, 1554 = BGH, Urt. v. 08.05.1956 (I ZR 62/54).
293   BGH NJW 1956, 1554 (1555) = BGH, Urt. v. 08.05.1956 (I ZR 62/54).

III   Anspruchsvoraussetzungen

Bevor auf die Voraussetzungen eines Geldentschädigungsanspruchs eingegangen wird, muss man sich zunächst einmal bewusst machen, welche Folgen denn überhaupt die Verurteilung zur Zahlung eines Geldentschädigungsanspruchs wegen einer Persönlichkeitsrechtsverletzung hat. Nach der Rechtsprechung des Bundesverfassungsgerichts hat die Verurteilung zur Zahlung einer Geldentschädigung zur Folge, dass

„die Kundgabe von Meinungen, also von Gedanken, behindert wird, mit denen der Äußernde einen Beitrag zu der durch Art. 5 Abs. 1 GG geschützten geistigen Auseinandersetzung leisten will. Denn die Verurteilung zur Zahlung von Schmerzensgeld führt nicht nur zu einer Genugtuung für eine in der Vergangenheit liegende Ehrverletzung. Sie entfaltet unvermeidlich präventive Wirkung, indem sie das Äußern kritischer Meinungen einem hohen finanziellen Risiko unterwirft; dadurch kann sie die Bereitschaft mindern, in Zukunft Kritik zu üben, und auf diese Weise eine Beeinträchtigung freier geistiger Auseinandersetzung bewirken, die an den Kern der grundrechtlichen Gewährleistung rühren muss. An die Verfassungsmäßigkeit eines solchen Eingriffs sind daher strenge Anforderungen zu stellen. "[294].

Um diesem Spannungsverhältnis Rechnung zu tragen, bestehen beim Geldentschädigungsanspruch nach der verfassungsrechtlich unbedenklichen Rechtsprechung[295] zwei einschränkende Voraussetzungen[296].

Zunächst einmal muss für die Gewährung eines Geldentschädigungsanspruchs ein unabwendbares Bedürfnis bestehen, d. h. dass die Beeinträchtigung nach Art der Verletzung nicht in anderer Weise (z. B. durch Widerruf, Unterlassung) befriedigend ausgeglichen werden kann[297]. Gegebenenfalls kann auch eine bereits geschehene Verurteilung zu einem Ordnungsgeld als Sanktion ausreichend sein[298].

---

294   BVerfGE 54, 129.
295   BVerfG NJW 2000, 2187 = BVerfG, Beschl. v. 08.03.2000 (1 BvR 1127/96).
296   *Sprau* in: Palandt BGB, § 823 Rn. 130.
297   *Sprau* in: Palandt BGB, § 823 Rn. 130.
298   EGMR NJW 2017, 2891 Rn. 68 ff. = EGMR, Urt. v. 17.03.2016 (16313/10).

Schon hieraus ergibt sich, dass nicht jede Verletzung des Persönlichkeitsrechts auch einen Geldentschädigungsanspruch begründen kann. Leistet ein Störer nämlich bereits freiwillig Genugtuung für den Geschädigten, wie z. B. durch Abgabe einer öffentlichen Entschuldigung oder Berichtigungserklärung[299], oder hat der Betroffene auf einen Widerrufsanspruch bewusst verzichtet, ist eine Genugtuung gerade nicht mehr erforderlich, und somit kommt auch ein Geldentschädigungsanspruch wegen Persönlichkeitsverletzung nicht mehr in Betracht[300].

Zweite einschränkende Voraussetzung für die Gewährung des Geldentschädigungsanspruchs ist, dass die Persönlichkeitsrechtsverletzung schwerwiegend ist[301]. Diese Voraussetzung ist erforderlich, da der Tatbestand des Allgemeinen Persönlichkeitsrechts sehr weit ist[302] und nicht jede Verletzung zu einem Entschädigungsanspruch führen soll und darf. Denn lediglich geringfügige Eingriffe oder Beeinträchtigungen, welche durch das gemeinschaftliche Zusammenleben zwangsläufig vorkommen und im Rahmen der sozialen Adäquanz als unabwendbar hingenommen werden müssen, scheiden von vornherein zur Begründung des Anspruchs aus[303].

Die Verletzung des Persönlichkeitsrechts muss also objektiv erheblich ins Gewicht fallen[304]. Als Kriterien hierfür kann man auf die Art und Intensität des Eingriffs, Anlass, Beweggrund sowie auf das Verschulden des Schädigers abstellen[305].

---

299   BGH NJW 1980, 994 (995) = BGH, Urt. v. 27.11.1979 (VI ZR 148/78); *Burkhardt* in: Handbuch Äußerungsrecht, Kap. 14 Rn. 129.

300   Vgl. etwa: BGH GRUR 1966, 157 = BGH, Urt. v. 25.05.1965 (VI ZR 19/64); BGH GRUR 1969, 301 = BGH, Urt. v. 07.01.1969 (VI ZR 202/66); BGH GRUR 1971, 529 = BGH, Urt. v. 25.05.1971 (VI ZR 26/70).

301   *Sprau* in: Palandt BGB, § 823 Rn. 130.

302   Daher wird das Allgemeine Persönlichkeitsrecht auch als sog. „Rahmenrecht" bezeichnet, vgl. z. B. BGH NJW 2010, 2728 = BGH, Urt. v. 20.04.2010 (VI ZR 245/08); BGH NJW 2012, 771 = BGH, Urt. v. 20.12.2011 (VI ZR 261/10); BGH NJW 2013, 229 = BGH, Urt. v. 30.10.2012 (VI ZR 4/12); *Schwerdtner*, Persönlichkeitsrecht, S. 97 ff.

303   Vgl. hierzu: *Wente*, Recherche, S. 84. Danach fehlt es insoweit bereits am unabwendbaren Bedürfnis für solch einen Anspruch.

304   BGH NJW 1961, 2059 = BGH, Urt. v. 19.09.1961 (VI ZR 259/60); BGH NJW 1963, 902 = BGH, Urt. v. 05.03.1963 (VI ZR 55/62).

305   Vgl. BGH NJW 1995, 861 = BGH, Urt. v. 15.11.1994 (VI ZR 56/94); BGH NJW 1996, 984 (985) = BGH, Urt. v. 05.12.1995 (VI ZR 332/94); BGH NJW 1997, 1148 = BGH, Urt. v. 26.11.1996 (VI ZR 323/95).

Zu berücksichtigen ist insgesamt, dass man die Bewertung, ob ein Eingriff schwerwiegend ist, oder ob für die Gewährung des Anspruchs ein unabwendbares Bedürfnis vorliegt, lediglich anhand aller Umstände des jeweiligen Einzelfalles beurteilen kann[306].

IV Sinn und Zweck

Grundsätzlich ist zu beachten, dass der Anspruch auf Geldentschädigung nicht die Fortsetzung des Vermögensschadensrechts mit anderen Mitteln[307] bezweckt und somit unabhängig davon ist, ob die durch die Persönlichkeitsverletzung erlittenen Einbußen eine Nähe zum Vermögen des Opfers aufweisen[308].

Dem Geldentschädigungsanspruch[309] werden – ebenso wie dem Schmerzensgeldanspruch[310] – verschiedene Funktionen zugeschrieben.

1) Ausgleichsfunktion

Das Schadensersatzrecht des Bürgerlichen Gesetzbuchs beruht auf dem Ausgleichsgedanken. Der gewährte Schadensersatz soll die entstandenen Nachteile ausgleichen[311]. Während beim Schmerzensgeld der „Gedanke des Ausgleichs für erlittenen Unbill" im Vordergrund steht[312], beruht die Zubilligung einer Geldentschädigung hingegen auf dem Gedanken, dass ohne solch einen Anspruch Verletzungen des Allgemeinen Persönlichkeitsrechts häufig ohne Sanktion bleiben würden, und somit der Rechtsschutz der Persönlichkeit verkümmern würde[313].
Auf den bloßen Ausgleich des Schadens ist der Geldentschädigungsanspruch bei Persönlichkeitsrechtsverletzung hingegen nicht ausgelegt[314].

---

306 BGH NJW 1995, 861 = BGH, Urt. v. 15.11.1994 (VI ZR 56/94); BGH NJW 2005, 215 (217) = BGH, Urt. v 05.10.2004 (VI ZR 255/03).
307 Kritisch: *Steffen*, NJW 1997, 10 (11) m.w.N.
308 *Rixecker* in: MüKo BGB, § 12 Rn. 296.
309 *Sprau* in: Palandt BGB, § 823 Rn. 130.
310 *Grüneberg* in: Palandt BGB, § 253 Rn. 4.
311 *Grüneberg* in: Palandt BGB, Vorb. zu § 249 Rn. 2.
312 *Grüneberg* in: Palandt BGB, § 253 Rn. 4.
313 Erstmals: BGH NJW 1996, 984 (985) = BGH, Urt. v. 05.12.1995 (VI ZR 332/94).
314 Vgl. *Körner*, NJW 2000, 241 (246).

Aufgrund der untergeordneten Bedeutung der Ausgleichsfunktion erwähnt die Rechtsprechung diese im Rahmen des Geldentschädigungsanspruchs heute überhaupt nicht mehr[315].

2) Genugtuungsfunktion

Beim Geldentschädigungsanspruch wegen Verletzung des Allgemeinen Persönlichkeitsrechts steht also der Genugtuungsgedanke im Vordergrund[316].

a) Sinn und Zweck der Genugtuungsfunktion

Rechtsgeschichtlich entspringt der Gedanke der Genugtuung dem Strafrecht[317]. Eine gesetzliche Definition oder auch eine allgemein gültige Definition durch Literatur oder Rechtsprechung für den Begriff der Genugtuung gibt es nicht[318]. Dem Vergeltungsbegriff entstammend, zielt Genugtuung auf eine Besänftigung des verletzten Rechtsgefühls ab[319]. Genugtuung kann nur gegenüber dem jeweiligen Opfer erfolgen[320].

Neben der Straffunktion bezweckt die Genugtuung gerade auch die Besänftigung des Opfers[321]. Die Kränkung, die der Geschädigte erfahren hat, soll durch die Geldentschädigung kompensiert werden. Der Schädiger schuldet dem Opfer Genugtuung für das, was er ihm angetan hat[322].
Grundsätzlich ist zu beachten, dass die Genugtuung in zweierlei Hinsicht wirkt. Einerseits dient sie dem Abbau der persönlichen Rache des Opfers[323]. Andererseits stärkt sie die Rechtsordnung, da der Geschädigte erkennt, dass sie nicht nur tatenlos zusieht, sondern auch das Verhalten des Schädigers sanktioniert[324].

---

315 *Becker*, Persönlichkeitsrecht, S. 79.Vgl. zuletzt: GRUR-RS 2018, 17910 = OLG Köln, Urt. v. 29.05.2018 (15 U 64/17).
316 *Schiemann* in: Staudinger BGB, § 253 Rn. 53.
317 Vgl. hierzu: *Stoll*, Gutachten, S. 150.
318 So schon *Bötticher*, AcP 158, 358 (395); *Köndgen*, Haftpflichtfunktionen, S. 61.
319 *Deutsch*, JZ 1970, 548 (549); *Niemeyer*, Genugtuung, S. 38; kritisch: *Stoll*, Gutachten, S. 151, der die Besänftigung des Geschädigten allein nicht für ausreichend erachtet.
320 *Rixecker* in: MüKo BGB, Anh. zu § 12 Rn. 297.
321 *Stoll*, Gutachten, S. 152.
322 BGH NJW 1955, 1675 (1675) = BGH, Beschl. v. 06.07.1955 (VGS 1/55).
323 *Honsell*, VersR 1974, 205 (207).
324 Vgl. *Helle*, NJW 1963, 1403 (1405); *Niemeyer*, Genugtuung, S. 39.

Die Genugtuung gibt es also nicht allein wegen der verletzten Rechtsordnung, sondern auch aufgrund der verletzten Rechtspersönlichkeit des Opfers[325].

b) Bestandteile der Genugtuungsfunktion

Im Rahmen der Genugtuungsfunktion werden alle Umstände des jeweiligen Einzelfalles berücksichtigt[326]. Problematisch ist hierbei, dass aufgrund der Vielschichtigkeit der Lebensumstände es nahezu unmöglich ist, eine Begrenzung von persönlichen Umständen des Geschädigten auf bestimmte Faktoren zu erreichen[327].

Zwar sind nach dem BGH bei der Bemessung stets vorrangig Höhe und Maß einer Beeinträchtigung zu berücksichtigen, jedoch daneben eben auch alle weiteren Umstände.

Nach Auffassung des Großen Zivilsenats des BGH sollte ein maßgeblicher Faktor der Genugtuungsfunktion das Verschulden bzw. die Vorwerfbarkeit sein[328].

3)   Sanktionsfunktion/ Sühnefunktion

Die Zubilligung einer Geldentschädigung wegen einer schweren Persönlichkeitsverletzung hat ihre Wurzel im Zivil- und Verfassungsrecht und stellt somit keine strafrechtliche Sanktion dar. Die Zubilligung einer Geldentschädigung ist keine Strafe i.S.d. Art. 103 GG[329]. Zwar wird teilweise dahingehend argumentiert, dass der Präventionszweck der Geldentschädigung als Mittel der Verhaltenssteuerung ein pönales Element darstelle und der Norm somit auch Strafcharakter zukomme[330]. Jedoch ist im Gegensatz zum staatlichen Strafanspruch die Zubilligung einer Geldentschädigung im Zivilrecht dem Schutzauftrag aus Art. 1 und 2 Abs. 1 GG zuzuschreiben, woraus sich die unterschiedliche Zielsetzung beider Sanktionen ergibt. Der Präventionsgedanke stellt hierbei lediglich einen Bemessungs-

---

325   *Niemeyer*, Genugtuung, S. 39; *Stoll*, Gutachten, S. 152.
326   BGH NJW 1955, 1675 (1676) = BGH, Beschl. v. 06.07.1955 (VGS 1/55).
327   *Müller*, Schmerzensgeldbemessung, S. 346, sieht es als fraglich an, welche Umstände überhaupt relevant sein mögen.
328   BGH NJW 1955, 1675 (1676) = BGH, Beschl. v. 06.07.1955 (VGS 1/55); *Köndgen*, Haftpflichtfunktionen, S. 122.
329   BVerfGE 34, 269.
330   *Funkel*, Persönlichkeit, S. 164 ff; *Gounalakis*, AfP 1998, 10 (14 ff.); *Seitz*, NJW 1996, 2848 (2848).

faktor für die Entschädigung dar, der sich je nach Lage des Falls unterschiedlich auswirken kann[331].

4) Präventionsfunktion

Der Geldentschädigungsanspruch bei Verletzung des Allgemeinen Persönlichkeitsrechts soll als solcher sowie auch seiner Höhe nach hemmend wirken[332]. Dies ergibt sich aus dem Gedanken, dass das besonders verletzliche Persönlichkeitsrecht auch in besonderem Maße eines wirksamen rechtlichen Schutzmechanismus bedarf[333]. Jedoch vermag der Präventionsgedanke die Gewährung einer Geldentschädigung nicht allein zu tragen[334].

Der Präventionszweck der Geldentschädigung bei Verletzung des Allgemeinen Persönlichkeitsrechts wurde vom BGH erstmals in seinem sog. Ginseng-Urteil aus dem Jahre 1961 deutlich gemacht[335].
Zu beachten ist grundsätzlich, dass die Gewährung eines Schadensersatzes für immaterielle Schäden jedoch keine Strafe darstellt, sondern Teil des Haftungsrechts bleibt und Verhaltenssteuerung bezweckt[336].
Lediglich in Ausnahmefällen soll die Geldentschädigung auch der Prävention dienen[337]. Dies erfolgt dadurch, dass bei vorsätzlichen Verletzungen des Allgemeinen Persönlichkeitsrechts bei der Bemessung der Höhe der Entschädigung aus Gründen der Prävention auch der vom Schädiger erzielte oder angestrebte Gewinn berücksichtigt wird[338]. Wird hingegen eines der in § 253 Abs. 2 BGB genannten Rechtsgüter verletzt und ein Schmerzensgeld gewährt, ist eine präventive Wir-

---

331 *Rixecker* in: MüKo BGB, Anh. zu § 12, Rn. 296.
332 BGH NJW 1995, 861 = BGH, Urt. v. 15.11.1994 (VI ZR 56/94); zur Präventionsfunktion kritisch auch *Lange*, VersR 1999, 274.
333 *Rixecker* in: MüKo BGB, § 12 Rn. 298.
334 Vgl. BGH NJW 2006, 605 (607) = BGH, Urt. v. 06.12.2005 (VI ZR 265/04); BGH NJW 2014, 2871 (2873) m.w.N. = BGH, Urt. v. 29.04.2014 (VI ZR 246/12).
335 BGH NJW 1961, 2059 = BGH, Urt. v. 19.09.1961 (VI ZR 259/60).
336 BGH, NJW 1996, 984 = BGH, Urt. v. 05.12.1995 (VI ZR 332/94); BGH NJW 1996, 995; BGH NJW 2005, 215 = BGH, Urt. v 05.10.2004 (VI ZR 255/03); *Prinz*, NJW 1996, 954; *Schubert*, JZ 2014, 1056; *Steffen*, NJW 1997, 10 (14).
337 Vgl. etwa: BGH NJW 1995, 861 (865) = BGH, Urt. v. 15.11.1994 (VI ZR 56/94); BGH NJW 1996, 984 = BGH, Urt. v. 05.12.1995 (VI ZR 332/94); BGH NJW 1996, 985 (987) = BGH, Urt. v. 12.12.1995 (VI ZR 223/94); BGH NJW 1997, 1148 (1150) = BGH, Urt. v. 26.11.1996 (VI ZR 323/95).
338 BGH NJW 1995, 861 = BGH, Urt. v. 15.11.1994, (VI ZR 56/94).

kung des Schmerzensgeldes lediglich eine Nebenfolge[339]. Daher gilt diese Besonderheit nur bei der Verletzung des Allgemeinen Persönlichkeitsrechts und nicht beim Schmerzensgeldanspruch[340]. Zudem kann die Gewinnerwartung dann in die Bemessung der Höhe der Entschädigung einfließen und zu einer erheblichen Erhöhung führen[341].

V   Höhe des Geldentschädigungsanspruchs

Wie bereits aufgezeigt, wird der Geldentschädigungsanspruch vorwiegend unter den Gesichtspunkten der Genugtuung und der Prävention gewährt[342]. Das zentrale Problem bei der Bemessung der Höhe eines solchen Anspruchs ist, dass gerade keine objektiven Anhaltspunkte zur Festsetzung der Entschädigungshöhe vorliegen[343].

Bei der Bemessung der Höhe des Anspruchs sind daher vom Tatrichter alle festzulegenden Umstände des Einzelfalles zu berücksichtigen[344]. Im Falle des vorsätzlichen Handelns ist zudem auch ausnahmsweise die Präventivwirkung zu berücksichtigen[345].

Will man nun die Höhe der Geldentschädigung ermitteln, ist zunächst darauf abzustellen, welcher Betrag denn erforderlich ist, um die Genugtuung des Opfers zu bewirken. Hier ist also zu berücksichtigen, welche Auswirkungen der Eingriff in das Recht des Geschädigten hatte. Im Hinblick auf die Auswirkungen des Eingriffs werden insbesondere die Persönlichkeit des Betroffenen, seine gesellschaftliche Stellung sowie seine psychische und physische Situation berücksichtigt[346]. Die vorzunehmende Schätzung der Höhe des immateriellen Entschädigungsanspruchs erfolgt nach § 287 ZPO. Hierbei ist es unerheblich, ob es sich bei der von

---

339   *Grüneberg* in: Palandt BGB, § 253 Rn.10.
340   *Grüneberg* in: Palandt BGB, § 253 Rn. 10.
341   BGH NJW 1995, 861 = BGH, Urt. v. 15.11.1994, (VI ZR 56/94); BGH NJW 1996, 985 = BGH, Urt. v. 12.12.1995 (VI ZR 223/94); BGH NJW 2005, 215 (218) = BGH, Urt. v 05.10.2004 (VI ZR 255/03).
342   BGH NJW 1996, 984 = BGH, Urt. v. 05.12.1995 (VI ZR 332/94); BGH NJW 2005, 215 = BGH, Urt. v 05.10.2004 (VI ZR 255/03).
343   *Schlechtriem*, JZ 1995, 362 (363).
344   BGH NJW 1958, 827 = BGH, Urt. v. 14.02.1958 (I ZR 151/56); BGH NJW 1980, 2801 = BGH, Urt. v. 08.07.1980 (VI ZR 159/78).
345   BGH NJW 1995, 861 = BGH, Urt. v. 15.11.1994, (VI ZR 56/94).
346   BGH NJW 1963, 904 = BGH, Urt. v. 05.03.1963 (VI ZR 61/62).

der Persönlichkeitsrechtsverletzung betroffenen Person um einen Prominenten handelt oder nicht[347].

Berücksichtigt werden jedoch im Hinblick auf die Auswirkungen, welche Sphäre des Betroffenen beeinträchtigt wurde. Hierbei wird zwischen Sozialsphäre, Privatsphäre und der Intimsphäre unterschieden[348].

---

347   OLG Karlsruhe NJW-RR 1995, 477 = OLG Karlsruhe, Urt. v. 25.11.1994 (14 U 67/94).
348   BGH NJW 1963, 902 = BGH, Urt. v. 05.03.1963 (VI ZR 55/62).

E Allgemeine Prinzipien zur Vererblichkeit von Ansprüchen

Im Folgenden soll nun ein Überblick über die allgemeinen Prinzipien zur Vererblichkeit von Ansprüchen gewährt werden.

I Sinn und Zweck des Erbrechts

Das Privateigentum bildet die Grundlage zur selbständigen Lebensführung eines Menschen. Funktion des Erbrechts ist es, den Fortbestand dieser Grundlage durch Rechtsnachfolge zu sichern[349]. Es befasst sich im Kern mit dem vermögensrechtlichen Übergang[350] und garantiert die Weitergabe des Privateigentums[351] natürlicher Personen in private Hand[352]. Nicht erfasst werden hingegen Rechte, die mit dem Tod ihres Trägers untergehen[353]. Insgesamt geht es bei der Erbfolge jedoch nicht lediglich um den Übergang von Rechten, sondern auch um den Übergang von Verpflichtungen[354].

Der Begriff des Erbrechts kann sowohl objektiv als auch subjektiv verstanden werden[355], wobei Erbrecht im objektiven Sinne all diejenigen privatrechtlichen Vorschriften meint, die sich mit dem Übergang des Vermögens nach dem Tode eines Menschen befassen[356]. Unter subjektivem Erbrecht versteht man das Recht, nach dem Tod eines Erblassers dessen Gesamtrechtsnachfolger zu sein[357].

Seine verfassungsrechtliche Grundlage findet das Erbrecht in Art. 14 Abs. 1 GG. Diese ausdrückliche Nennung in der Verfassung zeigt, dass auch die vermögensrechtliche Nachfolge nach dem Tod geschützt sein soll[358].

---

349 BVerfGE 91, 346 (358); *Weidlich* in: Palandt BGB, Einl. v. § 1922 Rn. 1.
350 *Preuß* in: BeckOGK BGB, § 1922 Rn. 2.
351 Daher werden keine Ansprüche erfasst, die dem öffentlichen Recht zugeordnet sind, vgl. hierzu: *Weidlich* in: Palandt BGB, § 1922 Rn. 40.
352 *Weidlich* in: Palandt BGB, Einl. v. § 1922 Rn. 1.
353 *Weidlich* in: Palandt BGB, Einl. v. § 1922 Rn. 1.
354 *Weidlich* in: Palandt BGB, Einl. v. § 1922 Rn. 1.
355 *Hoeren* in: BGB-Hk, Vorb. zu §§ 1922-2385 Rn. 1.
356 *Leipold* in: MüKo BGB, Einl. zu § 1922 Rn. 1; *Weidlich* in: Palandt BGB, Einl. v. § 1922 Rn. 1.
357 *Weidlich* in: Palandt BGB, Einl. zu § 1922 Abs. 1 Rn. 1.
358 *Hoeren* in: BGB-Hk, Vorb. zu §§1922-2385 Rn. 2.

II   Vererblichkeit von Rechtsbeziehungen

Eine Erbschaft kann vermögensrechtliche sowie auch nichtvermögensrechtliche Rechte und Pflichten enthalten[359]. In der Regel gehen vermögensrechtliche Beziehungen auf die Erben über[360]. Es gibt jedoch auch Vermögensrechte, die unvererbbar sind[361]. Hierfür bedarf es jedoch einer gesetzlichen Vorschrift bzw. besonderer Anhaltspunkte im Gesetz[362].

Bei den nichtvermögenswerten Rechtsverhältnissen hingegen ist die Unvererbbarkeit die Regel[363], wobei es auch nichtvermögensrechtliche Beziehungen gibt, die auf die Erben übergehen können[364].

Soweit eine Aussage des Gesetzgebers zur Vererbbarkeit fehlt, ist unabhängig davon, ob es sich um eine vermögensrechtliche oder nichtvermögensrechtliche Beziehung handelt, die Frage der Vererbbarkeit unter Berücksichtigung des Zwecks des jeweiligen Rechtsinstituts, der Interessenlage sowie des in § 1922 Abs. 1 BGB enthaltenen Prinzips der grundsätzlichen Vererbbarkeit der Vermögensrechte und Nichtvererbbarkeit der immateriellen Rechte zu finden[365].

1)   Erbrechtliche Grundnorm: § 1922 Abs.1 BGB

„Mit dem Tode einer Person (Erbfall) geht deren Vermögen (Erbschaft) als Ganzes auf eine oder mehrere andere Personen (Erben) über."[366]

Mit dem Tod einer natürlichen Person endet ihre Fähigkeit, Träger von Rechten und Pflichten zu sein[367]. § 1922 Abs. 1 BGB formuliert hierbei als Grundregel das erbrechtliche Prinzip der Universalsukzession[368]. Das aktive Vermögen sowie

---

359   *Weidlich* in: Palandt BGB, § 1922 Rn. 7.

360   *Leipold* in: MüKo BGB, § 1922 Rn. 19; *Müller-Christmann* in: BeckOK BGB, § 1922 Rn. 24.

361   Z. B. ist das Recht des Nießbrauchs gem. § 1061 S. 1 BGB unvererbbar, obwohl diesem ein Vermögenswert zukommt. Vgl. *Herrler* in: Palandt BGB, § 1061 Rn. 1.

362   *Leipold* in: MüKo BGB, § 1922 Rn. 19.

363   *Leipold* in: MüKo BGB, § 1922 Rn. 19.

364   Als Beispiel hierfür kann die Mitgliedschaft in einem Idealverein genannt werden, wenn der Übergang in der Satzung vorgesehen ist, §§ 38 S. 1, 40 S. 1 BGB.

365   *Preuß* in: BeckOGK BGB, § 1922 Rn. 162; vgl. zudem *Dietzel*, Untergang statt Fortbestand, S. 19.

366   § 1922 Abs. 1 BGB.

367   *Weidlich* in: Palandt BGB, § 1922 Rn. 1.

368   *Preuß* in: BeckOGK BGB, § 1922 Rn. 5.

auch die Verbindlichkeiten des Erblassers gehen hiernach auf die Erben als Ganzes über[369]. Gegenstand der Erbschaft sind die vererblichen Rechtspositionen[370]. Das Prinzip der Universalsukzession stellt sicher, dass alle Gegenstände des Erblassers auf einen Rechtsnachfolger übergehen, da nach dem Tod eines Menschen vermögensrechtlich keine Unordnung entstehen soll[371].

Zu unterscheiden ist zwischen der gewillkürten und der gesetzlichen Erbfolge. Bei der gewillkürten Erbfolge ist Grundlage eine letztwillige Anordnung des Erblassers. Bei der gesetzlichen Erbfolge, die grundsätzlich subsidiär gegenüber der gewillkürten ist, gelten die gesetzlichen Regelungen des BGB. Jedoch sind gesetzliche und gewillkürte Erbfolge auch nebeneinander möglich[372].

2) Vertragliche Schuldverhältnisse

Schuldrechtliche Ansprüche oder Verbindlichkeiten sind grundsätzlich vererblich[373]. Dabei geht die gesamte vertragsrechtliche Position des Erblassers auf den oder die Erben über, einschließlich Hilfsansprüchen[374] und Sicherungsrechten[375]. Ebenso erstreckt sich die Erbschaft auf Gestaltungsrechte[376]. Ausnahmen vom Grundsatz der Vererbbarkeit schuldrechtlicher Ansprüche kommen insbesondere bei besonderer Personenbezogenheit von Rechten und Verpflichtungen in Betracht[377].
Im Rahmen eines Schuldverhältnisses ist zu beachten, dass nicht nur einzelne Ansprüche aus dem Schuldverhältnis auf den Erben übergehen, sondern er vielmehr in die Rechtsstellung des Erblassers mit sämtlichen Rechten und Pflichten aus

---

369 *Preuß* in: BeckOGK BGB, § 1922 Rn. 1.
370 *Weidlich* in: Palandt BGB, Einl. v. § 1922 Rn. 1.
371 *Beuthien*, GRUR 2014, 957 (957).
372 *Weidlich* in: Palandt BGB, § 1922 Rn. 1.
373 *Leipold*, in: MüKo BGB, § 1922 Rn. 19; *Lange*, Erbrecht, § 9 Rn. 32; *Hoeren* in: BGB-Hk, § 1922 Rn. 12.
374 Hierzu zählt z. B. der Anspruch auf Auskunft oder Rechnungslegung. Vgl. BGH NJW 1989, 1601 = BGH, Urt. v. 28.02.1989 (XI ZR 91/88).
375 Gemeint sind z. B. Bürgschaften, Pfandrechte oder Hypotheken.
376 Z. B. Anfechtungs- und Rücktrittsrecht.
377 Bei bestimmten personenbezogenen Rechten und Pflichten regelt das Gesetz diese Unvererbbarkeit ausdrücklich, z. B. § 473 S. 1 BGB, § 520 BGB, § 613 S. 1 BGB; § 673 S. 1 BGB, § 675 BGB. Vgl. *Leipold* in: MüKo BGB, § 1922 Rn. 20.

dem Schuldverhältnis eintritt[378]. Die Rechtsposition geht so auf den Erben über, wie sie in der Person des Erblassers bestand[379].

Aufgrund der schuldrechtlichen Vertragsfreiheit ist es zulässig, die Vererbbarkeit einer vertraglichen Forderung oder Verbindlichkeit vertraglich auszuschließen[380]. Auch ohne solch einen Ausschluss kann ggf. die Unvererbbarkeit anzunehmen sein, wenn der Inhalt des Rechts derart auf die Person des Berechtigten oder Verpflichteten zugeschnitten ist, dass bei einem Subjektwechsel die Leistung in ihrem Wesen verändert werden würde[381].

3) Schadensersatzansprüche

Schadensersatzansprüche sind unabhängig vom Rechtsgrund grundsätzlich vererblich[382]. Voraussetzung hierfür ist jedoch, dass Tatbestand und Schaden noch zu Lebzeiten des Erblassers eingetreten sind[383] und somit der Schadensersatzanspruch in seiner Person entstanden ist[384]. Hierbei ist zu beachten, dass auch schwebende Rechtslagen auf den Erben übergehen können. Daher ist es insgesamt nicht ausgeschlossen, dass ein Schaden erst nach dem Erbfall entsteht, jedoch die Rechtsgutverletzung bereits zu Lebzeiten erfolgt ist und hieraus dem Erben ein Ersatzanspruch erwächst. Hierzu zählen solche Schäden, die auch beim Fortleben des Erblassers entstanden wären und dann vom Schädiger ersetzt werden müssten[385]. Die Höhe des Schadens ist dann nach den Gegebenheiten in der Person des Erben zu bemessen. Nach dem Zweck des Schadensrechts werden hingegen diejenigen Schäden nicht ersetzt, die allein durch den Tod des Erblassers entstehen konnten[386].

---

378 *Lange/Kuchinke*, Erbrecht, § 5 III Rn. 3b; *Leipold* in: MüKo BGB, § 1922 Rn. 20.
379 *Lange/Kuchinke*, Erbrecht, § 5 III Rn. 3.
380 *Leipold* in: MüKo BGB, § 1922 Rn. 21.
381 *Leipold* in: MüKo BGB, § 1922 Rn. 20.
382 *Müller-Christmann* in: BeckOK BGB, § 1922 Rn. 52; *Weidlich* in: Palandt BGB, § 1922 Rn. 27.
383 BGH NJW 2008, 2647 (2648) = BGH, Urt. v. 20.03.2008 (IX ZR 104/05).
384 *Leipold* in: MüKo BGB, § 1922 Rn. 36.
385 *Leipold* in: MüKo BGB, § 1922 Rn. 52.
386 Ein Beispiel hierfür kann ein Anspruch des Erben auf Ersatz der Kosten für eine durch den Tod erforderlich gewordene Notariatsabwicklung gesehen werden. Dieser wird vom BGH gerade abgelehnt, vgl. BGH FamRZ 1968, 308 = BGH, Urt. v. 08.01.1968 (III ZR 32/67). Für die Erlösminderung bei Liquidation einzelner Betriebsgegenstände infolge unfallbedingter Erwerbsunfähigkeit eines (kurz nach dem Unfall verstorbenen) Unternehmers ließ der BGH in: BeckRS 1972, 30383491 = BGH, Urt. v. 25.01.1972

Wird hingegen ein höchstpersönliches Recht des Geschädigten verletzt, schließt der Tod die Schadensbilanz ab[387].

Ebenso ist der sog. Schmerzensgeldanspruch nach § 253 Abs. 2 BGB seit Streichung des früheren § 847 Abs. 1 S. 2 BGB uneingeschränkt vererbbar[388]. Hierbei kommt es nicht mehr darauf an, ob der Geschädigte noch zu Lebzeiten den eigenen Willen bekundet hat, Schmerzensgeld fordern zu wollen[389]. Der Anspruch auf Schmerzensgeld kann gegebenenfalls dann nicht entstehen, wenn die Körperverletzung unmittelbar zum Tod des Geschädigten geführt hat und somit keine eigenständig abgrenzbare, immaterielle Beeinträchtigung vorliegt, die einen Ausgleich in Geld erforderlich macht[390].

4)   Arbeitsrechtliche Ansprüche

Durch den Tod des Arbeitnehmers oder eines sonstigen Dienstverpflichteten endet regelmäßig das Dienstverhältnis[391]. Da die Pflicht zur Erbringung der Arbeitsleistung an die Person des Arbeitnehmers gebunden ist, geht die Pflicht Dienstleistungen zu erbringen, in der Regel nicht auf die Erben über, § 613 S. 1 BGB[392].

Die Vererbbarkeit von Urlaubs- bzw. Urlaubsabgeltungsansprüchen wurde in der Vergangenheit vom BAG aufgrund des höchstpersönlichen Charakters des Urlaubs sowie seines individuellen Erholungszwecks abgelehnt[393]. Nachdem der EuGH im Jahre 2014 von der Vererbbarkeit von Urlaubsabgeltungsansprüchen ausging[394], änderte das BAG seine Rechtsprechung dahingehend, dass ein bereits

---

(VI ZR 75/71) die Frage nach der Entstehung des Schadens in der Person des Erblassers offen. In BGH VersR 1965, 1077 (1078) = BGH, Urt. v. 20.09.1965 (VIII ZB 22/65), war für diesen Fall das Vorliegen eines Schadens in der Person des Erblassers verneint worden.

387   *Ebert* in: Erman BGB, Vor § 249 Rn. 132; *Mertens* in: Soergel BGB, Vor § 249 Rn. 258; *Stoll*, FS Zepos, 681 (687, 689 ff.). Z. B. hat der Erbe keinen Anspruch auf künftig erwartbare Erträge aus der Arbeitskraft des Erblassers.
388   Vgl. BT-Drs. 11/4415, S. 4.
389   BGH NJW 1995, 783 = BGH, Urt. v. 06.12.1994 (VI ZR 80/94).
390   BGH NJW 1998, 2741 = BGH, Urt. v. 12.05.1998 (VI ZR 182/97).
391   *Weidenkaff* in: Palandt BGB, § 620 Rn. 7.
392   *Weidenkaff* in: Palandt BGB, § 613 Rn. 1, woraus sich ergibt, dass § 613 S.1 BGB eine Auslegungsregel ist und daher grundsätzlich auch abdingbar ist.
393   BAG NJW 1987, 461 = BAG, Urt. v. 13.11.1985 (4 AZR 269/84); BAG NJW 2013, 1980 = BAG, Urt. v. 12.03.2013 (9 AZR 532/11).
394   EuGH NJW 2014, 2415 = EuGH (1. Kammer), Urt. v. 12.06.2014 (C-118/13).

entstandener Abgeltungsanspruch nicht mit dem Tod des Arbeitnehmers untergehen soll[395]. Die Frage, ob ein Urlaubsabgeltungsanspruch gem. § 7 Abs. 4 BUrlG
auch dann vererbbar sein soll, wenn er noch nicht in der Person des Arbeitnehmers
entstanden ist, also das Arbeitsverhältnis gerade durch Tod des Arbeitnehmers
beendet wird, blieb in diesem Urteil jedoch offen. Mittlerweile hat der EuGH entschieden[396], dass auch die Erben eines verstorbenen Arbeitnehmers die Abgeltung
für den vom Arbeitnehmer nicht genommenen, bezahlten Jahresurlaubs verlangen
können. Der Anspruch geht somit durch den Tod des Arbeitnehmers nicht unter.
Zwar kann der individuelle Erholungszweck des Urlaubs hier nicht mehr erreicht
werden, jedoch enthält der Anspruch neben einer zeitlichen eben auch eine finanzielle Komponente. Dieser Anspruch ist somit auch vererbbar, selbst wenn der
auf Geld gerichtete Urlaubsabgeltungsanspruch noch nicht in der Person des Arbeitnehmers entstanden ist. Dies hat mittlerweile auch das BAG klargestellt[397].

5) Digitaler Nachlass

Die erbrechtliche Behandlung des sog. digitalen Nachlasses[398] war in der Vergangenheit stets sehr unterschiedlich beurteilt worden, obwohl die digitalen Medien
in der heutigen Zeit eine ausgeprägte Rolle spielen. Insgesamt sind auch in diesem
Bereich zunächst die allgemeinen Grundsätze der Vererbbarkeit sowie der Gesamtrechtsnachfolge zu berücksichtigen[399].
Im Jahr 2018 hat der BGH eine Grundsatzentscheidung zum digitalen Nachlass
getroffen[400]. Der Senat bejaht hierin den grundsätzlichen Übergang des Nutzungs-
vertrages, den der Erblasser mit dem Betreiber eines sozialen Netzwerks abgeschlossen hatte, im Wege der erbrechtlichen Gesamtrechtsnachfolge auf den oder
die Erben. Hieraus ergibt sich auch ein Anspruch der Erben auf Gewährung des
Zugangs zu dem Benutzerkonto sowie den darin enthaltenen Inhalten. Dieser Vererbbarkeit soll weder das postmortale Persönlichkeitsrecht noch das Fernmelde-

---

395 BAG NJW 2016, 1837 = BAG, Urt. v. 22.09.2015 (9 AZR 170/14).
396 EuGH NJW 2019, 499 = EuGH, Urt. v. 06.11.2018 (C-569/16, C-570/16).
397 BAG NJW 2019, 2046 = BAG, Urt. v. 22.01.2019 (9 AZR 45/16).
398 Vgl. zur Reichweite des Begriffs: *Herzog* in: Nachfolgerecht, Kap. 9 Rn. 1.
399 *Preuß* in: BeckOGK BGB, § 1922 Rn. 162; vgl. zudem *Dietzel*, Untergang statt Fortbe-
     stand, S. 19.
400 BGH NJW 2018, 3178 = BGH, Urt. v. 12.07.2018 (III ZR 183/17).

geheimnis, datenschutzrechtliche Regelungen oder das Allgemeine Persönlichkeitsrecht der Kommunikationspartner entgegenstehen[401].

6)   Anspruch auf Hinterbliebenengeld

Am 17.7.2017 hat der Deutsche Bundestag das „Gesetz zur Einführung eines Anspruchs auf Hinterbliebenengeld" beschlossen[402]. Dieses Gesetz ist am 21.07.2017 in Kraft getreten[403]. Nach dem neu eingefügten § 844 Abs. 3 BGB heißt es: *„Der Ersatzpflichtige hat dem Hinterbliebenen, der zur Zeit der Verletzung zu dem Getöteten in einem besonderen persönlichen Näheverhältnis stand, für das dem Hinterbliebenen zugefügte seelische Leid eine angemessene Entschädigung in Geld zu leisten. Ein besonderes persönliches Näheverhältnis wird vermutet, wenn der Hinterbliebene der Ehegatte, der Lebenspartner, ein Elternteil oder ein Kind des Getöteten war."*

Bis zur Einführung dieser Vorschrift stand einem Angehörigen des Verstorbenen allenfalls ein sog. Schockschadensersatzanspruch zu, der jedoch enge Entstehungsvoraussetzungen hat[404]. Nach der Gesetzesbegründung soll der Anspruch auf Hinterbliebenengeld nicht höchstpersönlich, sondern übertragbar und frei vererbbar sein[405]. Jedoch gibt es auch Stimmen, die den Anspruch – unter Übertragung der Grundsätze des BGH zur Unvererblichkeit des Geldentschädigungsanspruchs bei Verletzung des Allgemeinen Persönlichkeitsrechts[406] – für unvererbbar ansehen möchten[407]. So stellt *Bredemeyer*[408] darauf ab, dass der Anspruch nach der Rechtsprechung des BGH im Hinblick auf die Unvererbbarkeit des Geldentschädigungsanspruchs bei Persönlichkeitsrechtsverletzung ebenso nicht vererblich sein könne, da auch hier die Genugtuungsfunktion im Vordergrund

401   Zudem sieht der BGH in den Erben des Verstorbenen auch keinen „Anderen" i.S.d. § 88 Abs. 3 S. 3 TKG, was das KG zuvor noch angenommen hatte und daher seine Entscheidung auf diese Vorschrift gestützt hatte. Vgl. hierzu: KG FamRZ 2017, 1348 = KG, Urt. v. 31.05.2017 (21 U 9/16).

402   Vgl. Gesetz zur Einführung eines Anspruchs auf Hinterbliebenengeld v. 17.7.2017, BGBl. 2017 I, S. 2421.

403   Gesetz v. 17.7.2017, BGBl. I 2017, S. 2412.

404   *Eichelberger* in: BeckOGK BGB, § 844 Rn. 19.

405   BT-Drs. 18/11397, S. 12; ebenso *Spindler* in: BeckOK BGB, § 844 Rn. 45. Kritisch hierzu: *Wagner*, NJW 2017, 2641 (2645).

406   Grundlegend: BGH NJW 2014, 2871 = BGH, Urt. v. 29.04.2014 (VI ZR 246/12).

407   *Bredemeyer*, ZEV 2017, 690; *Eichelberger* in: BeckOK BGB, § 844 Rn. 224.

408   *Bredemeyer*, ZEV 2017, 690 (693).

stehe. Auch weitere Stimmen in der Literatur[409] sind der Ansicht, dass beim Hinterbliebenengeld der Gedanke der Genugtuung im Vordergrund stehe, da der Anspruch die Anerkennung seelischen Leids bezwecke[410].

7)   Immaterialgüterrechte, insbesondere Urheberrechte

Auch wenn Immaterialgüterrechte einen persönlichkeitsrechtlichen Bezug aufweisen, sind sie stark vermögensbezogen und grundsätzlich vererblich[411]. Zu nennen sind hier insbesondere Urheberrechte (§ 28 Abs. 1 UrhG), Patentrechte (§ 15 Abs. 1 PatG), Gebrauchsmuster (§ 22 Abs. 1 GebrMG), eingetragene Designs (§ 29 DesignG) und geschützte Marken (§ 27 Abs. 1 MarkenG). Dies ergibt sich daraus, dass soweit die Immaterialgüterrechte selbst vererblich sind, dies ebenso für die aus der Verletzung der Rechte entstandenen Entschädigungs-, Beseitigungs-, und Unterlassungsansprüche gilt[412].

Bei den Immaterialgüterrechten geht nicht lediglich der vermögensrechtliche, sondern auch der persönlichkeitsrechtliche Bestandteil auf den Erben über[413].

Nach § 28 Abs. 1 UrhG ist das Urheberrecht vererblich. Gem. § 28 Abs. 2 S. 1 UrhG kann der Urheber durch letztwillige Verfügung die Ausübung des Urheberrechts einem Testamentsvollstrecker übertragen. Diesen Regelungen kommt lediglich klarstellende Funktion zu, da sich dies bereits aus den allgemeinen Regeln des Erbrechts ergibt[414]. Denn der Übergang des Urheberrechts ergibt sich aus §§ 1922 Abs. 1, 1942 Abs. 1 BGB und ist ein Fall der gesetzlichen Rechtsnachfolge und nicht der Übertragung. Dies gilt ebenso für die gewillkürte Erbfolge aufgrund Testaments gem. §§ 1937, 2229 ff. BGB oder aufgrund Erbvertrags gem. §§ 1941, 2274 ff. BGB[415].

---

409   *Burmann/Jahnke*, NZV 2017, 401.
410   *Burmann/Jahnke*, NZV 2017, 401 (411).
411   Vgl. *Müller-Christmann* in: BeckOK BGB, § 1922 Rn. 98.
412   Vgl. *Müller-Christmann* in: BeckOK BGB, § 1922 Rn. 98.
413   *Leipold* in: MüKo BGB, § 1922 Rn. 116.
414   *Hoche* in: Wandtke/Bullinger UrhR, § 28 Rn. 1.
415   *Leipold* in: MüKo BGB, § 1922 Rn. 94, 117 f.; *Stein* in: Soergel BGB, § 1922 Rn. 6, 10; *Weidlich* in: Palandt BGB, § 1922 Rn. 1, 34.

8) Persönlichkeitsrecht/ postmortales Persönlichkeitsrecht

Nach herrschender Meinung erlischt das Persönlichkeitsrecht grundsätzlich mit dem Tod des Rechtsträgers[416]. Um dem praktischen Schutzbedürfnis sowie dem hohen Rang dieses Rechts jedoch ausreichend Rechnung zu tragen, wird es in gewissem Umfang auch noch nach dem Tod seines Trägers geschützt (sog. postmortales Persönlichkeitsrecht)[417]. Nach Ansicht der Rechtsprechung bestehen die vermögenswerten Bestandteile des Allgemeinen Persönlichkeitsrechts auch nach dem Tod des Erblassers fort und gehen auf die Erben über[418]. Da nach dem Tod jedoch keine handelnde Person mehr existiert, ist der Schutz der Persönlichkeit gegen ideelle Beeinträchtigungen hingegen eingeschränkt[419]. Daher werden auch Ansprüche auf Geldentschädigung wegen der Verletzung des postmortalen Persönlichkeitsrechts von der Rechtsprechung abgelehnt[420]. Die immateriellen Bestandteile des Allgemeinen Persönlichkeitsrechts sollen wegen der höchstpersönlichen Ausgestaltung nicht vererbbar sein[421].

Beim Allgemeinen Persönlichkeitsrecht besteht die Besonderheit zudem darin, dass nach Ansicht der Rechtsprechung des Bundesgerichtshofs der Anspruch auf Geldentschädigung, der wegen lebzeitiger Verletzung immaterieller Bestandteile des Allgemeinen Persönlichkeitsrechts entstehen kann, grundsätzlich nicht vererbbar sein soll[422]. Diese Unvererbbarkeit ergebe sich insbesondere daraus, dass bei diesem Anspruch der Gedanke der Genugtuung im Vordergrund stehe und diese einem Verstorbenen nicht mehr verschafft werden könne[423]. Durch Urteil aus dem Jahr 2017[424] hat der BGH nunmehr den Anspruch auf Geldentschädigung wegen Verletzung des Allgemeinen Persönlichkeitsrechts selbst dann für unvererbbar erklärt, wenn er noch zu Lebzeiten des Geschädigten rechtshängig gewor-

---

416   *Leipold* in: MüKo BGB, § 1922 Rn. 123.

417   *Leipold* in: MüKo BGB, § 1922 Rn. 123.

418   Grundlegend: BGH NJW 2000, 2195 = BGH, Urt. v. 01.12.1999 (I ZR 49/97).

419   *Sprau* in: Palandt BGB, § 823 Rn. 89.

420   BGH NJW 2006, 605 = BGH, Urt. v. 06.12.2005 (VI ZR 265/04).

421   Vgl. BGH NJW 2000, 2195 = BGH, Urt. v. 01.12.1999 (I ZR 49/97); BGH NJW 2014, 2871 = BGH, Urt. v. 29.04.2014 (VI ZR 246/12).

422   Grundlegend: BGH NJW 2014, 2871 = BGH, Urt. v. 29.04.2014 (VI ZR 246/12).

423   BGH NJW 2014, 2871 (2872) = BGH, Urt. v. 29.04.2014 (VI ZR 246/12).

424   BGH NJW 2017, 3004 = BGH, Urt. v. 23.05.2017 (VI ZR 261/16).

den ist. Erst durch rechtskräftiges Urteil soll der Anspruch auf Geldentschädigung des Geschädigten auf die Erben übergehen können[425].

---

425 BGH NJW 2017, 3004 (3006) = BGH, Urt. v. 23.05.2017 (VI ZR 261/16); ebenso unter Bezugnahme auf diese Entscheidung: GRUR-RS 2018, 17910, Rn. 547 = OLG Köln, Urt. v. 29.05.2018 (15 U 64/17).

F Rechtsprechung zur Vererbbarkeit des Geldentschädigungsanspruchs bei Verletzung des Allgemeinen Persönlichkeitsrechts

Im Folgenden werden nun diejenigen Urteile dargestellt, die im Hinblick auf die Entwicklung der Rechtsprechung zur Vererbbarkeit von Geldentschädigungsansprüchen bei Verletzung des Allgemeinen Persönlichkeitsrechts für diese Arbeit von Bedeutung sind.

I BGH, Urteil vom 04.06.1974 – „Fiete Schulze"[426]

Im Urteil aus dem Jahre 1974 hatte sich der erkennende Senat zwar nicht unmittelbar mit der Frage der Vererbbarkeit des Geldentschädigungsanspruchs auseinanderzusetzen, jedoch wurde hier festgestellt, dass die Genugtuungsfunktion des Anspruchs in erster Linie dem Betroffenen eine Genugtuung für die ihm zugefügte Verletzung seiner Persönlichkeit verschaffen solle[427]. Ein Anspruch aus eigenem Recht stehe der Klägerin nur zu, „[...] *wenn ihre eigene Persönlichkeitssphäre durch den beanstandeten Artikel unmittelbar betroffen worden wäre*"[428]. Dies war jedoch abzulehnen, da diese die Klage lediglich in Wahrnehmung der Persönlichkeitsrechte ihres Vaters erhoben hatte[429].

II BGH, Urteil vom 01.12.1999 – „Marlene Dietrich"[430]

In den Angelegenheiten von Marlene Dietrich hatte sich der Senat insbesondere mit der Vererbbarkeit der vermögenswerten Bestandteile des Allgemeinen Persönlichkeitsrechts auseinanderzusetzen. Nach Ansicht der Rechtsprechung sind diese Bestandteile des Rechts der Verstorbenen am eigenen Bilde und Namen auf die Klägerin als Alleinerbin übergegangen, also vererblich. Hiervon unabhängig sei die Übertragbarkeit dieser Rechte unter Lebenden.

---

426 BGH NJW 1974, 1371 = BGH, Urt. v. 04.06.1974 (VI ZR 68/73).
427 BGH NJW 1974, 1371 (1371) = BGH, Urt. v. 04.06.1974 (VI ZR 68/73).
428 BGH NJW 1974, 1371 (1371) = BGH, Urt. v. 04.06.1974 (VI ZR 68/73).
429 BGH NJW 1974, 1371 (1371) = BGH, Urt. v. 04.06.1974 (VI ZR 68/73).
430 BGH NJW 2000, 2195 = BGH, Urt. v. 01.12.1999 (I ZR 49/97).

Die höchstpersönlichen Bestandteile des Allgemeinen Persönlichkeitsrecht seien hingegen unvererblich, also auch nicht übertragbar, da diese unauflöslich an ihren Träger gebunden seien[431]. Es würde gerade im Widerspruch zur Garantie der Menschenwürde aus Art. 1 GG und zum Recht auf Selbstbestimmung nach Art. 2 GG stehen, könnte jemand beispielsweise sein Recht am eigenen Bilde, sein Namensrecht oder sein sonstiges Persönlichkeitsrecht vollständig übertragen[432]. Die vermögenswerten Bestandteile des Allgemeinen Persönlichkeitsrechts seien jedoch nicht derart unauflöslich an die Person ihres Trägers gebunden wie jene, die dem Schutz ideeller Interessen dienen. Durch die Annahme der Vererbbarkeit der vermögenswerten Bestandteile des Persönlichkeitsrechts werde dem besonderen Schutzbedürfnis des Rechts Rechnung getragen[433].

III BGH, Urteil vom 06.12.2005 – „Mordopfer-Fall"[434]

In diesem Verfahren wurden vom Kläger Geldentschädigungsansprüche aufgrund der Verletzung des postmortalen Persönlichkeitsrechts seiner Mutter, hilfsweise wegen Verletzung seines eigenen Persönlichkeitsrechts geltend gemacht. Anlass hierfür war ein Filmbericht der Beklagten, in dem der teils entblößte Leichnam der Mutter des Klägers gezeigt wurde. Vom Landgericht war ein Anspruch des Klägers auf Geldentschädigung wegen Verletzung des postmortalen Persönlichkeitsrechts der Mutter abgelehnt worden, ebenso wie ein Anspruch des Klägers auf Entschädigung in Geld wegen Verletzung seines eigenen Persönlichkeitsrechts durch Verbreitung des Bildnisses der Mutter[435]. Dieses Urteil wurde vom Revisionsgericht bestätigt. Ein Geldentschädigungsanspruch könne nicht aufgrund der Verletzung des postmortalen Persönlichkeitsrechts der Mutter entstehen. Eine Verletzung ideeller Bestandteile des Persönlichkeitsrechts könne eine Geldentschädigung nur zu Lebzeiten des Trägers des Rechts rechtfertigen[436]. Selbst stehe dem Kläger zudem kein Geldentschädigungsanspruch zu, da die Verletzung des postmortalen Persönlichkeitsrechts seiner Mutter diesen nicht begründen könne. Denn maßgebliche Funktion des Geldentschädigungsanspruchs sei der

431 BGH NJW 2000, 2195 (2197) = BGH, Urt. v. 01.12.1999 (I ZR 49/97).
432 BGH NJW 2000, 2195 (2197) = BGH, Urt. v. 01.12.1999 (I ZR 49/97).
433 BGH NJW 2000, 2195 (2198) = BGH, Urt. v. 01.12.1999 (I ZR 49/97).
434 BGH NJW 2006, 605 = BGH, Urt. v. 06.12.2005 (VI ZR 265/04).
435 BeckRS 2009, 9108 = LG Köln, Urt. v. 08.09.2004 (28 O 101/04).
436 BGH NJW 2006, 605 (606) = BGH, Urt. v. 06.12.2005 (VI ZR 265/04).

Gedanke der Genugtuung für das Opfer[437]. Einem Verstorbenen selbst könne jedoch keine Genugtuung mehr für diese Verletzung verschafft werden. Ebenso scheide ein Ausgleich für die erlittene Beeinträchtigung des Persönlichkeitsrechts bei einem Verstorbenen aus.

Auch der Gedanke der Prävention könne an diesem Ergebnis nichts ändern, da dieser allein die Gewährung einer Geldentschädigung nach dem Tod einer Person nicht tragen könne[438].

IV BGH, Urteil vom 29.04.2014 – „Berichterstattung über trauernden Entertainer"[439]

In seinem Grundsatzurteil aus dem Jahre 2014 hat der BGH erstmals entschieden, dass die Forderung, gerichtet auf Geldentschädigung wegen lebzeitiger Verletzung immaterieller Bestandteile des Allgemeinen Persönlichkeitsrechts, unvererbbar ist. Zumindest soll dies dann gelten, wenn der Geschädigte bzw. Erblasser vor Rechtshängigkeit des anhängig gemachten Geldentschädigungsanspruchs versterbe. Nicht beantwortet hat der Senat in diesem Urteil hingegen die Frage, ob die die Rechtshängigkeit des geltend gemachten Anspruchs etwas an der Unvererbbarkeit ändere.

Zu Grunde lag folgender Sachverhalt:

Ein bekannter Entertainer nahm den beklagten Zeitschriftenverlag sowie dessen Gesamtrechtsnachfolgerin wegen einer Verletzung seines Persönlichkeitsrechts durch Berichte über seine Trauer um seine verstorbene Tochter sowie seinen Gesundheitszustand in Anspruch. Einen Tag vor seinem Tod ging die Klage beim LG Berlin ein. Erst Wochen später wurde sie zugestellt. Der Erbe des Verletzten führte den Prozess fort. Sowohl das LG Berlin[440] als auch das KG[441] als Berufungsgericht wiesen jedoch die Klage ab. Die Revisionsinstanz führt im Zuge der historischen Auslegung die Regelung des § 847 Abs. 1 S. 2 BGB a.F. an[442], wo-

---

437 BGH NJW 2006, 605 (607) = BGH, Urt. v. 06.12.2005 (VI ZR 265/04).
438 BGH NJW 2006, 605 (607) = BGH, Urt. v. 06.12.2005 (VI ZR 265/04).
439 BGH NJW 2014, 2871 ff. = BGH, Urt. v. 29.04.2014 (VI ZR 246/12).
440 BeckRS 2014, 1881 = LG Berlin, Urt. v. 21.6.2011 (27 O 145/11).
441 BeckRS 2014, 1880 = KG, Urt. v. 03.05.2012 (10 U 99/11).
442 § 847 Abs. 1 S. 2 BGB a.F. (in der Fassung vom 1.1.1900) lautete: „Der Anspruch ist nicht übertragbar und geht nicht auf die Erben über, es sei denn, daß er durch Vertrag anerkannt oder daß er rechtshängig geworden ist.".

nach der immaterielle Schadensersatzanspruch weder abtretbar noch vererblich war.

Der Aufhebung des § 847 BGB a.F. kommt nach Ansicht des erkennenden Senats nicht die Bedeutung zu, dass der Gesetzgeber dadurch seinen Willen zum Ausdruck gebracht habe, den Anspruch auf Geldentschädigung – ebenso wie den Schmerzensgeldanspruch – vererblich auszugestalten[443]. Zudem seien die ideellen Bestandteile des Persönlichkeitsrechts *„unauflöslich an die Person ihres Trägers gebunden und als höchstpersönliche Rechte unverzichtbar sowie unveräußerlich"*[444], daher also auch weder übertragbar noch vererblich. Die fehlende Übergangsfähigkeit des Geldentschädigungsanspruchs resultiere jedoch nicht aus der Bindung an den Rechtsträger, da die Entschädigung als Geldzahlungsanspruch keinen Ausschnitt des Persönlichkeitsrechts bilde. Der Ausschluss der Vererblichkeit ergebe sich vielmehr aus Sinn und Zweck des Anspruchs. Denn die Geldentschädigung diene der Genugtuung des Geschädigten[445]. Einem Verstorbenen könne jedoch Genugtuung nicht mehr verschafft werden, sodass der Anspruch in solch einer Konstellation seinen Zweck verfehle[446]. Dies müsse ebenso für den Fall gelten, dass die Verletzungshandlung noch zu Lebzeiten des Rechtsträgers erfolgt sei, dieser jedoch versterbe, bevor sein Entschädigungsanspruch erfüllt werde[447]. Auch der Präventionsgedanke führe zu keinem anderen Ergebnis. Nach Ansicht des Gerichts führt die Anhängigkeit der auf Geldentschädigung gerichteten Klage nicht zur Vererbbarkeit des Anspruchs. Offengelassen wurde hingegen, ob Abweichendes bei Rechtshängigkeit der Forderung gelten soll.

---

443   BGH NJW 2014, 2871 (2872) = BGH, Urt. v. 29.04.2014 (VI ZR 246/12).
444   BGH NJW 2014, 2871 (2871) = BGH, Urt. v. 29.04.2014 (VI ZR 246/12).
445   BGH NJW 2014, 2871 (2872) = BGH, Urt. v. 29.04.2014 (VI ZR 246/12).
446   BGH NJW 2014, 2871 (2872 f.) = BGH, Urt. v. 29.04.2014 (VI ZR 246/12).
447   BGH NJW 2014, 2871 (2872 f.) = BGH, Urt. v. 29.04.2014 (VI ZR 246/12).

V BGH, Urteil vom 29.11.2016 – „Unbefugte Verwendung einer Krankengeschichte"[448]

Der Senat hatte sich mit der Klage einer Erbin auseinanderzusetzen, die eine immaterielle Entschädigung wegen der Verletzung des Allgemeinen Persönlichkeitsrechts ihrer verstorbenen Mutter gegen deren Krankenkasse geltend gemacht hatte. Auch hier wurde der Anspruch vom Gericht jedoch aufgrund der Unvererbbarkeit des Geldentschädigungsanspruchs bei Persönlichkeitsrechtsverletzung abgelehnt. Der Anspruch sei nicht auf die Klägerin übergegangen, da er grundsätzlich unvererbbar sei. Zudem sah das Gericht auch keine Umstände als gegeben an, die ausnahmsweise die Vererbbarkeit begründen könnten[449].

VI BGH, Urteil vom 23.05.2017 – „Vererbbarkeit rechtshängiger Ansprüche bei Persönlichkeitsrechtsverletzung"[450]

Vorliegend hatte der Senat über die Vererbbarkeit eines nicht lediglich anhängigen, sondern vor dem Tod des Anspruchsstellers rechtshängig gewordenen Geldentschädigungsanspruchs auseinanderzusetzen, wobei der Prozess von der Klägerin als Alleinerbin fortgeführt wurde.

Nach Ansicht des Gerichts ist der Anspruch nicht auf die Klägerin im Wege der Erbfolge übergegangen, da dieser unvererbbar sei. Hieran ändere auch die Rechtshängigkeit des Anspruchs nichts. *„Denn die Rechtshängigkeit stelle kein besonderes Kriterium dar, das eine Ausnahme vom Grundsatz der Unvererblichkeit des Anspruchs erfordere"*[451]. Ebenso sei eine entsprechende Anwendung des § 847 Abs. 1 S. 2 BGB a.F. auf den Anspruch abzulehnen. Eine Norm, die abgeschafft worden sei und somit auch nicht mehr gelte, könne auch nicht mehr entsprechend angewendet werden, zumal diese ohnehin keinen allgemeinen Rechtsgrundsatz enthalten habe[452]. Erst mit Rechtskraft des zusprechenden Urteils erlange der Ge-

---

448 BGH NJW 2017, 800 = BGH, Urt. v. 29.11.2016 (VI ZR 530/15).
449 BGH NJW 2017, 800 (801) = BGH, Urt. v. 29.11.2016 (VI ZR 530/15).
450 BGH NJW 2017, 3004 = BGH, Urt. v. 23.05.2017 (VI ZR 261/16).
451 BGH NJW 2017, 3004 (3005) = BGH, Urt. v. 23.05.2017 (VI ZR 261/16).
452 BGH NJW 2017, 3004 (3005) = BGH, Urt. v. 23.05.2017 (VI ZR 261/16).

schädigte eine hinreichend gesicherte Position, die ihm die vom Anspruch bezweckte Genugtuung verschaffen könne[453].

VII   OLG Köln, Urteil vom 29.05.2018 – „Kohl-Protokolle"[454]

Im sog. „Kohl-Urteil" besteht die Besonderheit darin, dass der Anspruch auf Geldentschädigung wegen Verletzung des Allgemeinen Persönlichkeitsrechts erstmals nicht lediglich rechtshängig geworden, sondern dem Geschädigten erstinstanzlich bereits ein Anspruch auf Geldentschädigung i.H.v. einer Million Euro zugesprochen worden ist[455]. Der Kläger verstarb jedoch vor Rechtskraft des zusprechenden Urteils. Nach Ansicht des Gerichts kann ein Verstorbener keine Genugtuung mehr erfahren, bzw. ein Geschädigter diese erst mit Rechtskraft des zusprechenden Urteils erlangen, da dieses eine hinreichend gesicherte Rechtsposition gewähre[456].

---

453   BGH NJW 2017, 3004 (3006) = BGH, Urt. v. 23.05.2017 (VI ZR 261/16).
454   GRUR-RS 2018, 17910 = OLG Köln, Urt. v. 29.05.2018 (15 U 64/17).
455   Vgl. BeckRS 2017, 125934 = LG Köln, Urt. v. 27.04.17 (14 O 323/15).
456   Vgl. GRUR-RS 2018, 17910 = OLG Köln, Urt. v. 29.05.2018 (15 U 64/17).

G Ansatzpunkte, die für bzw. gegen eine Vererbbarkeit des Geldentschädigungsanspruchs sprechen könnten

Nachdem nun ein grundsätzliches Verständnis für den Geldentschädigungsanspruch geschaffen wurde, wird im Folgenden die Vererbbarkeit des Geldentschädigungsanspruchs insbesondere im Hinblick auf die Argumente der sog. „Kohl-Rechtsprechung"[457] untersucht.

I Grundgedanke: § 1922 Abs. 1 BGB

Allein aus der Vorschrift des § 1922 Abs. 1 BGB kann selbst noch kein unmittelbarer Schluss auf die grundsätzliche Vererbbarkeit des Geldentschädigungsanspruchs bei Persönlichkeitsrechtsverletzung gezogen werden. Denn die von der Vorschrift vorgesehene Universalsukzession ist auf vererbliche Vermögensgegenstände beschränkt[458]. Als Ausgangspunkt der Vererblichkeit von Entschädigungsansprüchen steht jedoch die Überlegung, dass alle vermögensrechtlichen Ansprüche, die zu Lebzeiten des Verletzten entstanden sind, Bestandteil seines Vermögens sind und daher auch grundsätzlich in seinen Nachlass fallen[459]. Hiervon unabhängig ist die Tatsache, ob das dem Anspruch zugrundeliegende Recht bereits erloschen ist[460].

II Genugtuungsfunktion des Geldentschädigungsanspruchs

Wie bereits dargestellt, hat sich das OLG Köln in seinem Urteil anlässlich der unbefugten Veröffentlichung der Kohl-Protokolle des Altkanzlers der Rechtsprechung des VI. Zivilsenats angeschlossen[461] und eine Vererbbarkeit des Geldentschädigungsanspruchs grundsätzlich abgelehnt[462]. Zentrales Argument hierfür ist

---

457 GRUR-RS 2018, 17910 = OLG Köln, Urt. v. 29.05.2018 (15 U 64/17).
458 *Marotzke* in: Staudinger BGB, § 1922 Rn. 53.
459 *Leipold* in: MüKo BGB, § 1922 Rn. 121; *Beuthien*, GRUR 2014, 957 (958).
460 *Kunz* in: Staudinger BGB, § 1922 Rn. 458.
461 Grundlegend: BGH NJW 2014, 2871 = BGH, Urt. v. 29.04.2014 (VI ZR 246/12).
462 GRUR-RS 2018, 17910 = OLG Köln, Urt. v. 29.05.2018 (15 U 64/17).

insgesamt stets, dass durch den Tod des Anspruchstellers dieser selbst keine Genugtuung mehr erfahren können soll[463].

Dass der Geldentschädigungsanspruch der Genugtuung des Geschädigten dient, entspricht mittlerweile gefestigter Rechtsprechung und soll somit nicht in Frage gestellt werden[464]. Jedoch muss untersucht werden, was die Rechtsprechung überhaupt unter Genugtuung versteht bzw. wieso diese Funktion beim Geldentschädigungsanspruch derart überragende Bedeutung haben soll[465]. Zudem sind die weiteren Funktionen neben der Genugtuungsfunktion zu berücksichtigen.

1)   Verständnis der Rechtsprechung von Genugtuung

Weder das OLG Köln[466], noch der BGH[467] äußern sich im Einzelnen konkret zum Inhalt der Genugtuungsfunktion[468]. Argumentiert wird lediglich mit der Vorrangstellung der Genugtuungsfunktion beim Geldentschädigungsanspruch und in diesem Zusammenhang damit, dass einem Verstorbenen Genugtuung für die Verletzung seiner Persönlichkeit eben nicht mehr verschafft werden könne[469]. Dies gelte bei der postmortalen Verletzung des Persönlichkeitsrechts und sei daher auch auf lebzeitige Verletzungen zu übertragen, zumindest soweit der Geschädigte vor Erfüllung[470] bzw. vor Rechtskraft des den Anspruch zusprechenden Urteils versterbe[471].

Was die Rechtsprechung aber konkret unter „Genugtuung" im Rahmen des Geldentschädigungsanspruchs versteht, ist schwer nachzuvollziehen, da sich dessen Inhalt weder aus Entscheidungen des Großen Zivilsenats, noch der weiteren

---

463   GRUR-RS 2018, 17910, Rn. 539 = OLG Köln, Urt. v. 29.05.2018 (15 U 64/17).
464   Erstmals: BGH NJW 1961, 2059 = BGH, Urt. v. 19.09.1961 (VI ZR 259/60). *Ludyga*, NZFam 2017, 595 (598) vertritt hingegen die Ansicht, dass im Schadensrecht grundsätzlich das nüchterne Ausgleichsprinzip gelte und daher der historische Gesetzgeber der Genugtuungsfunktion im Delikts- und Schadensrecht keine besondere Bedeutung beigemessen habe.
465   Erstmals: BGH NJW 1961, 2059 (2060) = BGH, Urt. v. 19.09.1961 (VI ZR 259/60).
466   GRUR-RS 2018, 17910 = OLG Köln, Urt. v. 29.05.2018 (15 U 64/17).
467   Grundlegend: BGH NJW 2014, 2871 = BGH, Urt. v. 29.04.2014 (VI ZR 246/12).
468   Zustimmend: *Degenhart*, Genugtuungsfunktion, S. 43.
469   BGH NJW 2014, 2871 (2872) m.w.N. = BGH, Urt. v. 29.04.2014 (VI ZR 246/12).
470   BGH NJW 2014, 2817 (2873) = BGH, Urt. v. 29.04.2014 (VI ZR 246/12).
471   So: BGH NJW 2017, 3004 (3006) = BGH, Urt. v. 23.05.2017 (VI ZR 261/16); ebenso unter Bezugnahme auf diese Entscheidung:. GRUR-RS 2018, 17910, Rn. 539 = OLG Köln, Urt. v. 29.05.2018 (15 U 64/17).

Judikatur des BGH zweifelsfrei ergibt[472]. Lediglich im Schmerzensgeldbeschluss des Großen Senats[473] befindet sich ein Hinweis auf die entsprechende Regelung im schweizerischen Obligationenrecht. Dies ist jedoch zur Bestimmung des Inhalts von „Genugtuung" wenig hilfreich, da Genugtuung im Schweizerischen Recht Wiedergutmachung immaterieller Schäden schlechthin bedeutet[474]. Ebenso ist in der Literatur umstritten, in welcher Gestalt der Genugtuungsgedanke innerhalb des Anspruchs auf Ersatz immaterieller Schäden auftaucht[475]. Unstreitig steht nach mittlerweile gefestigter Rechtsprechung fest, dass beim Geldentschädigungsanspruch der Gedanke der Genugtuung im Vordergrund steht[476].

Betrachtet man also die Rechtsprechung des BGH zur Vererbbarkeit des Geldentschädigungsanspruchs ist Genugtuung zumindest dahingehend zu verstehen, dass der Betroffene diese auch selbst in einer subjektiven Art und Weise empfinden können muss[477]. Denn nach seinem Tod soll der von der Rechtsverletzung Betroffene keine Genugtuung mehr verspüren können[478]. Voraussetzung für Genugtuung ist somit eine Empfindungsfähigkeit hierfür beim Geschädigten. Diese soll für ihn erst mit Rechtskraft des den Anspruch zusprechenden Urteils eintreten, da der Geschädigte hierdurch eine hinreichend gesicherte Rechtsposition erlange[479].

2) Rechtsprechung zur Genugtuungsfunktion uneinheitlich

Zu beachten ist jedoch, dass selbst die Rechtsprechung wohl kein einheitliches Verständnis von Genugtuung hat. Denn einerseits gewährt sie auch Säuglingen bzw. kleinsten Kindern einen Geldentschädigungsanspruch aufgrund der Verlet-

---

472 *Kern*, AcP 191, 247 (251) weist darauf hin, dass auch aus der juristischen Verwendung des Begriffs der Genugtuung keine Rückschlüsse entnommen werden können.
473 BGH NJW 1955, 1675 (1675) = BGH, Beschl. v. 06.07.1955 (VGS 1/55).
474 Vgl. *Schnyder* in: Honsell, Art. 47 Rn. 11, der als Bemessungskriterien für die Genugtuungsleistung ebenfalls Art und Schwere der Verletzung, Intensität und Dauer der Auswirkungen auf die Persönlichkeit des Verletzten sowie der Grad des Verschuldens des Schädigers nennt.
475 Zum Streit der Genugtuungsfunktion beim Schmerzensgeld ausführlich: *Degenhart*, Genugtuungsfunktion.
476 Ständige Rechtsprechung seit: BGH NJW 1961, 2059 (2060) = BGH, Urt. v. 19.09.1961 (VI ZR 259/60).
477 Ebenso: *Schubert*, JZ 2014, 1056 (1058).
478 Grundlegend: BGH NJW 2014, 2871 (2873) = BGH, Urt. v. 29.04.2014 (VI ZR 246/12).
479 BGH NJW 2017, 3004 (3006) = BGH, Urt. v. 23.05.2017 (VI ZR 261/16); ebenso unter Bezugnahme auf diese Entscheidung: GRUR-RS 2018, 17910, Rn. 547 = OLG Köln, Urt. v. 29.05.2018 (15 U 64/17).

zung ihres Allgemeinen Persönlichkeitsrechts[480], obwohl diese ein Empfinden für „Genugtuung" noch gar nicht besitzen[481]. Zudem hat das OLG Hamburg[482] im Jahr 2017 einem Kläger einen Geldentschädigungsanspruch aufgrund der Weiterverbreitung eines inhaltlich falschen Gerüchts gewährt, obwohl dieser eine Unfallverletzung erlitten hatte und nicht in der Lage war, diese Berichterstattung überhaupt zur Kenntnis zu nehmen. Als Begründung im Hinblick auf die Genugtuungsfunktion des Anspruchs trägt das erkennende Gericht hierzu vor, dass zwar der Genugtuungsgedanke bei Zuerkennung einer Geldentschädigung aufgrund einer Persönlichkeitsrechtsverletzung regelmäßig prägend sei. Jedoch sei hier „ [...] *weniger auf die subjektive Befriedigung des Verletzten, sondern vornehmlich darauf abzuheben, dass sich der gesetzlich umfassend angelegte Rechtsgüterschutz auch im immateriellen Bereich objektiv zu bewähren hat.*"[483]. Dies ergebe sich auch aus der sachlichen Berechtigung des Anspruchs, die darauf beruhe, dass bei einem subjektiven Verständnis der Genugtuungsfunktion die Persönlichkeit nicht ausreichend geschützt sei[484]. Schadensersatzrechtlich gehe es nicht maßgeblich darum, dass der Verletzte persönlich gegenüber dem Verletzter Genugtuung empfindet[485]. Denn das würde immer dann nicht passen, wenn der Verletzte bewusstlos sei oder dessen Persönlichkeit so gelähmt oder zerstört sei, dass er nichts mehr zu empfinden vermag. Die Genugtuungsfunktion dürfe aber gerade in den schlimmsten Fällen nicht versagen[486]. Ein anderes Ergebnis würde der verfassungsrechtlichen Wertentscheidung in Art. 1 Abs. 1 GG widersprechen[487].

---

480   BGH NJW 2005, 215 = BGH, Urt. v 05.10.2004 (VI ZR 255/03). Ähnlich: ZUM 2018, 537 = OLG Dresden, Urt. v. 13.2.2018 (4 U 1234/17).
481   Ebenso: *Hermann*, AfP 2018, 469 (471).
482   BeckRS 2017, 109789 = OLG Hamburg, Urt. v. 17.01.2017 (7 U 32/15).
483   BeckRS 2017, 109789, Rn. 23 = OLG Hamburg, Urt. v. 17.01.2017 (7 U 32/15).
484   BeckRS 2017, 109789, Rn. 23 = OLG Hamburg, Urt. v. 17.01.2017 (7 U 32/15).
485   So aber BGH NJW 2014, 2871 (2873) = BGH, Urt. v. 29.04.2014 (VI ZR 246/12).
486   BeckRS 2017, 109789, Rn. 23 = OLG Hamburg, Urt. v. 17.01.2017 (7 U 32/15); ebenso: *Beuthien*, GRUR 2014, 957; vgl. auch: BGH NJW 1993, 781 = BGH, Urt. v. 13.10.1992 (VI ZR 201/91).
487   BeckRS 2017, 109789, Rn. 23 = OLG Hamburg, Urt. v. 17.01.2017 (7 U 32/15).

3) Entwicklung der Genugtuungsfunktion

a) Schaffung der Genugtuungsfunktion beim Schmerzensgeld

Geschaffen wurde die Genugtuungsfunktion durch den Beschluss des Großen Senats im Jahre 1955[488]. Hier sollte erstmals eine Einbeziehung aller Faktoren – nicht lediglich der Schadensfolgefaktoren[489] – beim Schmerzensgeld erfolgen[490]. Ein alleiniges Abstellen auf die Ausgleichsfunktion sah die Rechtsprechung als nicht mehr vertretbar an, da immaterielle Schäden eben nicht in Geld bemessen werden könnten[491].

Durch die Einführung der Genugtuungsfunktion wurde eine Möglichkeit geschaffen, neben dem Grad des Verschuldens auch die Vermögensverhältnisse bei der Bemessung der Höhe des Schmerzensgeldes angemessen berücksichtigen zu können[492].

Nach einer allgemein gültigen Definition für den Begriff „Genugtuung" sucht man jedoch vergebens[493]. Indem aber die Rechtsordnung einen Anspruch gewährt, der Genugtuung bezweckt, sollen Kränkungen des Geschädigten behoben[494] und das verletzte Rechtsgefühl besänftigt werden[495]. Konkret schuldet der Schädiger dem Geschädigten für das, was er ihm angetan hat, Genugtuung[496]. Somit soll dadurch die Rache des Betroffenen verringert[497] und die Moral des Einzelnen gestärkt werden, da die Rechtsordnung die Persönlichkeit schützt[498].

---

488 Vgl. BGH NJW 1953, 99 ff. = BGH, Urt. v. 29.09.1952 (III ZR 340/51) und BGH NJW 1955, 1675 ff. = BGH, Beschl. v. 06.07.1955 (VGS 1/55).

489 So noch der III. Zivilsenat des BGH im Jahre 1952. Vgl. hierzu: BGH NJW 1953, 99 (101) = BGH, Urt. v. 29.09.1952 (III ZR 340/51).

490 BGH NJW 1955, 1675 (1675) = BGH, Beschl. v. 06.07.1955 (VGS 1/55). Drei Jahre zuvor hatte sich der Senat hingegen noch geweigert, weitere Faktoren einzubeziehen, vgl. BGH NJW 1953, 99 ff. = BGH, Urt. v. 29.09.1952 (III ZR 340/51).

491 BGH NJW 1955, 1675 (1675) = BGH, Beschl. v. 06.07.1955 (VGS 1/55).

492 Vgl. BT-Drs. 14/7752, S. 15, 25; BGH NJW 1955, 1675 (1676 f.) = BGH, Beschl. v. 06.07.1955 (VGS 1/55).

493 Vgl. *Bötticher*, AcP 158, 358 (395); *Köndgen*, Haftpflichtfunktionen, S. 61.

494 Vgl. *Stoll*, Gutachten, S. 152.

495 So z. B. *Deutsch*, JZ 1970, 548 (549); vgl. *Niemeyer*, Genugtuung, S. 38; kritisch: *Stoll*, Gutachten, S. 151, der den Gesichtspunkt der Besänftigung für sich allein aber nicht als ausreichend ansieht.

496 BGH NJW 1955, 1675 (1675) = BGH, Beschl. v. 06.07.1955 (VGS 1/55).

497 Vgl. *Honsell*, VersR 1974, 205 (207).

498 *Helle*, NJW 1963, 1403 (1405); *Niemeyer*, Genugtuung, S. 39.

b) Vorrangstellung der Genugtuungsfunktion beim
Geldentschädigungsanspruch

Die Kombination von Ausgleichs- und Genugtuungsfunktion[499] hat der BGH ursprünglich auch dem Geldentschädigungsanspruch in der sog. „Herrenreiter-Entscheidung"[500] zugrunde gelegt[501]. In der sog. „Ginseng-Entscheidung"[502] wurde die Rangfolge der Entschädigungsfunktionen von der Rechtsprechung jedoch umgekehrt: *„Bei Verletzungen des allgemeinen Persönlichkeitsrechts rückt die Genugtuungsfunktion des Schmerzensgeldes gegenüber der Entschädigungsfunktion durchaus in den Vordergrund."*[503]. Begründet wurde dies damit, dass Verletzungen des Allgemeinen Persönlichkeitsrechts deutlich schwerer in Geld bewertet werden könnten, als körperliche Beeinträchtigungen[504].
Von dieser Vorrangstellung der Genugtuungsfunktion beim Geldentschädigungsanspruch geht die Rechtsprechung heute noch aus[505].

c) Rechtsprechung zum Verständnis der Funktionen beim Schmerzensgeld
uneinheitlich

Beim Anspruch auf Schmerzensgeld war die Rechtsprechung im Hinblick auf eine beim Geschädigten erforderliche Empfindungsfähigkeit nach Einführung der Genugtuungsfunktion[506] zunächst verwirrend[507]. Denn ursprünglich sollte das Schmerzensgeld auf dem allgemeinen schadensrechtlichen Ausgleichsprinzip basieren[508].
Erst durch den Beschluss des Großen Zivilsenats im Jahre 1955 wurde die Genugtuungsfunktion geschaffen[509]. 20 Jahre später ging die Rechtsprechung beim

---

499 So eben beim Schmerzensgeld, hierzu: *Grüneberg* in: Palandt BGB, § 253 Rn. 4.
500 BGH NJW 1958, 827 = BGH, Urt. v. 14.02.1958 (I ZR 151/56).
501 BGH NJW 1958, 827 (830) = BGH, Urt. v. 14.02.1958 (I ZR 151/56).
502 BGH NJW 1961, 2059 = BGH, Urt. v. 19.09.1961 (VI ZR 259/60).
503 BGH NJW 1961, 2059 (2060) = BGH, Urt. v. 19.09.1961 (VI ZR 259/60).
504 BGH NJW 1961, 2059 (2060) = BGH, Urt. v. 19.09.1961 (VI ZR 259/60).
505 Grundlegend: BGH NJW 2014, 2871 (2872) = BGH, Urt. v. 29.04.2014 (VI ZR 246/12).
506 Vgl. BGH NJW 1953, 99 = BGH, Urt. v. 29.09.1952 (III ZR 340/51). und BGH NJW 1955, 1675 = BGH, Beschl. v. 06.07.1955 (VGS 1/55).
507 *Degenhart*, Genugtuungsfunktion, S. 44 f.
508 Vgl. *Mudgan*, Materialien, S. 447, der nur von Ausgleich und Entschädigung spricht.
509 Vgl. BGH NJW 1953, 99 = BGH, Urt. v. 29.09.1952 (III ZR 340/51) und BGH NJW 1955, 1675 = BGH, Beschl. v. 06.07.1955 (VGS 1/55); *Honsell*, VersR 1974, 205, „fand [...] Doppelfunktion".

Schmerzensgeld aber zwischenzeitlich davon aus, dass die Ausgleichsfunktion von einer subjektiven Komponente dominiert werde[510]. Für den Ausgleich eines immateriellen Schadens war somit eine Empfindungsfähigkeit des Geschädigten erforderlich. Bei Empfindungslosigkeit und somit auch des Wegfalls der Ausgleichsfunktion wurde dann der Genugtuungsfunktion besondere Bedeutung zugeschrieben[511]. Da diese jedoch ebenso rein subjektiv verstanden wurde, sollte die fehlende Wahrnehmungsfähigkeit des Geschädigten die Ausgleichsfunktion – ebenso wie die Genugtuungsfunktion beim Schmerzensgeld – mangels Zweckerreichbarkeit entfallen lassen[512]. Die Besonderheit bestand in diesen Fällen darin, dass die Rechtsprechung selbst bei Wahrnehmungsunfähigkeit des Geschädigten – und somit fehlender Zweckerreichbarkeit der Funktionen – ein Schmerzensgeld zusprach, und zwar aufgrund eines zumindest zeitweilig angenommenen eigenständigen Bußelements in Form des Sühnegedankens[513]. Die Rechtsprechung hatte also die Problematik des subjektiven Verständnisses von Ausgleichs- und Genugtuungsfunktion erkannt und ein eigenständiges Element geschaffen, um dem Geschädigten auch bei Empfindungslosigkeit ein Schmerzensgeld zusprechen zu können[514].

Einige Jahre später sah sich die Rechtsprechung jedoch zur Korrektur dieser sog. „zeichenhaften Sühne" gezwungen. Denn bei Anwendung der „symbolischen Sühnefunktion" erhielt der wahrnehmungsunfähige Geschädigte de facto einen geringeren Geldbetrag, als bei Anwendung der Ausgleichs- und Genugtuungsfunktion. Somit konnte sich die vollkommene Zerstörung der Persönlichkeit des Geschädigten zugunsten des Schädigers auswirken[515]. Da dies nicht hingenommen werden konnte, stellte der BGH klar, dass insbesondere die Wertentscheidung in Art. 1 GG eine lediglich symbolhafte Wiedergutmachung verbiete[516] und erklärte bereits den Verlust an personaler Qualität als einen schon für sich auszu-

---

510 BGH NJW 1976, 1147 (1148) = BGH, Urt. v. 16.12.1975 (VI ZR 175/74).
511 BGH NJW 1976, 1147 (1148) = BGH, Urt. v. 16.12.1975 (VI ZR 175/74).
512 BGH NJW 1976, 1147 (1148) = BGH, Urt. v. 16.12.1975 (VI ZR 175/74).
513 Vgl. BGH NJW 1993, 1531 = BGH, Urt. v. 16.02.1993 (VI ZR 29/92): „Vielmehr entwickelte sie für diese Fallgruppe eine weitere Funktion, die sogenannte zeichenhafte Sühnefunktion, auf die auch das BerGer. abhebt".
514 Vgl. *Jaeger*, VersR 1996, 1177 (1180). Dieser weist darauf hin, dass die Zuerkennung eines Schmerzensgeldes durch den BGH erfolgen musste, um sich nicht dem Vorwurf der Inkonsequenz ausgesetzt zu sehen.
515 BGH NJW 1993, 781 (783) = BGH, Urt. v. 13.10.1992 (VI ZR 201/91).
516 BGH NJW 1993, 781 (783) = BGH, Urt. v. 13.10.1992 (VI ZR 201/91).

gleichenden immateriellen Schaden[517]. Zudem wurde der Ausgleichsfunktion wieder ein objektives Verständnis zugrunde gelegt. Eine Objektivierung der Genugtuungsfunktion erfolgte hingegen nicht[518].

4) Korrektur des subjektiven Verständnisses der Genugtuungsfunktion des Geldentschädigungsanspruchs

a) Verschiedene Ansichten zum Verständnis von Genugtuung

Nicht nur die Rechtsprechung ist – wie bereits dargestellt – hinsichtlich des Verständnisses von Genugtuung im Rahmen des Geldentschädigungsanspruchs uneinheitlich. Ebenso werden in der Literatur die verschiedensten Ansichten zum Verständnis dieser Funktion vertreten.

Einige Stimmen wollen die Genugtuung im Rahmen des Geldentschädigungsanspruchs objektiv verstehen[519] und lehnen eine Empfindungsfähigkeit des Geschädigten als Voraussetzung zur Zweckerreichung grundsätzlich ab. Dies wird teilweise damit begründet, dass es weniger auf die subjektive Befriedigung des Geschädigten, als vielmehr darauf ankomme, dass sich der Rechtsgüterschutz auch im immateriellen Bereich objektiv bewähren müsse[520]. Zudem solle Genugtuung – in einem weiteren Sinne – als Wiedergutmachung der individuellen Einbuße verstanden werden[521]. Bei der Bemessung der Höhe der Geldentschädigung werde nicht lediglich auf den Geschädigten, sondern eben auch auf den Schädiger abgestellt. Daher sei es nicht nachvollziehbar, wieso die Rechtsprechung bei der Genugtuung im Rahmen der Frage des Anspruchs dem Grunde nach lediglich auf die Person des Geschädigten abstelle, den Schädiger hingegen nicht einbeziehe. Denn die Genugtuungsfunktion sei ambivalent zu verstehen, da sie einerseits die Wiedergutmachung des Opfers bezwecke und zudem auch die Schuld des Täters sanktioniere[522].

---

517 BGH NJW 1993, 781 (783) = BGH, Urt. v. 13.10.1992 (VI ZR 201/91).
518 Vgl. BGH NJW 1993, 781 = BGH, Urt. v. 13.10.1992 (VI ZR 201/91).
519 *Beuthien*, GRUR 2014, 957 (958); *Hermann*, AfP 2018, 469 (471); *Schubert*, JZ 2014, 1056 (1058).
520 So eben: : BeckRS 2017, 109789 = OLG Hamburg v. 17.01.2017 (7 U 32/15). So ist auch *Hermann*, AfP 2018, 469 (471) der Ansicht, dass die objektive Bewährung des Rechtsgüterschutzes bei schweren Rechtsverletzungen gewährleistet werden müsse.
521 *Schubert*, JZ 2014, 1056 (1058); Ähnlich: *Beuthien*, GRUR 2014, 957 (958).
522 *Hermann*, AfP 2018, 469 (471).

Einige Stimmen in der Literatur wollen Genugtuung innerhalb des Geldentschädigungsanspruchs jedoch – ebenso wie Teile der Rechtsprechung[523] – subjektiv
verstehen. Hiervon unabhängig bedarf es aber auch nach diesem Verständnis für
die Vererbbarkeit des Geldentschädigungsanspruchs nicht zwingend einer Empfindungsfähigkeit des Geschädigten zum Zeitpunkt der Rechtskraft des zusprechenden Urteils[524]. *Preuß*[525] beispielsweise wählt als Anknüpfungspunkt für „Genugtuung" die Tatsache, dass die Rechtsordnung dem Geschädigten bei Verletzung seines Persönlichkeitsrechts einen Entschädigungsanspruch gewährt, den er
bei Bedarf auch gerichtlich durchsetzen kann. Durch die uneingeschränkte Vererbbarkeit des Anspruchs werde diese „Genugtuung" für den Geschädigten ver-
stärkt, da er die Gewissheit habe, dass der Anspruch auch seinen Tod überdauert[526]. Daher könne es nicht auf eine Empfindungsfähigkeit des Geschädigten im
Zeitpunkt der Rechtskraft des zusprechenden Urteils ankommen[527]. Ebenso versteht *Beuthien*[528] die Genugtuung innerhalb des Geldentschädigungsanspruchs
dahingehend, dass der Verletzte diese in der Sühne des Schädigers findet, da dieser eine Buße in Form der Geldzahlung leisten müsse. Entgegen der Rechtsprechung[529] setze diese vom Opfer empfundene Genugtuung jedoch nicht erst mit
Rechtskraft des den Anspruch zusprechenden Urteils ein. Vielmehr sei ab dem
Zeitpunkt des Entstehens des Entschädigungsanspruchs über die gerichtliche Geltendmachung des Anspruchs hin bis zur Rechtskraft des Urteils von einem durchweg von Genugtuung getragenen Prozess zu sprechen[530]. Dieses „subjektive
Empfinden" des Geschädigten von Genugtuung habe also bereits mit dem Entstehen des Anspruchs begonnen. Hieran ändere auch der Tod des Geschädigten vor
Rechtskraft des zusprechenden Urteils nichts. Genugtuung für diesen bestehe
nämlich in der Gewissheit, einen Geldentschädigungsanspruch gegen den Schädiger zu haben[531]. Zwar beende der Tod dieses persönliche „Empfinden" von Genugtuung beim Opfer und hierdurch werde – soweit er vor Rechtskraft des zu-

---

523 So zuletzt: GRUR-RS 2018, 17910 = OLG Köln, Urt. v. 29.05.2018 (15 U 64/17).
524 So zuletzt: GRUR-RS 2018, 17910 = OLG Köln, Urt. v. 29.05.2018 (15 U 64/17).
525 *Preuß*, LMK 2017, 395735.
526 *Preuß*, LMK 2017, 395735.
527 *Preuß*, LMK 2017, 395735.
528 *Beuthien*, GRUR 2018, 1021 (1021 ff.).
529 BGH NJW 2017, 3004 (3006) = BGH, Urt. v. 23.05.2017 (VI ZR 261/16); ebenso unter
   Bezugnahme auf diese Entscheidung: GRUR-RS 2018, 17910, Rn. 547 = OLG Köln,
   Urt. v. 29.05.2018 (15 U 64/17).
530 Vgl. *Beuthien*, GRUR 2018, 1021 (1022).
531 *Beuthien*, GRUR 2018, 1021 (1022).

sprechenden Urteils versterbe – wohl auch der begonnene Genugtuungsprozess beendet. Maßgeblich sei aber, dass der Geschädigte im Zeitpunkt seines Versterbens fest darauf vertraut habe, dass die Rechtsordnung seine Persönlichkeit schütze, und die Verletzung dieser auch nicht sanktionslos lassen werde, sondern der Schädiger vielmehr hierfür einen Ausgleich in Form einer Geldzahlung zu leisten habe[532]. Ob dieses „Geld" nun auch tatsächlich noch dem Geschädigten unmittelbar zu Gute komme, rücke hierbei in den Hintergrund. Die Genugtuung bestehe in der Gewissheit, dass der Schädiger nicht ohne Sanktion davonkommen werde[533].

b) Wieso will die Rechtsprechung Genugtuung zwingend subjektiv verstehen?

Die Tatsache, dass die Rechtsprechung für die Vererbbarkeit des Geldentschädigungsanspruchs überwiegend[534] eine Empfindungsfähigkeit des Geschädigten voraussetzt[535], mag unterschiedlichen Umständen geschuldet sein. Die Rechtsprechung hat für die Schaffung der Genugtuungsfunktion insgesamt viel Kritik erfahren[536]. Insbesondere wird kritisiert, dass durch sie ein dem Zivilrecht grundsätzlich fremdes Strafelement eingeführt worden sei[537] und diese Funktion daher abgeschafft werden müsse[538]. Um die Kritiker der Funktion nicht erneut zu bestärken, sieht sich die Rechtsprechung wohl gezwungen, eine Empfindungsfähigkeit beim Geschädigten vorauszusetzen[539]. Denn richtet man den Blick weniger auf den Schädiger, als vielmehr auf den Geschädigten, und versteht Genugtuung somit als „Satisfaktion", also innere Befriedigung, dient der Anspruch überwie-

---

532 Vgl. *Beuthien*, GRUR 2018, 1021 (1022).
533 *Beuthien*, GRUR 2018, 1021 (1022).
534 So eben nicht in: BeckRS 2017, 109789 = OLG Hamburg, Urt. v. 17.01.2017 (7 U 32/15).
535 So zuletzt: GRUR-RS 2018, 17910 = OLG Köln, Urt. v. 29.05.2018 (15 U 64/7).
536 Dies ergibt sich bereits daraus, dass auch heute noch die unterschiedlichsten Ansichten vertreten werden, wie denn Genugtuung überhaut verstanden werden sollte. Teilweise wird Genugtuung sogar als Aspekt der Ausgleichsfunktion gesehen, so: *Honsell*, VersR 1974, 205; *Hubmann*, Persönlichkeitsrecht, S. 356; *Steffen*, NJW 1997, 10 (12); bzw. für vollständig überflüssig erachtet, so: *Degenhart*, Genugtuungsfunktion, S. 177 f.
537 So z. B. *Pecher*, AcP 171, 44 (78).
538 So *Degenhart*, Genugtuungsfunktion, S. 181.
539 Grundlegend: BGH NJW 2014, 2871 = BGH, Urt. v. 29.04.2014 (VI ZR 246/12).

gend der Besänftigung des Opfers und nicht hauptsächlich der Sanktionierung des Schädigers[540].

Zudem ist das subjektive Verständnis der Rechtsprechung von „Genugtuung" wohl auch der historischen Entwicklung des Geldentschädigungsanspruchs geschuldet[541]. Denn der Geldentschädigungsanspruch wurde von der Rechtsprechung eigenständig neben dem allgemeinen Schadensersatzrecht entwickelt[542]. Der Schutz des Allgemeinen Persönlichkeitsrechts und die Entschädigung von Rechtsverletzungen erfolgte im Vergleich zum Ersatz immaterieller Schäden verspätet. Das Allgemeine Persönlichkeitsrecht fand erst Ende des 19. Jahrhunderts Anerkennung[543] und war im BGB nicht normiert. Erst nach dem Inkrafttreten des Grundgesetzes sah die Rechtsprechung in den Wertungen des Art. 1 Abs. 1, 2 Abs. 1 GG eine Grundlage zur Annahme solch eines Entschädigungsanspruchs, wobei der Anspruch zunächst unter die Vorschrift des § 847 Abs. 1 BGB a.F. in entsprechender Anwendung subsumiert wurde[544]. Eine gesetzliche Kodifikation des Allgemeinen Persönlichkeitsrechts und der Ersatzansprüche im BGB ist jedoch wiederholt gescheitert[545]. Ebenso konnte auch im Rahmen der Reform des Schuldrechts 2002 keine Kodifikation des Allgemeinen Persönlichkeitsrechts erfolgen[546]. Somit war die Entwicklung des Persönlichkeitsrechts insgesamt stets der Rechtsprechung überlassen, die dem Geldentschädigungsanspruch eine überwiegende Genugtuungsfunktion zugesprochen hat[547]. Daher hat der Anspruch stets einen dogmatischen Sonderweg eingeschlagen, der wohl auch der früheren Befürchtung der Kommerzialisierung der Persönlichkeit geschuldet ist[548].

---

540 *Göbel*, Geldentschädigung, S. 128 ist der Ansicht, dass das Verhalten des Schädigers bei der Ausgestaltung der Ersatzpflicht in den Vordergrund trete und daher weniger der Besänftigung der beim Geschädigten eingetreten Kränkung diene, als vielmehr der Abschreckung.
541 Zustimmend: *Schubert*, JZ 2014, 1056 (1056).
542 Bezeichnet auch als Anspruch eigener Art, vgl. BGH NJW 1996, 984 (985) = BGH, Urt. v. 05.12.1995 (VI ZR 332/94).
543 Vgl. v. *Gierke*, Privatrecht, S. 887.
544 BGH NJW 1958, 827 = BGH, Urt. v. 14.02.1958 (I ZR 151/56).
545 Vgl. BT-Drs. 3/1237; zu den Gesetzgebungsinitiativen: *Tacke*, Medienpersönlichkeitsrecht, S. 130 ff.
546 Regierungsentwurf, BT-Drs. 14/7752, S. 24 f.
547 Grundlegend: BGH NJW 1961, 2059 (2060) = BGH, Urt. v. 19.09.1961 (VI ZR 259/60).
548 So *Beuthien*, GRUR 2014, 957 (959), der von einer vergangenen „verstiegenen Sozialmoral" spricht.

c) „Richtiges" Verständnis von Genugtuung

Berücksichtigt man die soeben erfolgten Darstellungen, so kann „Genugtuung" innerhalb des Geldentschädigungsanspruchs nicht subjektiv verstanden werden, sondern ist zwingend objektiv zu verstehen[549].

Zentrales Argument für ein objektives Verständnis von „Genugtuung" innerhalb des Geldentschädigungsanspruchs ist der Grund, wieso die Rechtsprechung den Anspruch überhaupt geschaffen hat[550]. *„Die Zubilligung einer Geldentschädigung im Falle einer schweren Persönlichkeitsrechtsverletzung beruht auf dem Gedanken, daß ohne einen solchen Anspruch Verletzungen der Würde und Ehre des Menschen häufig ohne Sanktion blieben mit der Folge, daß der Rechtsschutz der Persönlichkeit verkümmern würde"*[551]. Der Anspruch soll also einen möglichst umfassenden Schutz der Persönlichkeit gewährleisten[552]. Steht nach Ansicht der Rechtsprechung die Genugtuungsfunktion beim Geldentschädigungsanspruch derart im Vordergrund, dass die Ausgleichsfunktion überhaupt nicht mehr erwähnt wird[553], bedarf es zwingend der Objektivierung der Genugtuungsfunktion[554]. Denn ansonsten wird der Schutz der Persönlichkeit bedenklich entleert, da ein wahrnehmungsunfähiger Geschädigter, bei konsequentem subjektiven Verständnis von Genugtuung keinen Geldentschädigungsanspruch erlangen könnte[555].

---

549 So: BeckRS 2017, 109789 = OLG Hamburg v. 17.01.2017 (7 U 32/15). Im Ergebnis auch: *Hermann*, AfP 2018, 469 (471) der davon spricht, dass die objektive Bewährung des Rechtsgüterschutzes bei schweren Rechtsverletzungen gewährleistet werden müsse. Auch *Beuthien*, GRUR 2014, 957 (958) stellt darauf ab, dass sich der gesetzlich angelegte umfassende Rechtsschutz auch objektiv bewähren müsse. Vgl. auch: *Schubert*, JZ 2014, 1056 (1058).

550 Vgl. hierzu: BGH NJW 1958, 827 (830) = BGH, Urt. v. 14.02.1958 (I ZR 151/56), wonach „es eine nicht erträgliche Mißachtung dieses Rechts darstellen (würde), wolle man demjenigen, der in der Freiheit der Selbstentschließung über seinen persönlichen Lebensbereich verletzt ist, einen Anspruch auf Ersatz des hierdurch hervorgerufenen immateriellen Schadens versagen.".

551 BGH NJW 1996, 984 (985) = BGH, Urt. v. 05.12.1995 (VI ZR 332/94).

552 BGH NJW 1996, 984 (985) = BGH, Urt. v. 05.12.1995 (VI ZR 332/94).

553 *Becker*, Persönlichkeitsrecht, S. 77, 78.

554 Im Ergebnis zustimmend: BeckRS 2017, 109789 = OLG Hamburg v. 17.1.2017 (7 U 32/15); *Hermann*, AfP 2018, 469 (471).

555 Um zu vermeiden, dass einem Wahrnehmungsunfähigen kein geringerer Schmerzensgeldbetrag über die zumindest zeitweise angenommene „zeichenhafte Sühne" zugesprochen wurde, ist die Rechtsprechung vom subjektiven Verständnis der Ausgleichsfunk-

Im Rahmen dessen ist auch die historische Entwicklung des Anspruchs auf Schmerzensgeld zu berücksichtigen. Zeitweise hatte eine fehlende Wahrnehmungsfähigkeit des Geschädigten beim Schmerzensgeld zur Folge, dass der Anspruch deutlich niedriger festgesetzt werden musste[556]. Denn die Ausgleichs-, ebenso wie die Genugtuungsfunktion des Anspruchs, wurden zumindest vorübergehend beide subjektiv verstanden[557]. Dieser hierdurch entstandene Widerspruch zum Schutze der Menschenwürde konnte von der Rechtsprechung nicht hingenommen werden und wurde daher korrigiert[558]. Hat die Rechtsprechung den Geldentschädigungsanspruch geschaffen, um einen umfassenden Schutz der Persönlichkeit zu gewährleisten[559], so muss auch die dem Anspruch zugeschriebene Hauptfunktion derart verstanden werden, dass ein solcher Schutz umfassend gewährleistet werden kann[560]. Schreibt die Rechtsprechung dem Geldentschädigungsanspruch überwiegende Genugtuungsfunktion zu[561], darf diese nicht von einer Wahrnehmungsfähigkeit des Geschädigten abhängen.

Dem steht auch nicht entgegen, dass Genugtuung innerhalb des Anspruchs auf Schmerzensgeld weiterhin subjektiv verstanden wird und hier eine Wahrnehmungsfähigkeit grundsätzlich erforderlich ist[562]. Denn einerseits ist zu berücksichtigen, dass die Rechtsprechung den Geldentschädigungsanspruch ohnehin als vom Anspruch auf Schmerzensgeld unabhängig ansieht[563] und somit Genugtuung innerhalb der Ansprüche auch nicht zwingend deckungsgleich verstanden werden muss. Zudem besteht beim Schmerzensgeld die Möglichkeit, auch bei Wahrnehmungsunfähigkeit einen Anspruch über die objektiv verstanden Ausgleichsfunk-

tion wieder abgerückt, vgl. BGH NJW 1993, 781 (783) = BGH, Urt. v. 13.10.1992 (VI ZR 201/91).

556 BGH NJW 1976, 1147 (1148 f.) = BGH, Urt. v. 16.12.1975 (VI ZR 175/74).
557 BGH NJW 1976, 1147 BGH, Urt. v. 16.12.1975 (VI ZR 175/74).
558 BGH NJW 1993, 781 = BGH, Urt. v. 13.10.1992 (VI ZR 201/91); Bestätigend: BGH NJW 1993, 1531 f. = BGH, Urt. v. 16.02.1993 (VI ZR 29/92); BGH NJW 1998, 2741 = BGH, Urt. v. 12.05.1998 (VI ZR 182/97).
559 BGH NJW 1958, 827 (830) = BGH, Urt. v. 14.02.1958 (I ZR 151/56).
560 *Unterreitmeier*, JZ 2013, 425 (433), spricht davon, dass Schmerzensgeld und Geldentschädigung gleichförmigen Bemessungskriterien unterworfen werden sollten. Ebenso ist *Schubert*, JZ 2014, 1056 (1058) der Ansicht, dass eine Entschädigung nicht an der Inkommensurabilität des Schadens bei immateriellen Schäden scheitern dürfe.
561 Grundlegend: BGH NJW 1961, 2059 (2060) = BGH, Urt. v. 19.09.1961 (VI ZR 259/60).
562 Von der Objektivierung – wie die Ausgleichsfunktion in: BGH NJW 1993, 781 = BGH, Urt. v. 13.10.1992 (VI ZR 201/91) – ist die Genugtuungsfunktion nicht betroffen worden.
563 Das OLG Köln spricht durchweg vom Ausnahmecharakter der Geldentschädigung, vgl. GRUR-RS 2018, 17910, Rn. 539 = OLG Köln, Urt. v. 29.05.2018 (15 U 64/17).

tion zuzusprechen[564], was beim Geldentschädigungsanspruch hingegen aufgrund der untergeordneten Bedeutung nicht möglich ist. Erlangt die Genugtuungsfunktion beim Geldentschädigungsanspruch besondere Bedeutung, weil Beeinträchtigungen des Allgemeinen Persönlichkeitsrechts noch deutlich schwerer am allgemeinen Wertmesser des Geldes zu messen sind als bei körperlichen Beeinträchtigungen[565], so darf dies nicht zur Benachteiligung wahrnehmungsunfähiger Geschädigter führen. Denn Körper und Seele sind sozial gleichwertige Rechtsgüter und bedürfen daher auch eines gleichwertigen Schutzniveaus[566]. Hat der Geldentschädigungsanspruch im Vergleich zum Schmerzensgeld ohnehin erheblich höhere Entstehungsvoraussetzungen, und ist zudem lediglich subsidiär[567], so kann ein effektiver Rechtsschutz der Persönlichkeit nicht bei einem subjektiven Verständnis von Genugtuung gewährleistet werden[568].

Zudem ist zu berücksichtigen, dass vorliegend eine Verletzung des Allgemeinen Persönlichkeitsrechts zu Lebzeiten des Geschädigten bereits erfolgt ist. Zwar hat die Rechtsprechung die Vererbbarkeit von Ansprüchen auf Geldentschädigung im Hinblick auf die nicht mehr vorhandene Genugtuungsfunktion eines verstorbenen Geschädigten bisher insgesamt einheitlich abgelehnt[569]. Jedoch waren hier ausschließlich die Fälle der postmortalen Persönlichkeitsrechtsverletzung betroffen gewesen. Eine Verletzung des postmortalen Persönlichkeitsrechts ist aber von einer bereits zu Lebzeiten erlittenen Persönlichkeitsverletzung konsequent zu trennen[570]. Allein bei der postmortalen Verletzung ideeller Bestandteile des Allgemeinen Persönlichkeitsrechts ist der Schutz eingeschränkt, da eine handelnde Person nicht mehr existiert. Daher kann hier die Genugtuungsfunktion des Anspruchs

564   BGH NJW 1993, 781 ff. = BGH, Urt. v. 13.10.1992 (VI ZR 201/91).
565   BGH NJW 1961, 2059 (2060) = BGH, Urt. v. 19.09.1961 (VI ZR 259/60).
566   *Beuthien*, GRUR 2014, 957 (959).
567   *Mann* in: Spindler/Schuster, § 823 Rn. 102.
568   Im Ergebnis auch: BeckRS 2017, 109789 = OLG Hamburg v. 17.1.2017 (7 U 32/15); *Hermann*, AfP 2018, 469 (471).
569   Vgl. BGH NJW 2006, 605 = BGH, Urt. v. 06.12.2005 (VI ZR 265/04); BGH NJW 1974, 1371 = BGH, Urt. v. 04.06.1974 (VI ZR 68/73).
570   *Cronemeyer*, AfP 2012, 10 (10); *Preuß* in: BeckOGK BGB, § 1922 Rn. 358.1; *Preuß*, LMK 2017, 395735.

auch nicht mehr erreicht werden[571]. Somit geht der Vergleich der Rechtsprechung zum postmortalen Persönlichkeitsrecht[572] insgesamt fehl[573].

Ebenso erscheint es zweifelhaft, dass die Rechtskraft eines den Anspruch zusprechenden Urteils, dem in seiner Persönlichkeit Verletzten auch tatsächlich die vom Anspruch bezweckte „Genugtuung" – wie sie die Rechtsprechung verstehen will – verschaffen soll[574]. Denn es ist zu berücksichtigen, dass ein Geschädigter bereits im Zeitpunkt der Entstehung eines Anspruchs grundsätzlich eine für ihn günstige Rechtsposition erlangt[575] und der Geldentschädigungsanspruch eben nicht durch Urteil rechtsbegründend zugesprochen wird[576]. Ein gerichtliches Urteil ermöglicht lediglich die zwangsweise Durchsetzung des Anspruchs nach den §§ 704 ff. ZPO. Das materielle Erbrecht knüpft aber gerade nicht an das Prozessrecht an[577]. Zudem ist in diesem Zusammenhang auch zu bedenken, dass es dann für eine Genugtuung beim Geschädigten – wie sie die Rechtsprechung verstehen will – wohl gar keines Geldentschädigungsanspruchs bedürfte, sondern ein reines Feststellungsurteil des rechtswidrigen Eingriffs in das Allgemeine Persönlichkeitsrecht, ausreichend sein müsste. Denn würde es tatsächlich auf eine subjektive Empfindungsfähigkeit beim Geschädigten ankommen, dann wäre einem Rachsüchtigen ein höherer Anspruch zu gewähren als einem friedfertigen Geschädigten. Es könnte auf eine Bestimmung der Höhe des Anspruchs „nach billigen Ermessen" nicht mehr ankommen, da für den Geschädigten eine subjektive „Genugtuung" wohl lediglich dann eintreten würde, wenn er auch tatsächlich den seiner Meinung nach als genugtuend empfundenen Geldbetrag zugesprochen bekommen würde[578]. Als Beispiel hierfür kann das sog. „Kohl-Urteil"[579] herangezogen werden. Hatte dieser ursprünglich einen Entschädigungsanspruch aufgrund der Verletzung seines Persönlichkeitsrechts in Höhe von fünf Millionen Euro gerichtlich geltend gemacht und in erster Instanz „lediglich" eine Million Euro zugespro-

571 Vgl. BGH GRUR 1984, 907 (909) = BGH, Urt. v. 17.05.1984 (I ZR 73/82).
572 BGH NJW 2014, 2871 (2872) = BGH, Urt. v. 29.04.2014 (VI ZR 246/12).
573 Vgl. *Cronemeyer*, AfP 2012, 10 (10).
574 BGH NJW 2017, 3004 (3006) = BGH, Urt. v. 23.05.2017 (VI ZR 261/16).
575 *Beuthien*, GRUR 2018, 1021 (1022), ist ebenso der Ansicht, dass im Zeitpunkt des Entstehens des Anspruchs, ein „Genugtuungsprozess" beginne.
576 Die Rechtskraft eines Urteils hat nach der heute vertretenen prozessualen Rechtskraftlehre nämlich keinen Einfluss auf die materielle Rechtslage, vgl. *Schack*, Rechtskraft, S. 611 (612).
577 *Beuthien*, GRUR 2018, 1021 (1023).
578 Vgl. *Göbel*, Geldentschädigung, S. 143.
579 GRUR-RS 2018, 17910 = OLG Köln, Urt. v. 29.05.2018 (15 U 64/17).

chen bekommen[580], so kann bei einem „subjektiven Verständnis" von Genugtuung nicht davon ausgegangen werden, dass dieses Urteil – selbst wenn es rechtskräftig geworden wäre – beim Geschädigten auch ein subjektives Gefühl von Genugtuung für die von ihm erlittene Rechtsverletzung hätte verschaffen können. Denn er selbst war wohl der Ansicht, dass die Rechtsverletzung einen Geldentschädigungsanspruch i.h.v. von fünf Millionen Euro hätte begründen müssen.

Ebenso ist zu berücksichtigen, dass – auch wenn kein Sachverhalt vorliegt, bei welchem der Gedanke der Prävention als eigenständige Funktion berücksichtigt wird[581] – bereits in der Genugtuungsfunktion der Gedanke der Prävention angelegt ist[582]. Die verfassungsrechtliche Ableitung des Anspruchs verleiht der Präventionsfunktion dabei zusätzliches Gewicht[583]. Berücksichtigt man diese besondere Bedeutung der Prävention als Nebenzweck im Rahmen der Genugtuungsfunktion[584], so spricht diese wohl auch eher für ein objektives Verständnis von Genugtuung, da sich der hierin enthaltene Gedanke der Prävention ansonsten bei Wahrnehmungsunfähigen, ebenso wie bei Versterben des Geschädigten vor Rechtskraft eines zusprechenden Urteils, nicht effektiv verwirklichen kann[585].

Die Rechtsprechung sollte sich von den Bedenken der Kommerzialisierung der Persönlichkeit endgültig lösen[586] und die Genugtuungsfunktion des Geldentschädigungsanspruchs dahingehend verstehen, dass sich auch im immateriellen Be-

---

580   Vgl. BeckRS 2017, 125934 = LG Köln, Urt. v. 27.04.17 (14 O 323/15).

581   Dies erfolgt lediglich im Rahmen der rücksichtslosen Zwangskommerzialisierung. So erstmals: BGH NJW 1995, 861 (864) = BGH, Urt. v. 15.11.1994, (VI ZR 56/94).

582   *Förster* in: BeckOK BGB, § 823 Rn. 9 spricht davon, dass das Gesetz durch die Sanktionierung unerwünschten Verhaltens grundsätzliche „präventive Verhaltenssteuerung" bezwecke.

583   *Rixecker* in: MüKo BGB, Anh. zu § 12 Rn. 298.

584   Dass dem Anspruch auf Geldentschädigung als besonderer Nebenzweck Prävention zukommen soll, wurde bereits in der sog. „Herrenreiter-Entscheidung" angesprochen. Hiernach sei es notwendig, bei Verletzung des Persönlichkeitsrechts Schutz gegen wesenseigentümliche Schäden zu gewähren, vgl. BGH NJW 1958, 827 (829) = BGH, Urt. v. 14.02.1958 (I ZR 151/56). Auch in BGH NJW 1961, 2059 (2060) = BGH, Urt. v. 19.09.1961 (VI ZR 259/60) sprach der Senat davon, dass die Rechtsordnung ohne den Geldersatz auf ihr wirksamstes Mittel verzichte.

585   *Specht-Riemenschneider*, BeckOGK BGB, § 823 Rn. 1107 ist der Ansicht, dass durch Annahme der Unvererbbarkeit die Präventionsfunktion bedenklich entleert werde. *Ludyga*, FamRZ 2017, 1615 (1619) und *Ludyga*, ZUM 2014, 706 (707) fordern zudem eine insgesamt stärkere Betonung der Präventivfunktion.

586   So: *Beuthien*, GRUR 2014, 957 (959), der von einer längst vergangenen „verstiegenen" Sozialmoral spricht.

reich der umfassend angelegte Rechtsgüterschutz objektiv zu bewähren hat[587]. Um einen lückenlosen und umfassenden Schutz der Persönlichkeit zu gewähren, darf es somit auf eine subjektive Empfindungsfähigkeit beim Geschädigten nicht ankommen.

Die besondere Verletzlichkeit des Allgemeinen Persönlichkeitsrechts – insbesondere im Hinblick auf die stets voranschreitenden technischen Entwicklungen, die den medialen Zugriff auf Personen ermöglichen bzw. erleichtern – verlangen einen wirksamen Schutzmechanismus[588]. Dieser wurde durch den Geldentschädigungsanspruch geschaffen. Um die Persönlichkeit hinreichend zu schützen[589], darf es auf eine Wahrnehmungsfähigkeit beim Geschädigten nicht ankommen.

5) Weitere Funktion: Präventionsfunktion

Die Rechtsprechung schreibt der Präventionsfunktion beim Geldentschädigungsanspruch eine eigenständige Bedeutung zu – zumindest dann – wenn es sich um einen Fall der rücksichtslosen Zwangskommerzialisierung des Betroffenen handelt[590]. Denn in diesem Fall soll von der Höhe der Entschädigung ein „echter Hemmungseffekt" ausgehen[591].

Hiervon unabhängig soll der Präventionsgedanke allein aber nicht in der Lage sein, den Geldentschädigungsanspruch zu tragen oder gar die Vererbbarkeit zu begründen[592].

Hingegen wird in der Literatur teilweise vertreten, dass bereits der Präventionsgedanke zur grundsätzlichen Vererbbarkeit des Geldentschädigungsanspruchs führen müsse[593]. Denn durch die Annahme der Unvererbbarkeit des Anspruchs werde diese Funktion bedenklich entleert[594]. Gedanken der Prävention könnten ein Mittel sein, Verletzungen des Persönlichkeitsrechts insgesamt entgegenzutre-

---

587 Ebenso: BeckRS 2017, 109789 = OLG Hamburg v. 17.1.2017 (7 U 32/15). Im Ergebnis auch: *Hermann*, AfP 2018, 469 (471) der davon spricht, dass die objektive Bewährung des Rechtsgüterschutzes bei schweren Rechtsverletzungen gewährleistet werden müsse.
588 *Rixecker* in: MüKo BGB, Anh. zu § 12 Rn. 298.
589 BGH NJW 1958, 827 (830) = BGH, Urt. v. 14.02.1958 (I ZR 151/56).
590 Erstmals ausdrücklich: BGH NJW 1995, 861 (865) = BGH, Urt. v. 15.11.1994 (VI ZR 56/94).
591 Vgl. BGH NJW 1995, 861 (865) = BGH, Urt. v. 15.11.1994 (VI ZR 56/94).
592 BGH NJW 2014, 2871 (2873) m.w.N. = BGH, Urt. v. 29.04.2014 (VI ZR 246/12).
593 *Cronemeyer*, AfP 2012, 10 (11); *Ludyga*, FamRZ 2017, 1615 (1619).
594 *Specht-Riemenschneider* in: BeckOGK BGB, § 823 Rn. 1107.

ten[595]. Zudem könne Prävention auch völlig unabhängig vom Tod des Anspruchsstellers verwirklicht werden[596], da der Anreiz zu vorsätzlichem, rechtswidrigem Verhalten gehemmt werde[597]. Gefordert wird daher eine insgesamt stärkere Betonung der Präventivfunktion[598], um insbesondere Verletzungen des Allgemeinen Persönlichkeitsrechts durch die Medien zu verhindern[599].

Berücksichtigt man, dass der BGH in seiner sog. „Caroline-Entscheidung"[600] erstmals ausdrücklich auf die besondere Bedeutung des Präventionsgedankens hingewiesen hat[601] und zudem auch in weiteren Entscheidungen den Gedanken der Prävention als eigenständige Funktion in den Vordergrund gerückt hat[602], könnte sich – entgegen der Ansicht der Rechtsprechung[603] – daraus der Schluss ziehen lassen, dass sich in diesen Fällen bereits allein aufgrund der Präventionsfunktion, die uneingeschränkte Vererbbarkeit des Geldentschädigungsanspruchs ergeben muss[604].

Das Deliktsrecht gewährt dem Geschädigten einen Ausgleich für erlittene Schäden, womit der Gedanke der Prävention eng verknüpft ist. Unabhängig davon, ob nun materielle oder immaterielle Bestandteile eines Rechts betroffen sind, sollen potenzielle Schädiger abgeschreckt werden[605]. Jedoch stellt der Gedanke der Prävention im Deliktsrecht lediglich eine Nebenfolge dar[606] und wird nicht – wie beim Geldentschädigungsanspruch[607] – als eigenständige Funktion angesehen[608]. Weil die Prävention beim Geldentschädigungsanspruch im Falle der rücksichtslosen Zwangskommerzialisierung eigenständige Funktion erlangt, könnte man

595 *Ludyga*, ZEV 2014, 337; *Wagner*, VersR 2000, 1305 (1307).
596 *Cronemeyer*, AfP 2012, 10 (11).
597 *Wagner*, ZEuP 2000, 200 (207).
598 Vgl. *Ludyga*, FamRZ 2017, 1615 (1619); *Ludyga*, ZUM 2014, 706 (707); *Wagner*, VersR 2000, 1305 (1307).
599 *Ludyga*, ZEV 2014, 337; *Wagner*, ZEuP 2000, 200 (207).
600 BGH NJW 1995, 861 = BGH, Urt. v. 15.11.1994, (VI ZR 56/94).
601 *Cronemeyer*, AfP 2012, 10 (11).
602 BGH NJW 2006, 605 (607) m.w.N. = BGH, Urt. v. 06.12.2005 (VI ZR 265/04).
603 Grundlegend: BGH NJW 2014, 2871 (2873) = BGH, Urt. v. 29.04.2014 (VI ZR 246/12).
604 Zustimmend: *Cronemeyer*, AfP 2012, 10 (11); *Ludyga*, FamRZ 2017, 1615 (1619).
605 *Staudinger* in: BGB-Hk, Vorb. §§ 823-825 Rn. 10.
606 *Förster* in: BeckOK BGB, § 823 Rn. 9.
607 Jedoch nur in den Fällen der rücksichtslosen Zwangskommerzialisierung.
608 Vgl. BGH NJW 1995, 861 (865) = BGH, Urt. v. 15.11.1994, (VI ZR 56/94).

ableiten, dass der Anspruch zur Verwirklichung dieses Zweckes uneingeschränkt vererbbar sein muss[609].

Das OLG Köln[610] ist jedoch der Ansicht, dass die Präventionsfunktion allein nicht die Vererbbarkeit des Geldentschädigungsanspruchs begründen könne, da durch Annahme der Vererbbarkeit des Anspruchs, dieser Funktion ohnehin nicht effektiver Rechnung getragen werde. Dies ergebe sich daraus, dass nach dem Tod des Geschädigten ohnehin keine Geldentschädigung mehr wegen der Verletzung der immateriellen Bestandteile des Allgemeinen Persönlichkeitsrechts zu leisten sei[611]. Somit würde die Annahme der Vererbbarkeit des Geldentschädigungsanspruchs lediglich zu einem einmalig vererbbareren Anspruch führen. Daher könne sich der von der Prävention bezweckte Abschreckungseffekt durch Annahme der Vererbbarkeit des Anspruchs gar nicht endgültig verwirklichen[612].

Diese Ansicht verkennt jedoch, dass zwischen lebzeitigen und postmortalen Verletzungen des Allgemeinen Persönlichkeitsrechts unterschieden werden muss[613]. Denn der besondere Präventionszweck für zu Lebzeiten begangene Verletzungen des Allgemeinen Persönlichkeitsrechts kann sich durchaus effektiver verwirklichen, wenn man die grundsätzliche Vererbbarkeit eines zu Lebzeiten entstandenen Geldentschädigungsanspruchs annimmt[614]. Alle Verletzungen der immateriellen Bestandteile des Persönlichkeitsrechts, die bis zum Versterben des Geschädigten erfolgen und einen Geldentschädigungsanspruch begründen, wären dem Grunde nach materiell auszugleichen und würden auch zweifelsfrei durch den Tod des Geschädigten nicht untergehen. Daher würde durch Annahme der Vererbbarkeit des Anspruchs dem Gedanken der Prävention durchaus effektiver Rechnung getragen, da der Tod des Geschädigten die Schädiger nicht entlasten

---

609   *Specht* in: BeckOGK BGB, § 823 Rn. 1108 spricht bei Annahme der Unvererbbarkeit des Anspruchs von einer „vollständigen Entleerung" der Präventivfunktion. Ähnlich: *Ludyga*, ZEV 2014, 333 (337); *Ludyga*, ZUM 2014, 706 (707).

610   GRUR-RS 2018, 17910 = OLG Köln, Urt. v. 29.05.2018 (15 U 64/17).

611   GRUR-RS 2018, 17910, Rn. 528 = OLG Köln, Urt. v. 29.05.2018 (15 U 64/17).

612   GRUR-RS 2018, 17910, Rn. 530 = OLG Köln, Urt. v. 29.05.2018 (15 U 64/17).

613   Vgl. BGH NJW 2009, 751 (752) = BGH, Urt. v. 16.09.2008 (VI ZR 244/07), wonach die Schutzwirkungen des postmortalen Persönlichkeitsrechts nicht identisch sind mit denen, die sich für den Schutz lebender Personen ergeben. Zustimmend: *Beuthien*, GRUR 2018, 1021 (1025), der ebenso der Ansicht ist, dass es vorliegend um eine praemortale Persönlichkeitsverletzung gehe; *Preuß*, LMK 2017, 395735 ist der Ansicht, dass lebzeitige und postmortale Verletzungen des Allgemeinen Persönlichkeitsrechts strikt zu trennen seien.

614   Zustimmend: *Beuthien*, GRUR 2018, 1021 (1025).

würde[615]. Allein die Tatsache, dass die Rechtsprechung einen Entschädigungsanspruch für die postmortale Verletzung der ideellen Bestandteile des Persönlichkeitsrechts des Geschädigten ablehnt bzw. die Übergangsfähigkeit der immateriellen Bestandteile des Allgemeinen Persönlichkeitsrechts auf die Erben verneint[616], ändert nichts daran, dass Schädiger vor lebzeitigen Verletzungen des Allgemeinen Persönlichkeitsrechts abgehalten werden würden[617].

Zudem wird teilweise die Ansicht vertreten, dass auch für postmortale Verletzungen der ideellen Bestandteile des Allgemeinen Persönlichkeitsrechts eine Geldentschädigung geleistet werden müsse[618]. Dies ergebe sich daraus, dass sich die materiellen und immateriellen Bestandteile des Persönlichkeitsrechts ohnehin nicht stets zweifelsfrei voneinander trennen lassen[619]. Nach dieser Ansicht wäre somit auch die Argumentation der Rechtsprechung[620] inkonsequent, da durch Annahme der Vererbbarkeit nicht lediglich ein einmalig vererbbarer Anspruch entstehen würde, da auch Verletzungen der ideellen Bestandteile nach dem Tod des Betroffenen auszugleichen wären.

Unabhängig davon, ob man nun die Vererbbarkeit der immateriellen Bestandteile des Allgemeinen Persönlichkeitsrechts annimmt oder nicht, bleibt festzuhalten, dass sich der Gedanke der Prävention für noch zu Lebzeiten des Geschädigten erfolgte Verletzungen der immateriellen Bestandteile des Allgemeinen Persönlichkeitsrechts durch die uneingeschränkte Vererbbarkeit des Geldentschädigungsanspruchs grundsätzlich effektiver verwirklichen lässt[621].

Jedoch ist zu berücksichtigen, dass der Prävention bisher lediglich eine eigenständige Bedeutung zugesprochen wird, soweit der Schädiger mit Gewinnerzielungs-

---

615 *Beuthien*, GRUR 2018, 1021 (1023) spricht davon, dass sich ansonsten der Schädiger „in die Faust lachen" werde.

616 Grundlegend: BGH NJW 2006, 605 = BGH, Urt. v. 06.12.2005 (VI ZR 265/04).

617 *Beuthien*, GRUR 2018, 1021 (1025).

618 *Helle*, AfP 2015, 216 (221).

619 Als Beispiel hierfür kann BGH NJW 1995, 861 = BGH, Urt. v. 15.11.1994, (VI ZR 56/94), genannt werden. Erfindet eine Zeitschrift ein Interview, in welchem behauptet wird, Caroline leide an Brustkrebs, wird einerseits in ein fremdes Vermögensrecht ohne Zustimmung eingegriffen, sowie auch das Bild der Person in der Öffentlichkeit verfälscht, was einen Eingriff in immaterielle Bestandteile des Allgemeinen Persönlichkeitsrechts darstellt und einen Geldentschädigungsanspruch begründen kann. Ebenso: *Hager*, JA 2014, 627 (628).

620 GRUR-RS 2018, 17910, Rn. 530 = OLG Köln, Urt. v. 29.05.2018 (15 U 64/17).

621 So auch: *Beuthien*, GRUR 2018, 1021 (1025).

absicht gehandelt hat[622]. Daher fordern Stimmen in der Literatur eine insgesamt stärkere Betonung dieser Funktion innerhalb des Anspruchs[623].

Diese Forderung verkennt jedoch[624], dass es zwar auf den ersten Blick wünschenswert erscheint, den Gedanken der Prävention beim Geldentschädigungsanspruch stärker zu betonen, um Rechtsverletzungen insgesamt möglichst effektiv zu verhindern[625]. Jedoch wäre solch ein Verständnis mit dem zivilrechtlichen Haftungssystem nicht mehr vereinbar[626]. Im Deliktsrecht ist die Präventionsfunktion ein „Nebenprodukt"[627] und nach herrschender Meinung auch nicht in der Lage, eigenständig – also unabhängig von einem ersatzfähigen Schaden – Schadensersatzansprüche zu begründen[628]. Diese „Nebenfolge" der Prävention im Deliktsrecht kann insgesamt damit begründet werden, dass üblicherweise die Kompensation des Schadens eben auch gerade die richtigen Präventionsanreize setzt[629]. Zudem wird das Deliktsrecht dem Grunde nach vom nüchternen Ausgleichsprinzip beherrscht[630]. Die Genugtuungsfunktion wurde entwickelt, da bei immateriellen Schäden ein reiner Schadensausgleich nicht möglich ist[631]. Betrachtet man also die Präventionsfunktion nicht mehr als eine Nebenfolge, sondern rückt man sie bei Verletzungen immaterieller Bestandteile des Allgemeinen Persönlichkeitsrechts generell als eigenständige Funktion in den Vordergrund, würde dies einen Systembruch im deutschen Recht darstellen[632].

Zudem wird auch in Fällen der rücksichtslosen Zwangskommerzialisierung der Persönlichkeit kritisiert, dass die Präventionsfunktion grundsätzlich dem Straf-

---

622 Grundlegend: BGH NJW 1995, 861 (865) = BGH, Urt. v. 15.11.1994, (VI ZR 56/94).

623 *Ludyga*, FamRZ 2017, 1615 (1619).

624 *Müller*, Schmerzensgeldbemessung, S. 272 ist ebenso der Ansicht, dass der „Präventionszweck" sinngemäß nur bei Verletzungen des Allgemeinen Persönlichkeitsrechts durch die Medien passe, denen typischerweise das Gewinn- und Auflagenstreben anhafte.

625 Auch *Wagner* in: MüKo BGB, Vorb. § 823 Rn. 46 äußert, dass es unbestritten ist, dass Schadensverhütung besser sei als Schadensvergütung, und dies allgemeine Ansicht sei.

626 *Gounalakis*, AfP 1998, 10 (12); *Lange*, VersR 1999, 274 (280); *Seitz*, NJW 1996, 2848;.

627 *Wagner* in: MüKo BGB, Vorb. § 823 Rn. 40.

628 So BGH NJW 2006, 605 = BGH, Urt. v. 06.12.2005 (VI ZR 265/04).

629 *Wagner* in: MüKo BGB, Vorb. § 823 Rn. 46.

630 *Wagner* in: MüKo BGB, Vorb. § 823 Rn. 43.

631 Vgl. BGH NJW 1955, 1675 (1675) = BGH, Beschl. v. 06.07.1955 (VGS 1/55). Hier stellt der BGH fest, dass ein alleiniges Abstellen auf den Ausgleichsgedanken bei immateriellen Schäden nicht gangbar sei, da sich diese nicht in Geld messen lassen. Somit wurde hier die Genugtuungsfunktion geschaffen.

632 So auch: *Canaris*, Gewinnabschöpfung, S. 85 (107); *Hartl*, Persönlichkeitsrechte, S. 179.

recht entspringe, und das Deliktsrecht keine Generalprävention bezwecke[633]. Auch erscheint es fragwürdig, ob sich selbst in den Fällen, in denen der Funktion eine eigenständige Bedeutung zukommt, sich diese überhaupt effektiv verwirklichen lässt. Denn nach der Rechtsprechung darf eine Gewinnabschöpfung auch bei besonderer Betonung der Präventionsfunktion im Rahmen des Geldentschädigungsanspruchs nicht vorgenommen werden[634]. Ein tatsächlicher Hemmungseffekt könnte aber wohl lediglich mit einer extrem hohen Entschädigungssumme erreicht werden[635].

Solch hohe Entschädigungssummen wären jedoch kontraproduktiv zum allgemeinen Meinungsbildungsprozess[636]. Denn im Rahmen der Rechtsfolgen dürfen auch verfassungsrechtliche Gründe eben nicht außer Acht gelassen werden[637]. Wird beim Geldentschädigungsanspruch im Hinblick auf eine im Vordergrund stehende Präventivfunktion stets ein sehr hoher Entschädigungsanspruch gewährt, so ist Art. 5 Abs. 1 GG zu berücksichtigen, wonach die freie Meinungsäußerung nicht unzureichend eingeschränkt werden darf[638].

Ebenso muss berücksichtigt werden, dass beim Anspruch auf Schmerzensgeld die Präventionsfunktion nicht eigenständig berücksichtigt wird[639] und daher hier keine „Erhöhung" des Anspruchs aufgrund präventiver Gesichtspunkte erfolgen kann. Dies würde also dazu führen, dass Körperverletzungen insgesamt erheblich geringer ausgeglichen werden würden als Persönlichkeitsrechtsverletzungen. Dies kann jedoch keinesfalls gewollt sein, da Körper und Seele gleichwertige Rechtsgüter darstellen[640].

---

633   *Barton*, AfP 1995, 452 (456); *Kern*, AcP 191, 247 (247 f.),

634   So BGH NJW 1995, 861 (865) = BGH, Urt. v. 15.11.1994, (VI ZR 56/94). *Göbel*, Geldentschädigung, S. 146, ist hingegen der Ansicht, dass die Berücksichtigung der Gewinnerzielungsabsicht auf eine verdeckte Gewinnabschöpfung hinauslaufe, die mit der Zubilligung eines immateriellen Schadensersatzes im Sinne einer Wiedergutmachung nichts mehr gemein habe.

635   *Schlechtriem*, JZ 1995, 362 (363) betont, dass erst wenn es sich eben wirtschaftlich für den Schädiger nicht mehr lohnt die Persönlichkeitsrechtsverletzung zu begehen, derartige Übergriffe aufhören würden.

636   Zustimmend: *Schlechtriem*, JZ 1995, 362 (364), der davor warnt, dass durch extrem hohe Entschädigungsansprüche die Medienorgane „mundtot" gemacht werden könnten.

637   Vgl. *Lange*, VersR 1999, 274 (281).

638   Vgl. BGH NJW 1996, 861 (865) = BGH, Urt. v. 16.11.1995 (5 StR 747/94).

639   *Grüneberg* in: Palandt BGB, § 253 Rn. 4. Hier wird stets von der sog. Doppelfunktion des Schmerzensgeldes (Ausgleichs- und Genugtuungsfunktion) gesprochen.

640   *Beuthien*, GRUR 2018, 1021 (1023).

Somit ist eine insgesamt stärkere Betonung der Präventivfunktion beim Geldentschädigungsanspruch abzulehnen[641].

Bis zu den sog. „Caroline-Urteilen"[642] war die Präventionsfunktion auch beim Geldentschädigungsanspruch reiner Nebenzweck und hatte keinerlei Selbständigkeit[643]. Erst ab diesem Zeitpunkt hat die Rechtsprechung in den Fällen, in denen ein Handeln des Schädigers zur Gewinnererzielung erfolgt, die Prävention als eigenständige Funktion des Anspruchs hervorgehoben. Als diese Funktion findet sie also schließlich Eingang in die Bestimmung der Höhe der Entschädigung[644].

Somit ist zu berücksichtigen, dass lediglich in den Fällen der rücksichtslosen Zwangskommerzialisierung der Persönlichkeit des Geschädigten, der Gedanke der Prävention beim Geldentschädigungsanspruch eigenständige Bedeutung erlangt[645] und auch erlangen darf.

In diesen Fällen muss sich dann aber auch die Vererbbarkeit des Geldentschädigungsanspruchs allein aufgrund der im Vordergrund stehenden Präventionsfunktion ergeben, da sie ansonsten tatsächlich weitestgehend entleert werden würde[646]. Zwar kann die Präventionsfunktion den Geldentschädigungsanspruch nach Ansicht der Rechtsprechung nicht alleine tragen[647], auch wenn die Bezugnahme der Rechtsprechung auf die hierzu in der Vergangenheit erfolgten Urteile verwirrend ist. Denn der Senat nimmt stets Bezug auf Rechtsprechung zum postmortalen Persönlichkeitsrecht[648]. Hier wurde entschieden, dass die Präventionsfunktion bei postmortaler Verletzung des Allgemeinen Persönlichkeitsrechts einen Geldentschädigungsanspruch alleine nicht tragen könne[649].

---

641 *Göbel*, Geldentschädigung, S. 149, 150.
642 BGH NJW 1995, 861 = BGH, Urt. v. 15.11.1994, (VI ZR 56/94); BGH NJW 1996, 984 = BGH, Urt. v. 05.12.1995 (VI ZR 332/94); BGH NJW 1996, 985 = BGH, Urt. v. 12.12.1995 (VI ZR 223/94).
643 *Lange*, VersR 1999, 274 (277).
644 *Göbel*, Geldentschädigung, S. 49.
645 Vgl. BGH NJW 1995, 861 = BGH, Urt. v. 15.11.1994, (VI ZR 56/94).
646 Im Ergebnis auch: *Cronemeyer*, AfP 2012, 10 (11); *Specht-Riemenschneider* in: BeckOGK BGB, § 823 Rn. 1107; *Staudinger*, Jura 2016, 783 (792).
647 BGH NJW 2014, 2871 (2873) = BGH, Urt. v. 29.04.2014 (VI ZR 246/12).
648 Vgl. BGH NJW 2014, 2871 (2873) = BGH, Urt. v. 29.04.2014 (VI ZR 246/12). Hier wird Bezug genommen auf BGH NJW 2006, 605 = BGH, Urt. v. 06.12.2005 (VI ZR 265/04).
649 BGH NJW 2006, 605 (607) = BGH, Urt. v. 06.12.2005 (VI ZR 265/04).

Die vorliegende Konstellation ist jedoch hiermit nicht vergleichbar[650]. Denn der Geschädigte hat im vorliegenden Fall bereits zu Lebzeiten eine Verletzung seiner Persönlichkeit erlitten. Dass der in diesem Zusammenhang entstandene Anspruch nicht durch den Tod des Geschädigten untergeht, sondern vererbbar ist, muss sich – zumindest im Falle der rücksichtslosen Zwangskommerzialisierung – dann auch aus der besonderen Hervorhebung der Präventionsfunktion des Geldentschädigungsanspruchs ergeben[651]. Misst die Rechtsprechung der Prävention eigenständige, hervorgehobene Bedeutung zu, muss diese auch berücksichtigt werden[652]. Die Funktion wirkt nämlich nicht lediglich im Rahmen der Anspruchsbemessung erhöhend, sondern bestimmt diesen bereits im Rahmen der Anspruchsbegründung[653].

Somit muss der Geldentschädigungsanspruch im Falle der rücksichtslosen Zwangskommerzialisierung bereits allein aufgrund der hier im Vordergrund stehenden Präventionsfunktion vererbbar sein[654].

6) Weitere Funktion: Ausgleichsfunktion

Grundsätzlich erwähnt die Rechtsprechung die Ausgleichsfunktion des Geldentschädigungsanspruchs aufgrund der überwiegend im Vordergrund stehenden Genugtuungsfunktion überhaupt nicht mehr[655]. Dies ist dem Umstand geschuldet, dass es bereits bei Verletzungen der körperlichen Integrität schwierig ist, den auszugleichenden Schaden rechnerisch zu bestimmen[656]. Bei Verletzungen des Allgemeinen Persönlichkeitsrechts, also im geistigen Bereich, ist diese Berechnung

---

650 Ebenso *Beuthien*, GRUR 2018, 1021 (1025), der einwendet, dass es vorliegend darum gehe, mit dem Anspruch Abschreckung für eine praemortale Persönlichkeitsverletzung zu erreichen, die nicht durch dessen Nichtvererblichkeit geschmälert werden dürfe und eben nicht darum, dass bei postmortaler Verletzung kein Geldentschädigungsanspruch mehr entstehen kann.

651 *Cronemeyer*, AfP 2012, 10 (11); *Ludyga*, FamRZ 2017, 1615 (1619); *Ludyga*, ZEV 2014, 333 (337); *Staudinger*, Jura 2016, 783 (792), sind allesamt der Ansicht, dass sich allein aufgrund der Prävention bereits die Vererbbarkeit des Anspruchs ergeben muss.

652 So auch: *Cronemeyer*, AfP 2012, 10 (11); *Ludyga*, FamRZ 2017, 1615 (1619); *Ludyga*, ZEV 2014, 333 (337); *Staudinger*, Jura 2016, 783 (792).

653 *Göbel*, Geldentschädigung, S. 48, 49.

654 Im Ergebnis auch: *Cronemeyer*, AfP 2012, 10 (11); *Specht-Riemenschneider* in: BeckOGK BGB, § 823 Rn. 1107; *Staudinger*, Jura 2016, 783 (792).

655 *Becker*, Persönlichkeitsrecht, S. 79.

656 *Bost*, Verhaltenssteuerung, S. 89.

nicht nur schwierig, sondern nahezu unmöglich. Daher muss hier die Ausgleichs-funktion zurücktreten[657] und die Genugtuungsfunktion rückt in den Vorder-grund[658].

Somit ist heute insgesamt festgestellt, dass beim Geldentschädigungsanspruch der Gedanke der Genugtuung im Vordergrund steht[659].

Daher kommt der Ausgleichsfunktion keine derart eigenständige Funktion mehr zu, aus der sich die Vererbbarkeit des Geldentschädigungsanspruchs ergeben könnte.

III § 847 Abs. 1 S. 2 BGB a.F.

Nach § 253 Abs. 1 BGB kann der Ersatz eines Nichtvermögensschadens nur in den durch das Gesetz bestimmten Fällen gefordert werden[660]. Zu solch einer ge-setzlichen Ausnahme gehörte ursprünglich § 847 BGB a.F.[661] Von der Vorschrift waren jedoch lediglich Verletzungen des Körpers und der Gesundheit sowie die Freiheitsentziehung erfasst. Das Allgemeine Persönlichkeitsrecht war weder da-mals – noch heute mit Neuregelung des § 253 Abs. 2 BGB – hier ausdrücklich geregelt.

Grund für diesen grundsätzlichen Ausschluss des Ersatzes von Nichtvermögens-schäden bzw. der weiteren Beschränkungen im Hinblick auf die Übertragbarkeit in § 847 Abs. 1 S. 2 BGB a F. war, dass der BGB-Gesetzgeber ursprünglich ge-

657 *Bost*, Verhaltenssteuerung, S. 89.
658 Vgl. BGH NJW 1961, 2056 (2060) = BGH, Urt. v. 19.09.1961 (VI ZR 259/60).
659 Ständige Rechtsprechung seit BGH NJW 1961, 2059 (2060) = BGH, Urt. v. 19.09.1961 (VI ZR 259/60).
660 Dieser grundsätzliche Ausschluss des Ersatzes von Nichtvermögensschäden in § 253 Abs. 1 BGB galt bereits bei Einführung des BGBs und gilt auch noch heute nach der Schadensrechtsreform.
661 § 847 BGB a.F. in der Fassung vom 1. Januar 1900 – 1. Juli 1990: Abs. 1: „Im Falle der Verletzung des Körpers oder der Gesundheit sowie im Falle der Freiheitsentziehung kann der Verletzte auch wegen eines Schadens, der nicht Vermögensschaden ist, eine billige Entschädigung in Geld verlangen. Der Anspruch ist nicht übertragbar und geht nicht auf die Erben über, es sei denn, daß er durch Vertrag anerkannt oder daß er rechts-hängig geworden ist."
Abs. 2: „Ein gleicher Anspruch steht einer Frauensperson zu, gegen die ein Verbrechen oder Vergehen wieder die Sittlichkeit begangen oder die durch Hinterlist, durch Dro-hung oder unter Mißbrauch eines Abhängigkeitsverhältnisses zur Gestattung der außer-ehelichen Beiwohnung bestimmt wird."

genüber dem Ersatz von ideellen Schäden eher zurückhaltend eingestellt war[662].
Aus den Protokollen der Kommission zur zweiten Lesung des Entwurfs des Bürgerlichen Gesetzbuches[663] wurde die Ausdehnung des Schmerzensgeldes auf Ehrverletzungen abgelehnt. Grund hierfür war die Besorgnis, dass die gemeinrechtliche „actio iniuriarum aestimatoria" wiederhergestellt werde, was wegen des strafrechtlichen Charakters jener „actio" aber vermieden werden sollte[664]. Zudem empfand man es als anstößig, dass die Erben des Verletzten solch einen Anspruch geltend machen könnten, wobei dies unter Umständen nicht dem Willen des Geschädigten entsprach[665]. Denn man war zum damaligen Zeitpunkt der Ansicht, dass mit dem Tod des Geschädigten auch dessen erlittener Schmerz sterbe[666]. Daher sollte der Anspruch auf Schmerzensgeld lediglich dann den Erben zufallen können, wenn er bereits vertraglich anerkannt oder rechtshängig gemacht worden war[667]. Die Entscheidung über die Geltendmachung des höchstpersönlichen[668] Anspruchs sollte ausschließlich dem Berechtigten vorbehalten bleiben[669].

1)   Abschaffung des § 847 Abs. 1 S. 2 BGB a.F.

Durch das Gesetz zur Änderung des Bürgerlichen Gesetzbuchs und anderer Gesetze vom 14.03.1990 wurden mit Wirkung zum 01.07.1990 § 847 Abs. 1 S. 2 BGB sowie die gleichlautenden Vorschriften der §§ 53 Abs. 3 S. 2 LuftVG, 34 Abs. 1 Nr. 2 S. 2 Hs. 2 BGSG und 29 Abs. 2 S. 2 AtomG aufgehoben[670]. Hiernach

---

662   Vergleiche z. B. BGH NJW 1956, 1554 (1555) = BGH, Urt. v. 08.05.1956 (I ZR 62/54), wonach der Anspruch auf Ersatz immaterieller Schäden bei Persönlichkeitsrechtsverletzungen noch versagt wurde: „Es ist anerkannt, daß auch die Verletzung von Persönlichkeiten vermögensrechtliche Ersatzansprüche auslösen kann. Ein Schaden freilich, der nicht Vermögensschaden ist, kann nach geltendem Recht nicht zu einem Geldersatzanspruch führen, weil hier keiner der Fälle vorliegt, in denen das Gesetz den Anspruch eigens darauf erstreckt"; vergleiche hierzu zudem die in Kapitel B II) dargestellte Entwicklung des Anspruchs auf Schmerzensgeld.
663   Protokolle Kommission, S. 640 ff.
664   Vgl. *Müller*, VersR 1993, 909.
665   *Mudgan*, Materialien, S. 448.
666   *Mudgan*, Materialien, S. 448.
667   *Mudgan*, Materialien, S. 448.
668   *Behr*, VersR 1976, 1106 (1112); *Schäfer* in: Staudinger BGB 1986, § 847 Rn. 105.
669   *Dietzel*, Untergang statt Fortbestand, S. 88.
670   BGBl. I 1990, S. 478, Art. 1.

war der darin geregelte Schmerzensgeldanspruch nur nach vertraglichem Anerkenntnis oder Rechtshängigkeit übertragbar und vererblich[671].

Rückblickend waren seit der Einführung des Bürgerlichen Gesetzbuches immer wieder Reformvorschläge im Hinblick auf die Beschränkungen der Vorschrift des § 847 Abs. 1 S. 2 BGB a.F. gemacht bzw. deren Abschaffung gefordert worden, insbesondere weil sie zu einem als makaber angesehenen „Wettlauf mit dem Tode" des Geschädigten führen konnten[672].

Kritisiert wurde an der Vorschrift maßgeblich, dass es den Angehörigen des Geschädigten – gerade im Falle schwerster Verletzung – zugemutet wurde, sich um den Schmerzensgeldanspruch des Geschädigten zu kümmern, indem sie diesen rechtshängig machen oder versuchen mussten, ein vertragliches Anerkenntnis zu erlangen[673]. Da dies vor dem Versterben des Geschädigten erfolgen musste, entstand oftmals ein als makaber angesehener „Wettlauf gegen die Zeit". Daher wurde die Vorschrift des § 847 Abs. 1 S. 2 BGB a.F. zumeist als rechtspolitisch verfehlt angesehen[674]. Ziel des Gesetzgebers war es, diesen als unwürdig empfundenen „Wettlauf" zu beenden[675]. Denn der Übergang des Anspruchs auf die Erben war vom Zufall der Überlebensdauer des Geschädigten abhängig und es bestand die Befürchtung, dass ggf. lebenserhaltende Maßnahmen des Verletzten vorgenommen werden könnten, um einen Übergang des Schmerzensgeldes auf die Erben zu erreichen[676].

Zudem wurde durch die Einschränkung der Vererbbarkeit in § 847 Abs. 1 S. 2 BGB a.F. ein Verstoß gegen das von Art. 14 GG gewährleistete Erbrecht gesehen[677].

---

671 Vgl. hierzu den Wortlaut der Vorschriften.
672 Vgl. *Cramer/Kindermann*, DAR 1980, 33 (35); *Deutsch*, JuS 1969, 197 (200); *Ebel*, VersR 1978, 204 ff.; *Kötz*, Reform, 389 (404 f.); *Langerhans*, ZRP 1977, 132; *Lorenz*, Immaterieller Schaden, S. 228 ff.; *Pecher*, AcP 171, 44 (44 ff.); *Stoll*, DAR 1968, 303 (306); zu früherer Kritik: *v. Liszt*, Deliktsobligationen, S. 66.
673 BT-Drs. 11/4415, S. 4.
674 Vgl. *Behr*, VersR 1976, 1106 (1106); *Langerhans*, ZRP 1977, 133; *Stoll*, DAR 1968, 303 (306).
675 BT-Drs. 11/4415, S. 4.
676 Vgl. etwa: OLG Stuttgart, NJW 1994, 3016 m.w.N.
677 *Mertens* in: MüKo BGB 1984, § 847 Rn. 54.

Seit der Abschaffung des § 847 Abs. 1 S. 2 BGB a.f. ist der Anspruch auf Schmerzensgeld i.S.d. § 253 Abs. 2 BGB frei vererbbar[678]. Es werden keine besonderen Anforderungen an die Vererbbarkeit des Anspruchs mehr gestellt. Auch bedarf es keiner Willensbekundung des Erblassers mehr zu Lebzeiten[679].

2) Auswirkungen der Aufhebung des § 847 Abs. 1 BGB a.f. auf den Geldentschädigungsanspruch

Zwar wurde durch Aufhebung der Vorschrift des § 847 Abs. 1 S. 2 BGB a.f. der Anspruch auf Schmerzensgeld uneingeschränkt vererblich. Ob dies jedoch auch für den Entschädigungsanspruch bei Persönlichkeitsrechtsverletzung gelten soll, ist umstritten[680].

a) Entsprechende Anwendung des § 847 Abs. 1 BGB a.f. auf den Geldentschädigungsanspruch

Die Entstehungsgeschichte des Geldentschädigungsanspruchs[681] war aufgrund der Vorschrift des § 253 BGB – wonach Ersatz des immateriellen Schadens nur in den durch das Gesetz bestimmten Fällen gewährt werden kann – deutlich komplizierter als beim Anspruch auf Ersatz materieller Schäden[682]. Maßgebliche Anspruchsgrundlage für den Ersatz immaterieller Schäden war § 847 Abs.1 BGB a.f. – heute § 253 Abs. 2 BGB. Jedoch enthielt der Tatbestand des § 847 BGB a.f. weder ausdrücklich das Allgemeine Persönlichkeitsrecht noch – wie § 823 Abs. 1 BGB – die Aufzählung im Tatbestand des „sonstigen Rechts". Als man diesen unbefriedigenden Schutz des Allgemeinen Persönlichkeitsrechts erkannte,

---

678   Vgl. BT-Drs. 11/4415, S. 4.
679   BGH NJW 1995, 783 = BGH, Urt. v. 06.12.1994 (VI ZR 80/94).
680   Hieraus die Vererbbarkeit ableitend: *Beater* in: Soergel BGB, § 823 Rn. 25; *Cronemeyer*, AfP 2012, 10 (11 f.); *Kutschera*, AfP 2000, 147 (148). Anderer Ansicht ist jedoch insbesondere die Rechtsprechung. Hierzu grundlegend: BGH NJW 2014, 2871 (2872) = BGH, Urt. v. 29.04.2014 (VI ZR 246/12).
681   Klarstellend: Zwar wurde der heutige Geldentschädigungsanspruch bei Persönlichkeitsrechtsverletzung erst ab dem Jahre 1994 (vgl. BGH NJW 1995, 861 = BGH, Urt. v. 15.11.1994, (VI ZR 56/94)) nicht mehr als Schmerzensgeld bezeichnet, jedoch wird vorliegend auch bei der historischen Darstellung der Begriff der „Geldentschädigung" verwendet, um Missverständnisse zu vermeiden.
682   *Müller* in: Handbuch, § 51 Rn. 1.

entwickelte das Reichsgericht hierfür zunächst negatorische Schutzansprüche[683] und schließlich wurde es als „sonstiges Recht" im Rahmen des § 823 Abs. 1 BGB anerkannt und somit auch materielle Schäden bei Persönlichkeitsrechtsverletzung ersatzpflichtig[684].

Um einen Ersatz des immateriellen Schadens bei Verletzung des Allgemeinen Persönlichkeitsrechts zu ermöglichen, entschloss sich der BGH in der sog. „Herrenreiter-Entscheidung"[685], § 847 BGB a.F. in entsprechender Anwendung auf Persönlichkeitsrechtsverletzungen zu erstrecken,

„[...] *da ein Schutz der „inneren Freiheit" ohne das Recht auf Ersatz auch immaterieller Schäden weitgehend unwirksam wäre, würde es eine nicht erträgliche Mißachtung dieses Rechts darstellen, wollte man demjenigen, der in Freiheit der Selbstentschließung über seinen persönlichen Lebensbereich verletzt ist, einen Anspruch auf Ersatz des hierdurch hervorgerufenen immateriellen Schadens versagen. Begründet die schuldhafte Entziehung der körperlichen Freiheit einen Anspruch auf Ersatz des ideellen Schadens, so ist kein sachlicher Grund ersichtlich, der es hindern könnte, die in § 847 BGB getroffene Regelung im Wege der Analogie auch auf solche Eingriffe zu erstrecken, die das Recht der freien Willensbetätigung verletzen, zumal auch bei dieser Freiheitsberaubung „im Geistigen" in gleicher Weise wie bei der körperlichen Freiheitsberaubung in der Regel eine Naturalherstellung ausgeschlossen ist.*"[686].

b) Rechtslage bis zur Streichung des § 847 Abs. 1 S. 2 BGB a.F.

Ursprünglich war der Anspruch auf Schmerzensgeld lediglich dann vererbbar, wenn er vor dem Versterben des Geschädigten vertraglich anerkannt oder rechtshängig gemacht worden war[687].

Ebenso wurde bis zur Aufhebung des § 847 Abs. 1 S. 2 BGB im Hinblick auf die Übertragbarkeit, Pfändbarkeit und Vererbbarkeit von Entschädigungsansprüchen bei Persönlichkeitsrechtsverletzungen entsprechend verfahren[688]. Die Beschrän-

---

683   RGZ 60, 6 (7) = RG, Urt. v. 05.01.1905 (Rep. VI. 38/04).
684   BGH NJW 1954, 1404 = BGH, Urt. v. 25.05.1954 (I ZR 211/53).
685   BGH NJW 1958, 827 = BGH, Urt. v. 14.02.1958 (I ZR 151/56).
686   BGH NJW 1958, 827 (830) = BGH, Urt. v. 14.02.1958 (I ZR 151/56).
687   Vgl. § 847 Abs. 1 S. 2 BGB a.F.
688   Vgl. BGH NJW 1969, 1110 = BGH, Urt. v. 17.02.1969 (II ZR 102/67); BGH NJW-RR 1987, 231 = BGH, Urt. v. 14.10.1986 (VI ZR 10/86), wobei dies lediglich für die grundsätzliche Unübertragbarkeit galt.

kungen der Vorschrift galten also nicht lediglich für das Schmerzensgeld, sondern auch für den Geldentschädigungsanspruch[689].

Nach den Ausführungen des BGH, war Sinn und Zweck der Einschränkungen in § 847 Abs. 1 S. 2 BGB a.f. sicherzustellen, dass die Erben nicht aus eigenem Willensentschluss einen Anspruch auf „Schmerzensgeld" verfolgten, den der Geschädigte selbst gar nicht geltend gemacht hätte. Daher sollte aus Gründen der Vereinfachung die Vererblichkeit an klar bestimmte Handlungen, also an die vertragsmäßige Anerkennung bzw. die Rechtshängigkeit des Anspruchs geknüpft sein[690].

Bereits vor der Streichung dieser Vorschrift war äußerst umstritten, ob für das Tatbestandsmerkmal der „Rechtshängigkeit" die Einreichung der Klage genügt oder es noch der Zustellung an die Gegenseite hierfür bedarf[691].

In der Literatur[692] wurde hierzu ausgeführt, dass der Begriff der „Rechtshängigkeit" lediglich die einseitige außergerichtliche Geltendmachung ausschließen sollte, hingegen keinen weiteren Zweck habe. Wenn also – durch gerichtliche Geltendmachung – der Wille des Geschädigten zur Verfolgung seiner Ansprüche feststehe, müsse der Anspruch auch vererbbar sein. Unter Berücksichtigung des Sinn und Zwecks dieser Einschränkung, sei dies daher der Zeitpunkt der erstmaligen Befassung des Gerichts[693].

Nach Ansicht der Rechtsprechung hingegen war der Schmerzensgeldanspruch erst mit der Zustellung der Klage an den Beklagten rechtshängig und damit auch vererblich, da der Begriff der Rechtshängigkeit i.S.d. § 847 Abs. 1 S. 2 BGB nach den zivilprozessualen Vorschriften der §§ 253 Abs. 1, 261 Abs. 1 ZPO zu bestimmen sei[694].

c) Rechtslage bei Abschaffung des § 847 Abs. 1 S. 2 BGB a.F.

Die Rechtsprechung ist der Ansicht, dass sich aus der Streichung des bis zum 30.06.1990 geltenden § 847 Abs. 1 S. 2 BGB – ebenso wie aus der Streichung des

---

689 Vgl. BGH NJW 1969, 1110 (1111) = BGH, Urt. v. 17.02.1969 (II ZR 102/67).
690 BGH NJW 1995, 783 (783) = BGH, Urt. v. 06.12.1994 (VI ZR 80/94).
691 BGH NJW 1976, 1890 m.w.N. = BGH, Urt. v. 22.06.1976 (VI ZR 167/75).
692 *Behr*, NJW 1976, 1216 (1216 f.).
693 *Behr*, NJW 1976, 1216 (1216 f.).
694 BGH NJW 1976, 1890 (1890) = BGH, Urt. v. 22.06.1976 (VI ZR 167/75).

§ 1300 Abs. 2 BGB[695] – kein Wille des Gesetzgebers ableiten lasse, den Anspruch auf Geldentschädigung wegen Verletzung des Allgemeinen Persönlichkeitsrechts vererblich auszugestalten[696]. Der Gesetzgeber habe mit der Novellierung des § 847 BGB a.f. ausschließlich die in dieser Vorschrift normierten Ansprüche erfassen wollen, also den Anspruch auf Schmerzensgeld und eben nicht den Anspruch auf Geldentschädigung wegen Verletzung des Persönlichkeitsrechts[697]. Im Gegenteil sollte mit der Streichung des § 847 Abs. 1 S. 2 BGB a.F. und entsprechender Vorschriften ein spezielles Problem von Ansprüchen, die aus Körperverletzungen resultieren, gelöst werden. Dieses Problem bestehe aber nicht bei Ansprüchen auf Grund der Verletzung des Persönlichkeitsrechts[698]. Der Geldentschädigungsanspruch beruhe ohnehin auf dem Schutzauftrag der Art. 2 Abs. 1, 1 Abs. 1 GG und nicht mehr aus entsprechender Anwendung des § 847 Abs. 1 BGB a.F.[699]. Aufgrund der unterschiedlichen dogmatischen Wurzeln der Ansprüche könnten gesetzliche Änderungen in § 847 BGB a.f. bzw. § 253 BGB den Geldentschädigungsanspruch daher auch nicht tangieren[700]. Da der Anspruch höchstpersönlicher Natur sei, bestehe keine Veranlassung, diesen wieder der Norm des § 847 BGB a.F. zu unterwerfen. Schmerzensgeld und Geldentschädigung seien eben nicht identisch. Aufgrund der überwiegenden Genugtuungsfunktion sowie des höchstpersönlichen Charakters des Geldentschädigungsanspruchs könne dieser nicht vererbbar oder abtretbar sein[701].

In der Literatur hingegen wird die Aufhebung des § 847 Abs. 1 S. 2 BGB a.F. teilweise als Begründung für die uneingeschränkte Vererbbarkeit des Geldentschädigungsanspruchs bei Persönlichkeitsrechtsverletzung herangezogen[702]. Hauptargument hierfür sei insbesondere der Wille des Gesetzgebers zur Aufhebung der Vorschrift sowie die Tatsache, dass im Zeitpunkt der Aufhebung des §

---

695   § 1300 Abs. 2 BGB aufgehoben durch Art. 1 Nr. 1 Gesetz zur Neuordnung des Eheschließungsrechts vom 4.5.1998, BGBl. I, S. 833.
696   BGH NJW 2014, 2871 (2872) = BGH, Urt. v. 29.04.2014 (VI ZR 246/12).
697   Vgl. BGH NJW 2014, 2871 (2872) = BGH, Urt. v. 29.04.2014 (VI ZR 246/12).
698   BGH NJW 2014, 2871 (2872) = BGH, Urt. v. 29.04.2014 (VI ZR 246/12).
699   Vgl. BGH NJW 1996, 984 (985) = BGH, Urt. v. 05.12.1995 (VI ZR 332/94).
700   GRUR-RS 2018, 17910, Rn. 526 = OLG Köln, Urt. v. 29.05.2018 (15 U 64/17).
701   BGH NJW 2014, 2871 (2872) = BGH, Urt. v. 29.04.2014 (VI ZR 246/12).
702   *Beater* in: Soergel BGB, § 823 Rn. 25; *Cronemeyer*, AfP 2012, 10 (10 ff.).; *Kutschera*, AfP 2000, 147, (148 f.).

847 Abs. 1 S. 2 BGB a.F. eine entsprechende Herleitung des Geldentschädigungsanspruchs noch gar nicht aufgegeben worden war[703].

Um beurteilen zu können, ob sich (auch) aus der Aufhebung des § 847 Abs. 1 S. 2 BGB die Vererbbarkeit des Geldentschädigungsanspruchs ergeben muss, sind unterschiedliche Aspekte zu untersuchen.

aa) Dogmatische Entwicklung des Geldentschädigungsanspruchs in der Rechtsprechung

Der BGH hat erstmals einen immateriellen Entschädigungsanspruch wegen Verletzung des Allgemeinen Persönlichkeitsrechts im sog. „Herrenreiter-Urteil" aus dem Jahre 1958 anerkannt[704]. Hier wurde bei einer Persönlichkeitsrechtsverletzung die Möglichkeit gewährt, wegen eines nichtvermögensrechtlichen Schadens eine billige Entschädigung in Geld zu erlangen. Begründet wurde der Anspruch mit einer entsprechenden Anwendung des § 847 Abs. 1 BGB a.F. Diese Rechtsprechung stieß in der Literatur jedoch überwiegend auf Kritik und Ablehnung[705]. *Larenz*[706] kritisierte hieran, dass bereits § 253 BGB eine Analogie zu § 847 BGB a.F. ausschließe, da eine entsprechende Anwendung einer Vorschrift das Vorliegen einer Gesetzeslücke voraussetze. Dem Gesetzgeber seien bei Schaffung des BGB die einzelnen Persönlichkeitsrechte bekannt gewesen. Dennoch habe er bewusst auf einen Entschädigungsanspruch bei Verletzung des Allgemeinen Persönlichkeitsrechts verzichtet. Somit gebe es keine planwidrige Regelungslücke[707].

---

703   *Becker*, Persönlichkeitsrecht, S. 79.
704   BGH NJW 1958, 827 = BGH, Urt. v. 14.02.1958 (I ZR 151/56).
705   Vgl. *Bußmann*, GRUR 1958, 411: „Das Ergebnis des Urteils wird sicherlich ungeteilte Zustimmung finden. [...] Jedoch erscheint es fraglich, ob über die Analogie dieses Ergebnis herbeigeführt werden soll. Es ist dankenswert zu begrüßen, wenn durch Richterrecht offenbare Lücken des gesetzlichen Rechts ausgefüllt werden. Anderseits sollte aber nicht allzu großzügig mit der Analogie verfahren werden, weil sonst die Grenzen dessen, was nach dem Gesetz noch zulässig ist, verschwimmen.". Ähnlich: *Bötticher*, AcP 158, 385 (401); *Hubmann*, Persönlichkeitsrecht, S. 353; *Köndgen*, Haftpflichtfunktionen, S. 68 („scheinpositivistische Etikette"); *Larenz*, NJW 1958, 827 (828); *Wiese*, Ersatz des immateriellen Schadens, S. 44 f.
706   *Larenz*, NJW 1958, 827.
707   *Larenz*, NJW 1958, 827 (828).

Im sog. „Caroline II-Urteil" aus dem Jahre 1995[708] legt der Senat dar, dass der Anspruch auf Geldentschädigung bei Persönlichkeitsrechtsverletzung längst nicht mehr aus einer Analogie zu § 847 BGB a.f. hergeleitet werde[709]. Als Begründung bezieht sich der Senat hier darauf, dass das BVerfG in der sog. „Soraya-Entscheidung"[710] die rechtliche Grundlage für einen solchen Geldentschädigungsanspruch in Art. 1 und 2 GG erblickt habe[711]. Auch der BGH gehe davon aus, dass der Anspruch auf Geldentschädigung wegen Persönlichkeitsrechtsverletzung unmittelbar auf den Schutzauftrag aus Art. 1, 2 Abs. 1 GG zurückgehe und somit kein Schmerzensgeld nach § 847 BGB a.f. sei[712]. Somit sei im Zeitpunkt der Aufhebung des § 847 Abs. 1 S. 2 BGB a.f. die entsprechende Anwendung der Vorschrift auf den Geldentschädigungsanspruch längst aufgegeben gewesen[713].

Hingegen wird gerade auch die Ansicht vertreten, dass im Zeitpunkt der Aufhebung des § 847 Abs. 1 S. 2 BGB a F., also im Jahr 1990, der Geldentschädigungsanspruch weiterhin mit der Vorschrift des § 847 BGB a.f. entsprechend begründet wurde[714]. Als unmittelbare Herleitung des Anspruchs aus § 823 Abs. 1 BGB i.V.m. Art. 2 Abs. 1 und 1 Abs. 1 GG wird erst die Rechtsprechung ab dem Jahre 1995 gesehen[715].

Um zu beurteilen, ob im Zeitpunkt der Aufhebung des § 847 Abs. 1 S. 2 BGB a.F. die dogmatische Herleitung des Geldentschädigungsanspruchs aus entsprechender Anwendung der Vorschrift tatsächlich aufgegeben war, muss die Entwicklung der Rechtsprechung hierzu untersucht werden.

(1) BGH, Urteil vom 14.2.1958 – I ZR 151/56 – „Herrenreiter"[716]

Im Jahr 1958 hatte sich der BGH mit der Frage des Geldersatzes für einen Nichtvermögensschaden wegen Verletzung des Allgemeinen Persönlichkeitsrechts

---

708   BGH NJW 1996, 984 = BGH, Urt. v. 05.12.1995 (VI ZR 332/94).
709   BGH, NJW 1996, 984 (985) = BGH, Urt. v. 05.12.1995 (VI ZR 332/94).
710   BVerfGE 34, 269.
711   BGH NJW 1996, 984 (985) = BGH, Urt. v. 05.12.1995 (VI ZR 332/94).
712   BGH NJW 1996, 984 (985) = BGH, Urt. v. 05.12.1995 (VI ZR 332/94).
713   BGH NJW 1996, 984 (985) = BGH, Urt. v. 05.12.1995 (VI ZR 332/94).
714   *Becker*, Persönlichkeitsrecht, S. 79.
715   Vgl. *Becker*, Persönlichkeitsrecht, S. 75.
716   BGH NJW 1958, 827 = BGH, Urt. v. 14.02.1958 (I ZR 151/56).

auseinanderzusetzen[717]. Noch zwei Jahre zuvor wurde von der Rechtsprechung in der sog. „Dahlke-Entscheidung"[718] ein Anspruch auf Ersatz des immateriellen Schadens wegen Persönlichkeitsrechtsverletzung ausdrücklich abgelehnt.

Mit dem Hinweis auf den umfassenden Schutz der Persönlichkeit durch das Grundgesetz, der daher auch von der Rechtsprechung gewährleistet werden müsse, sowie darauf, dass bei der Verletzung des Allgemeinen Persönlichkeitsrechts der Eintritt immaterieller Schäden eben gerade typisch sei, sah der Bundesgerichtshof nun in der Ablehnung solch eines Anspruchs eine nicht erträgliche Missachtung des Allgemeinen Persönlichkeitsrechts[719].

Daher gewährte er erstmals – einem durch die ungenehmigte Nutzung seines Bildnisses zu kommerzieller Werbung des in der Persönlichkeit Verletzten – den Ersatz des ihm durch die Verletzung seines Persönlichkeitsrechts entstandenen immateriellen Schadens in Geld. Als dogmatische Begründung für die Gewährung des Geldentschädigungsanspruchs[720] wurde von der Rechtsprechung eine Analogie zu der von § 847 Abs. 1 BGB a.F. geschützten Freiheitsentziehung gewählt. Konkret sollte es sich bei der Verletzung des Allgemeinen Persönlichkeitsrechts um eine *„Freiheitsberaubung im Geistigen"* handeln[721]. Eine Auseinandersetzung mit der ausdrücklich entgegenstehenden Vorschrift des § 253 BGB a.F. erfolgte im Urteil allerdings nicht[722].

Vielmehr begnügte sich das Gericht mit einer verfassungsrechtlichen Argumentation, wie es sie schon ähnlich auf Tatbestandsebene vorgetragen hatte[723].

Insgesamt stand das Urteil schnell in der Kritik, jedoch weniger aufgrund der Zuerkennung des Anspruchs, als vielmehr der methodischen Begründung[724].

---

717   Vgl. BGH NJW 1958, 827 (829) = BGH, Urt. v. 14.02.1958 (I ZR 151/56).
718   BGH NJW 1956, 1554 = BGH, Urt. v. 08.05.1956 (I ZR 62/54).
719   Vgl. BGH NJW 1958, 827 (830) = BGH, Urt. v. 14.02.1958 (I ZR 151/56).
720   Wie bereits dargelegt, wurde zum damaligen Zeitpunkt der Geldentschädigungsanspruch aber noch als Schmerzensgeld bezeichnet.
721   Vgl. BGH NJW 1958, 827 (830) = BGH, Urt. v. 14.02.1958 (I ZR 151/56).
722   *Janssen*, Gewinnabschöpfung, S. 445.
723   *Gottwald*, Persönlichkeitsrecht, S. 247.
724   Vgl. *Larenz* NJW 1958, 827 (829).

(2) BGH, Urteil vom 19.02.1961 – „Ginseng"[725]

In der sog. „Ginseng-Entscheidung", wurden vom BGH erstmals verfassungsrechtliche Erwägungen im Hinblick auf den Ersatz von immateriellen Schäden
bei Verletzung des Allgemeinen Persönlichkeitsrechts in den Vordergrund gestellt, ohne jedoch von einer entsprechenden Anwendung des § 847 Abs. 1 BGB
a.F. ausdrücklich Abstand zu nehmen[726]. In seinem Urteil betont der BGH, dass
aufgrund des vorkonstitutionellen § 253 BGB der von Art. 2 Abs. 1, 1 Abs. 1 GG
geforderte Persönlichkeitsschutz, dem endlich mit Anerkennung des zivilrechtlichen Allgemeinen Persönlichkeitsrechts Rechnung getragen worden ist, „*lücken-
haft und unzureichend* [sei], *wenn eine Verletzung des Persönlichkeitsrechts keine
der ideellen Beeinträchtigung adäquate Sanktion auslösen würde*"[727]. Zwar bestehe die einschränkende Regelung des § 253 BGB, jedoch seien entgegen dieser
Vorschrift bei Verletzungen des Allgemeinen Persönlichkeitsrechts auch die
Nichtvermögensschäden in Geld zu ersetzen, da ein solcher Ersatz oftmals das
einzige Mittel zur Realisierung des Persönlichkeitsschutzes darstelle[728]. Zwar lei-
tete der VI. Senat den Anspruch nicht mehr unmittelbar aus einer analogen Anwendung des § 847 Abs. 1 BGB a.F. her, sondern begründete ihn mit der Schutz-
gebotsfunktion der grundgesetzlichen Vorschriften. Damit war wohl der Weg für
eine weitgehende Verselbstständigung der Entschädigungen bei Persönlichkeitsrechtsverletzungen geebnet[729].

Was der Senat jedoch in der Entscheidung konkret als Anspruchsgrundlage her-
anzog, blieb offen. Er ließ es völlig ungeklärt, auf welchem methodischen Wege
die Vorschrift des § 253 BGB überwunden werden sollte[730]. Zwar setzt sich der

---

725   BGH NJW 1961, 2059 = BGH, Urt. v. 19.09.1961 (VI ZR 259/60).
726   *Martin*, Persönlichkeitsrecht, S. 244. Zwar vertritt z. B. *Gottwald*, Persönlichkeitsrecht,
       S. 247, die Auffassung, dass in diesem Urteil die analoge Anwendung des § 847 Abs. 1
       BGB a.F. aufgegeben wurde. Jedoch erkennt auch er an, dass aus der Entscheidung nicht
       klar hervorging, ob das „Schmerzensgeld" nunmehr unmittelbar aus Art. 1 Abs. 1 und
       2 Abs. 1 GG hergeleitet oder ob § 847 Abs. 1 S. 1 BGB a.F. um den Fall des Allgemei-
       nen Persönlichkeitsrechts ergänzt, also § 253 BGB gemäß Art. 123 GG insoweit für
       obsolet erklärt worden war. Zu den unterschiedlichen Deutungen der Entscheidungen
       vgl. zudem: *Ehlers*, Geldersatz, S. 256 ff.
727   BGH NJW 1961, 2059 (2060) = BGH, Urt. v. 19.09.1961 (VI ZR 259/60).
728   Vgl. BGH NJW 1961, 2059 (2060) = BGH, Urt. v. 19.09.1961 (VI ZR 259/60); BGH
       NJW 1963, 902 (903) = BGH, Urt. v. 05.03.1963 (VI ZR 55/62).
729   Vgl. *Amelung*, Privatheit, S. 296 ff.; *Schlobach*, Präventionsprinzip, S. 92 ff.
730   *Funkel*, Persönlichkeit, S. 121.

BGH – im Gegensatz zum sog. „Herrenreiter-Urteil"[731] – überhaupt mit der Vorschrift des § 253 BGB auseinander[732], woraus einige Stimmen die Abkehr von einer analogen Anwendung des § 847 Abs. 1 BGB a.f. herleiten wollen[733]. Jedoch waren die Begründungen in der Literatur im Hinblick auf die dogmatische Herleitung des Anspruchs durch die Rechtsprechung insgesamt uneinheitlich[734]. So sieht *Mertens*[735] im Fall § 823 BGB als Rechtsgrundlage, *Hubmann*[736] hingegen das Allgemeine Persönlichkeitsrecht selbst unmittelbar. Aus der Entscheidung ging somit nicht klar hervor, ob der Geldentschädigungsanspruch[737] nunmehr unmittelbar aus dem Grundgesetz hergeleitet wurde oder ob § 847 Abs. 1 BGB a.F. nun doch weiterhin entsprechend Anwendung finden sollte[738].

Zudem fand in dieser Entscheidung eine Einschränkung der Anspruchsvoraussetzungen statt. Nur wenn den Schädiger der Vorwurf der schweren Schuld treffe oder es sich um eine objektiv erheblich ins Gewicht fallende Beeinträchtigung des Allgemeinen Persönlichkeitsrechts handelt, sollte der Anspruch entstehen können[739].

(3) BVerfG, Beschluss vom 14.02.1973 – „Soraya"[740]

Anlass der sog. „Soraya-Entscheidung" des Bundesverfassungsgerichts war eine Verfassungsbeschwerde des Axel-Springer-Konzerns gegen die Zuerkennung eines Schmerzensgeldes in Höhe von 15000,- DM zugunsten der Prinzessin durch den Bundesgerichtshof[741]. Gerügt wurde, dass die gerichtliche Anerkennung eines Schmerzensgeldes bei Persönlichkeitsrechtsverletzung gegen das Prinzip der Gewaltenteilung verstoße (Art. 20 Abs. 3 GG), zudem das Grundrecht auf Meinungs- und Pressefreiheit (Art. 5 GG) verletze sowie ein unzulässiges Sonderrecht ge-

---

731 BGH NJW 1958, 827 = BGH, Urt. v. 14.02.1958 (I ZR 151/56).
732 Vgl. BGH NJW 1961, 2059 (2060) = BGH, Urt. v. 19.09.1961 (VI ZR 259/60).
733 *Gottwald*, Persönlichkeitsrecht, S. 247.
734 Allgemein zu den unterschiedlichen „dogmatischen" Begründungen des Schmerzensgeldes durch die Rechtsprechung ausführlich: *Prien*, Naturalrestitution, S. 53 ff.
735 *Mertens*, JuS 1962, 261 (262).
736 *Hubmann*, JZ 1962, 121 (121 f.).
737 Damals aber noch als Schmerzensgeld bezeichnet.
738 Zu den unterschiedlichen Deutungen der Entscheidungen vgl. *Ehlers*, Geldersatz, S. 256 ff.
739 BGH NJW 1961, 2059 (2060) = BGH, Urt. v. 19.09.1961 (VI ZR 259/60).
740 BVerfGE 34, 269.
741 Vgl. BGH NJW 1965, 685 ff. = BGH, Urt. v. 08.12.1964 (VI ZR 201/63).

genüber der Presse geschaffen werde. Ebenso sei der verfassungsrechtliche Grundsatz der Rechtssicherheit verletzt, da Grund sowie Höhe der Entschädigung nicht vorhersehbar gewesen seien[742].

Das Bundesverfassungsgericht hielt die Beschwerde insgesamt für unbegründet. Jedoch setzte sich das Gericht gerade nicht mit den zivilrechtsdogmatischen Bedenken auseinander, sondern lediglich mit dem Entgegenstehen von Verfassungsnormen[743]. Es sah es nicht als seine Aufgabe an, die Auslegung und Anwendung des bürgerlichen Rechts als solche zu überprüfen[744]. Aufgabe des Gerichts sei es hingegen nachzuprüfen, ob das von den Gerichten gefundene Ergebnis selbst die Grundrechte eines Beteiligten verletze. Nicht zur Entscheidungskompetenz gehöre es hingegen, die Frage zu beantworten, ob die vom Bundesgerichtshof angenommene Rechtsfolge aus der Verletzung des Allgemeinen Persönlichkeitsrechts sich auch tatsächlich mit der zivilrechtlichen Dogmatik in Einklang bringen lasse[745].

Im Urteil erklärte das BVerfG insgesamt das Allgemeine Persönlichkeitsrecht zum festen Bestandteil der Privatrechtsordnung[746].

Letztlich hat durch Beschluss des Bundesverfassungsgerichts die Ungewissheit dahingehend ein Ende gefunden, dass – im Interesse der Rechtssicherheit – eine verbindliche Klärung der Rechtslage im Sinne einer ausdrücklichen Legalisierung der höchstrichterlichen Zivilrechtsprechung herbeigeführt worden ist. Die grundsätzlichen Bedenken gegen den vom BGH beschrittenen Weg hinsichtlich der Konstruktion der Anspruchsgrundlage, der Bemessungsweise sowie auch der dem Anspruch zugedachten Funktion, konnten hierdurch jedoch nicht endgültig ausgeräumt werden[747].

Mit dieser Entscheidung wurde der Streit um die Rechts- und Verfassungsmäßigkeit der richterlichen Fortbildung des Schadensrechts beim Persönlichkeitsschutz

---

742 Vgl. BVerfGE 34, 269 (274).
743 *Lange*, VersR 1999, 274 (275); *Möller*, Präventionsprinzip, S. 172.
744 Vgl. BVerfGE 34, 269 (277).
745 Vgl. BVerfGE 34, 269 (277).
746 Vgl. BVerfGE 34, 269 (275).
747 *Gottwald*, Persönlichkeitsrecht, S. 330; *Staudinger* in: Medicus 1981, § 253 Rn. 2. *Schwerdtner*, Persönlichkeitsrecht, S. 259, hingegen sieht durch die Entscheidung des Gerichts die Diskussion über die Zulässigkeit der Entschädigung insgesamt für abgeschlossen.

weitgehend beendet[748], da die persönlichkeitsrechtliche Judikatur des Bundesgerichtshofs umfassend vom Bundesverfassungsgericht gebilligt wurde[749].

(4) BGH, Urteil vom 15.11.1994 – „Caroline I "[750]

Im Jahr 1994 hat sich der BGH erstmals ausdrücklich dahingehend geäußert, dass es sich bei dem Entschädigungsanspruch wegen Persönlichkeitsrechtsverletzung *nicht*[751] um ein Schmerzensgeld nach § 847 BGB a.f. handelt, sondern um einen besonderen Rechtsbehelf, der auf den Schutzauftrag aus Art. 1 und 2 GG zurückgeht[752].

Zudem konkretisierte der BGH in dieser Entscheidung auch die Grundsätze zur Funktion und somit auch zur Bemessung des Ersatzanspruchs bei immateriellen Schäden. Es wurde neben der zunächst stets primär in den Vordergrund gestellten Genugtuungsfunktion des Anspruchs[753] hier der Gedanke der Prävention in den Vordergrund gerückt[754]. Bis zu diesem Zeitpunkt wurde dem „Geldentschädigungsanspruch" – ebenso wie dem Anspruch auf Schmerzensgeld – lediglich die Doppelfunktion von Ausgleich und Genugtuung zugeschrieben[755].

Auch wenn der Senat sich in diesem Urteil noch nicht ausdrücklich zur Anspruchsgrundlage des Geldentschädigungsanspruchs bekennt, wird deutlich, dass er sich vom in § 847 BGB a.F. geregelten Schmerzensgeld endgültig lösen wollte, indem er den Gedanken der Prävention zur eigenständigen Funktion erklärte[756]. Zwar klang der Präventionsgedanke auch in früheren Entscheidungen des BGH bereits an[757], jedoch sollte er dort lediglich die Erforderlichkeit eines solchen An-

---

748 *Möller*, Präventionsprinzip, S. 173.
749 Vgl. *Klippel*, Schutz, S. 33.
750 BGH NJW 1995, 861 = BGH, Urt. v. 15.11.1994 (VI ZR 56/94).
751 Hervorhebung durch die Autorin.
752 BGH NJW 1995, 861 (864 f.) = BGH, Urt. v. 15.11.1994 (VI ZR 56/94).
753 Ständige Rechtsprechung seit: BGH NJW 1961, 2059 (2060) = BGH, Urt. v. 19.09.1961 (VI ZR 259/60).
754 BGH NJW 1995, 861 (862 f.) = BGH, Urt. v. 15.11.1994, (VI ZR 56/94).
755 Vgl. BGH NJW 1995, 861= BGH, Urt. v. 15.11.1994, (VI ZR 56/94).
756 Vgl. BGH NJW 1995, 861 (865) = BGH, Urt. v. 15.11.1994 (VI ZR 56/94); BGH NJW 1996, 984 (985) = BGH, Urt. v. 05.12.1995 (VI ZR 332/94); BGH NJW 1997, 1148 (1149) = BGH, Urt. v. 26.11.1996 (VI ZR 323/95).
757 Vgl. BGH NJW 1961, 2059 (2060) = BGH, Urt. v. 19.09.1961 (VI ZR 259/60); BGH NJW 1985, 1617 (1619).

spruchs unterstreichen[758]. Auch zeigten sich im sog. „Herrenreiter-Urteil"[759] des BGH erste präventive Erwägungen im Bereich des Persönlichkeitsschutzes[760]. Der Rechtsprechung ging es in diesem Urteil aber darum, den vom Grundgesetz bezweckten Schutz der Persönlichkeit auch im Zivilrecht bei Fällen der Zwangskommerzialisierung zu gewährleisten, also auch in diesen Fällen einen umfassenden Schutz zu ermöglichen[761]. Diese Erwägungen der Rechtsprechung im Hinblick auf die Prävention des Anspruchs wurden jedoch lediglich im Rahmen der Haftungsbegründung des Urteils berücksichtigt, und noch nicht im Rahmen der Haftungsausfüllung[762].

Hieraus ergibt sich somit, dass sich der Senat ab diesem Zeitpunkt wohl endgültig von einer entsprechenden Anwendung des § 847 Abs. 1 BGB a.F. abwenden wollte, auch wenn er noch keine konkrete Anspruchsgrundlage benannt hatte. Die Rechtsprechung sah sich nicht mehr an die Kombination von Ausgleichs- und Genugtuungsfunktion gebunden und konnte somit – unabhängig vom Schmerzensgeld – dem Gedanken der Prävention eigenständige Funktion einräumen[763].

(5) BGH, Urteil vom 05.12.1995 – „Caroline II"[764]

Als erstes Urteil, in welchem die Rechtsprechung nun ausdrücklich den Anspruch auf Geldentschädigung wegen Persönlichkeitsrechtsverletzung aus § 823 Abs. 1 BGB i.V.m. Art. 1, 2 Abs. 1 GG hergeleitet hat und somit die Abkehr von einer entsprechenden Anwendung des § 847 Abs. 1 BGB a.F. endgültig erfolgt ist, wird zumeist das sog. „Caroline II-Urteil" aus dem Jahr 1995 gesehen[765]. Verwunderlich in diesem Urteil erscheint jedoch, dass sich der Senat hier hinsichtlich der Begründung der Rechtsgrundlage auf das „Soraya-Urteil"[766] des

---

758 *Funkel*, Persönlichkeit, S. 161.
759 BGH NJW 1958, 827 = BGH, Urt. v. 14.02.1958 (I ZR 151/56).
760 Vgl. *Janssen*, Gewinnabschöpfung, S. 445; a. A. hingegen: *Sailer*, Prävention, S. 25, wonach sich dieser Entscheidung keine eindeutigen Aussagen im Hinblick auf die präventive Anreizwirkung der Haftung wegen Persönlichkeitsverletzungen entnehmen lassen.
761 *Janssen*, Gewinnabschöpfung, S. 445.
762 *Janssen*, Gewinnabschöpfung, S. 446, 448.
763 *Funkel*, Persönlichkeit, S. 116.
764 BGH NJW 1996, 984 = BGH, Urt. v. 05.12.1995 (VI ZR 332/94).
765 Vgl. *Funkel*, Persönlichkeit, S. 116.
766 BVerfGE 34, 269.

Bundesverfassungsgerichts bezieht[767]. Denn wie bereits aufgezeigt, hatte das Bundesverfassungsgericht in diesem Urteil lediglich die Rechtsprechung des BGH im Hinblick auf den Ersatz immaterieller Schäden bei Persönlichkeitsrechtsverletzungen verfassungsrechtlich bestätigt[768] und nicht die Herleitung des Geldentschädigungsanspruchs aus entsprechender Anwendung des § 847 Abs. 1 BGB a. F. aufgegeben.

bb) Kodifikationsversuche des Persönlichkeitsschutzes

Um weiterhin beurteilen zu können, ob der Gesetzgeber durch die Aufhebung des § 847 Abs. 1 S. 2 BGB a.F. die uneingeschränkte Vererbbarkeit des Geldentschädigungsspruchs bezweckt hat, muss untersucht werden, warum der Gesetzgeber in der Folgezeit den Geldentschädigungsanspruch nicht gesetzlich kodifiziert hat bzw. welche Versuche im Hinblick auf die gesetzliche Kodifikation vorgenommen wurden.

(1) Entwurf eines Gesetzes zur Neuordnung des zivilrechtlichen Persönlichkeits- und Ehrschutzes von 1958/59

Im Gesetzesentwurf aus dem Jahre 1958/59 finden sich die ersten Versuche zur Kodifikation des Persönlichkeitsschutzes[769].

Ziel des Entwurfs war es, eine umfassende Anerkennung des Persönlichkeitsschutzes zu erlangen. Dabei sollte in § 823 Abs. 1 BGB die Persönlichkeit neben die anderen Rechtsgüter gestellt werden sowie durch Neufassung des § 847 BGB a.F. auch der nichtvermögensrechtliche Schaden bei Persönlichkeitsrechtsverletzungen ersetzt werden können[770]. Die Vererbbarkeit, abhängig von der vertragli-

---

767   BGH NJW 1996, 984 (985) = BGH, Urt. v. 05.12.1995 (VI ZR 332/94).
768   BVerfGE 34, 269 (277); vgl. zudem: *Klippel*, Schutz, S. 33.
769   Dieser Entwurf erfuhr jedoch heftige Kritik in der Presse und war somit zum Scheitern verurteilt. Vgl. hierzu ausführlich: *Gottwald*, Persönlichkeitsrecht, S. 261-304. Der Entwurf dieses Gesetzes ist abgedruckt in: „Entwurf eines Gesetzes zur Neuordnung des zivilrechtlichen Persönlichkeits- und Ehrenschutzes", BT-Drs. III Nr. 1237, S. 1-32.
770   § 847 Abs. 1 S. 1 BGB des 1. Entwurfs lautet: „Wer in seiner Persönlichkeit beeinträchtigt wird, kann auch wegen eines Schadens, der nicht Vermögensschaden ist, eine angemessene Entschädigung in Geld einschließlich einer Genugtuung für die erlittene Unbill verlangen; dies gilt nicht, soweit eine Herstellung im Sinne des § 249 für möglich und genügend oder soweit dem Verletzten Genugtuung in anderer Weise als durch Geld geleistet ist; eine unerhebliche Verletzung bleibt außer Betracht. Die Höhe der Entschädi-

chen Anerkennung bzw. Rechtshängigkeit des Anspruchs, sollte zudem beibehalten werden[771]. Insgesamt scheiterte dieser Gesetzesentwurf wohl aufgrund des Interessengegensatzes zwischen dem Schutz der Persönlichkeit auf der einen und der Verwirklichung der Meinungsfreiheit auf der anderen Seite[772]. Denn das Gesetzesvorhaben löste erheblichen Widerstand der Presse aus und konnte daher nicht erfolgreich verwirklicht werden[773].

(2) Referentenentwurf eines Gesetzes zur Änderung und Ergänzung schadensrechtlicher Vorschriften aus den Jahren 1967/68

Mit dem „Referentenentwurf eines Gesetzes zur Änderung und Ergänzung schadensrechtlicher Vorschriften"[774] unternahm das Bundesjustizministerium im Jahre 1967 erneut den Versuch einer gesetzlichen Verankerung der persönlichkeitsrechtlichen Judikatur der Rechtsprechung[775]. Neben einer Erweiterung und Modifizierung der Gefährdungshaftung im Rahmen der Kfz-Halterhaftung nach dem StVG[776], einer Änderung im Rahmen des Umfangs des Schadensersatzes[777] sowie einer Ausdehnung der Haftung für Verrichtungsgehilfen[778] war die aus-

---

gung bestimmt sich nach den Umständen, insbesondere nach der Schwere der Verletzung und des Verschuldens."

771 Vgl. hierzu: BT-Drs. III Nr. 1237, S. 4, 30.
772 *Gottwald*, Persönlichkeitsrecht, S. 262.
773 Vgl. *Erdsiek*: Ufita, S. 1 (3).
774 Die erste Fassung ist abgedruckt in: Karlsruher Forum (1962), S. 42 ff.; die zweite Fassung erschien 1967 im Verlag der Versicherungswirtschaft. Vorausgegangen war ein gleichnamiger Entwurf aus dem Jahre 1961, den die Wissenschaft zusammen mit einem österreichischen Entwurf diskutierte. Vgl. v. *Bar*, Gutachten, S. 1681 (1754).
775 *Gottwald*, Persönlichkeitsrecht, S. 304.
776 Nach dem neuen § 10 StVG (unter Aufhebung der §§ 9-15 StVG) sollte sich die Ersatzpflicht nach den Vorschriften des BGB über die Verpflichtung zum Schadensersatz im Falle einer unerlaubten Handlung bestimmen. Die geplanten Einschränkungen des § 10 StVG sollten sich dabei nicht auf § 847 BGB beziehen.
777 Der dafür vorgesehene § 255 a Abs. 1 BGB des Entwurfs lautete: „Ist der Schaden im Hinblick auf die die Ersatzpflicht begründenden Umstände außergewöhnlich hoch, so kann das Gericht die Ersatzpflicht insoweit einschränken, als sie für den Ersatzpflichtigen auch unter Berücksichtigung der berechtigten Interessen des Gläubigers zu einer schweren Unbilligkeit führen würde." Zur geplanten Neuregelung des § 840 Abs. 2 BGB vgl. *Hanau*, VersR 1967, 516 (518).
778 Ebenso war eine Haftung des Staates und anderer öffentlicher Körperschaften für ihre Amtsträger vorgesehen.

drückliche Anerkennung eines deliktischen Persönlichkeits- und Ehrschutzes vorgesehen[779].

§ 823 Abs. 1 BGB sollte folgende Fassung erhalten:

„Wer vorsätzlich oder fahrlässig das Leben, den Körper, die Gesundheit, die Freiheit oder die Ehre eines anderen oder in sonstiger Weise einen anderen in seiner Persönlichkeit widerrechtlich verletzt, ist dem anderen zum Ersatz des daraus entstandenen Schadens verpflichtet. Das gleiche gilt für den, der vorsätzlich oder fahrlässig das Eigentum oder ein sonstiges Recht eines anderen widerrechtlich verletzt.“

Zudem war eine Änderung des § 847 BGB dahingehend vorgesehen, hier nun auch das Allgemeine Persönlichkeitsrecht ausdrücklich zu nennen, wobei lediglich schwere Verletzungen ersatzfähig sein sollten. Zudem sollte die Beschränkung der Vererbbarkeit ausdrücklich beibehalten werden[780].

Der Gesetzesentwurf erfuhr zwar weniger Kritik als sein Vorgänger zur Regelung des Allgemeinen Persönlichkeitsrechts[781], jedoch sah die Bundesregierung aufgrund der von verschiedenen Seiten teilweise gegensätzlichen Forderungen davon ab, das Gesetzesvorhaben weiter zu verfolgen. Im Jahre 1968 verschwand dieser Entwurf, ohne auch nur in erster Lesung im Bundestag beraten worden zu sein. Eine umfassende Reform des Schadensersatzrechts schien zu diesem Zeitpunkt wohl nicht durchsetzbar[782].

---

779 Vgl. *Stoll*, Gutachten, S. 162 ff.
780 § 847 BGB sollte hiernach folgenden Wortlaut erhalten: Abs. 1: „Im Falle der Verletzung des Körpers oder der Gesundheit sowie im Falle der Freiheitsentziehung kann der Verletzte wegen eines auch nicht Vermögensschaden, eine angemessene Entschädigung in Geld einschließlich einer Genugtuung für das ihm zugefügte Unrecht verlangen. Wer in anderer Weise in seiner Persönlichkeit verletzt wird, kann eine Entschädigung nur verlangen, wenn die Verletzung nach den Umständen als schwer anzusehen ist.“
        Abs. 2: „Eine Entschädigung kann nicht verlangt werden, soweit eine Herstellung im Sinne des § 249 möglich und zur Entschädigung des Verletzten genügend oder soweit dem Verletzten Genugtuung in anderer Weise als durch Geld geleistet ist.“
        Abs. 3: „Der Anspruch ist nicht übertragbar und geht nicht auf die Erben über, es sei denn, daß er durch Vertrag anerkannt oder daß er rechtshängig geworden ist.“.
781 *Gottwald*, Persönlichkeitsrecht, S. 307.
782 *Gottwald*, Persönlichkeitsrecht, S. 313.

(3) Auch heute: Keine gesetzliche Kodifikation

Auch zum heutigen Zeitpunkt hat das Allgemeine Persönlichkeitsrecht keine gesetzliche Kodifizierung erfahren. Im Katalog des § 253 Abs. 2 BGB wird es nicht erwähnt. Im Rahmen der Schadensrechtsreform aus dem Jahre 2002 hat sich die Legislative hiergegen bewusst entschieden[783]. Grund hierfür war vermutlich die Befürchtung, dass die Reform andernfalls aufgrund der gesteigerten Presse- und Politikaufmerksamkeit scheitern könnte[784]. Das 2. Schadensrechtsänderungsgesetz hat demnach keine Änderungen für das Allgemeine Persönlichkeitsrecht zur Folge gehabt[785]. Unabhängig davon ist der Geldentschädigungsanspruch wegen Verletzung des Allgemeinen Persönlichkeitsrechts eine „Schöpfung der Rechtsprechung"[786], der inzwischen die Qualität von Gewohnheitsrecht zuerkannt wird und somit auch als Rechtsquelle normativ verbindlich ist[787].

3)   Fazit zu § 847 Abs. 1 S. 2 BGB a.F.

Um nun abschließend beurteilen zu können ob der Ansicht zuzustimmen ist, dass sich aus der Aufhebung des § 847 Abs. 1 S. 2 BGB a.F. die uneingeschränkte Vererbbarkeit des Geldentschädigungsanspruchs ergeben muss[788], sind die soeben dargestellten Entwicklungen und Umstände in Zusammenhang zu bringen.

Allein aus der Gesetzesbegründung zur Aufhebung der Vorschrift des § 847 Abs. 1 S. 2 BGB a.F. ergibt sich nicht ausdrücklich, dass auch der Anspruch auf

---

783   Vgl. hierzu die Stellungnahme des Bundestags im Entwurf des zweiten Gesetzes zur Änderung schadensrechtlicher Vorschriften: BT-Drs. 14/7752, S. 24 f.

784   So zumindest: *Wagner*, JZ 2004, 319 (328, 329), der auf ein Scheitern einer Schadensersatzreform in den sechziger Jahren aus diesem Grunde hinweist. Vgl. dazu BVerfGE 34, 269 (273); in der Gegenäußerung, BT-Drs. 14/7752 S. 55, führt die Bundesregierung aus, dass für Veränderungen in diesem Bereich zunächst ein „schlüssiges Gesamtkonzept" erstellt werden müsse; dann heißt es: dies werde aber im laufenden Gesetzgebungsverfahren nicht mehr möglich sein.

785   *Wagner*, JZ 2004, 319 (329).

786   Vgl. *Wagner*, ZEuP 2000, 200.

787   Vgl. *Funkel*, Persönlichkeit, S. 153.

788   Zustimmend: *Cronemeyer*, AfP 2012, 10 (11 f.); *Kutschera*, AfP 2000, 147 (148 f.).

113

Geldentschädigung uneingeschränkt vererbbar werden sollte[789], da dieser hier nicht ausdrücklich erwähnt wird[790].

Jedoch muss neben Sinn und Zweck der Aufhebung ebenso die dogmatische Entwicklung des Geldentschädigungsanspruchs berücksichtigt werden. Nachdem der BGH den Geldentschädigungsanspruch aus entsprechender Anwendung des § 847 BGB a.F. hergeleitet hatte[791], war diese dogmatische Begründung in der Literatur umfassend in Kritik geraten[792]. Betrachtet man mit diesem Wissen die weitere Entwicklung der Rechtsprechung bezüglich des Geldentschädigungsanspruchs bis zum sog. „Caroline II-Urteil"[793], gewinnt man den Eindruck, als wolle der BGH einen erneuten Streit um die dogmatische Herkunft des Anspruchs durch unkonkrete Äußerungen hierzu vermeiden[794]. Denn insgesamt ergibt sich aus den Urteilen der Rechtsprechung bis zur Abschaffung des § 847 Abs. 1 S. 2 BGB a.F. im Jahre 1990 nicht mit abschließender Gewissheit, ob die Herleitung des Anspruchs aus entsprechender Anwendung des § 847 Abs. 1 S. 2 BGB a.F. bereits aufgegeben worden war[795]. In der sog. „Ginseng-Entscheidung"[796] bekannte sich die Rechtsprechung nicht zu einer Anspruchsgrundlage dieses „Schadensersatzanspruchs"[797]. Aus der Begründung, dass das Allgemeine Persönlichkeitsrecht Ausfluss der grundgesetzlichen Wertentscheidungen der Art. 1 und 2 Abs. 1 GG ist und daher in erheblich gesteigertem Maße geschützt sei[798], lässt sich die zivilrechtliche Rechtsgrundlage des Anspruchs nicht entnehmen. Die Unsicherheit der

---

789 Wie bereits dargestellt erst im sog. „Caroline II-Urteil" ausdrücklich als heute geläufigen Geldentschädigungsanspruch bezeichnet. *Cronemeyer*, AfP 2012, 10 (11) vertritt hingegen die Ansicht, dass der Gesetzgeber mit der ersatzlosen Streichung des § 847 Abs. 1 S. 2 BGB a.F. im Jahre 1990 deutlich zum Ausdruck gebracht habe, dass der Anspruch auf Ersatz immaterieller Schäden in Geld unabhängig davon vererblich sein soll, ob er zu Lebzeiten des Erblassers rechtshängig geworden ist.

790 Vgl. BT-Drs. 11/4415.

791 BGH NJW 1958, 827 = BGH, Urt. v. 14.02.1958 (I ZR 151/56).

792 Vgl. *Bötticher*, AcP 158, 385 (401); *Bußmann*, GRUR 1958, 411; *Hubmann*, Persönlichkeitsrecht, S. 353; *Köndgen*, Haftpflichtfunktionen, S. 68; *Larenz*, NJW 1958, 827 (828); *Wiese*, Ersatz des immateriellen Schadens, S. 44 f.

793 BGH NJW 1996, 984 = BGH, Urt. v. 05.12.1995 (VI ZR 332/94).

794 Vgl. hierzu die in diesem Kapitel erfolgten Ausführungen zur Darstellung der Rechtsprechung.

795 *Becker*, Persönlichkeitsrecht, S. 79, vertritt die Ansicht, dass die Anknüpfung an § 847 BGB a.F. bei Aufhebung der Vorschrift noch nicht aufgegeben war; vgl. zudem Darstellung zur Entwicklung der Rechtsprechung in diesem Kapitel.

796 BGH NJW 1961, 2059 = BGH, Urt. v. 19.09.1961 (VI ZR 259/60).

797 Heute: Geldentschädigungsanspruch.

798 In BGH NJW 1961, 2059 = BGH, Urt. v. 19.09.1961 (VI ZR 259/60) wurden erstmals verfassungsrechtliche Erwägungen in den Vordergrund gerückt.

Rechtsprechung im Hinblick auf die dogmatische Herleitung zeigt sich zudem ebenso beispielsweise darin, dass der I. Zivilsenat in der sog. „Hochzeitsbild-Entscheidung"[799] zwar auf das „Ginseng-Urteil"[800] Bezug nimmt[801] und auch die Begründung dieser Entscheidung übernimmt, jedoch unabhängig davon den Geldentschädigungsanspruch auf eine entsprechenden Anwendung des § 847 BGB a.F. stützt[802].

Insgesamt kann somit festgehalten werden, dass das sog. „Ginseng-Urteil"[803] des BGH zumindest „Auslöser"[804] dafür war, dass die Rechtsprechung im sog. „Caroline II-Urteil"[805] erstmals ausdrücklich den Ersatz immaterieller Schäden bei Verletzung des Allgemeinen Persönlichkeitsrechts auf § 823 Abs. 1 BGB i.V.m. Art. 2 Abs. 1, 1 Abs. 1 GG gestützt hat. Denn um den Unterschied von Geldentschädigung und Schmerzensgeld hervorzuheben, hat die Rechtsprechung hier erstmals auch die begriffliche Unterscheidung der beiden Ansprüche gewählt[806].

Betrachtet man diese steinige Entwicklung des Anspruchs, so war dem Gesetzgeber bei Aufhebung des § 847 Abs. 1 S. 2 BGB a.F. im Jahre 1990 durchaus bewusst, dass die Diskussion um die dogmatische Herleitung des Geldentschädigungsanspruchs bei Persönlichkeitsrechtsverletzung noch nicht endgültig aufgegeben war. Denn zu diesem Zeitpunkt war abschließend noch keine Aussage der Rechtsprechung hierzu erfolgt[807].

Berücksichtigt man zudem die Begründung des Gesetzgebers, wonach die Vorschrift aufgehoben wurde, um den als unangemessen angesehenen Wettlauf gegen das Ableben des Geschädigten zu beenden[808], dann muss es – auch mangels ausdrücklicher Erwähnung des Geldentschädigungsanspruchs in der Gesetzesbegründung – Wille des Gesetzgebers gewesen sein, durch die Aufhebung auch den Geldentschädigungsanspruch vererblich auszugestalten. Denn auch hier kann sich

---

799   BGH GRUR 1962, 211 = BGH, Urt. v. 10.11.1962 (I ZR 78/60).
800   BGH NJW 1961, 2059 = BGH, Urt. v. 19.09.1961 (VI ZR 259/60).
801   BGH GRUR 1962, 211 (213 f.) = BGH, Urt. v. 10.11.1962 (I ZR 78/60).
802   BGH GRUR 1962, 211 (212 f.) = BGH, Urt. v. 10.11.1962 (I ZR 78/60).
803   BGH NJW 1961, 2056 = BGH, Urt. v. 19.09.1961 (VI ZR 259/60).
804   *Funkel*, Persönlichkeit, S. 161; *Gounalakis*, AfP 1998, 10 (13); vgl. auch schon *Köndgen*, Haftpflichtfunktionen, 68 ff.; *Wagner*, VersR 2000, 1305 (1306).
805   BGH NJW 1996, 984 = BGH, Urt. v. 05.12.1995 (VI ZR 332/94).
806   *Funkel*, Persönlichkeit, S. 161.
807   Zustimmend: *Becker*, Persönlichkeitsrecht S. 79.
808   Vgl. BT-Drs. 11/4415, S. 4.

die identische Situation stellen wie beim Anspruch auf Schmerzensgeld[809]. Dieser wurde doch ohnehin lediglich anerkannt, da es als unerträglich erachtet wurde, schwere Verletzungen des Persönlichkeitsrechts nicht zu sanktionieren[810]. Die Argumentation dahingehend, dass der Gesetzgeber mit der Abschaffung lediglich das Problem des Wettlaufs gegen die Zeit des Geschädigten im Falle schwerster Körperverletzungen habe regeln wollen[811], greift schon allein deshalb nicht, da die Gesetzesänderung nicht nur Auswirkungen auf diese schweren Verletzungsfälle hatte, sondern beispielsweise auch die Vererblichkeit von Ansprüchen wegen Ehrverletzungen nach dem Bundesgrenzschutzgesetz ermöglicht hat[812]. Hätte der Gesetzgeber gewollt, dass der Geldentschädigungsanspruch nicht vererbbar sein soll – oder gar erst ab Rechtskraft eines zusprechenden Urteils[813] – hätte er im Zeitpunkt der Aufhebung des § 847 Abs. 1 S. 2 BGB a.F. die Möglichkeit gehabt, dies gesetzlich zu regeln. Obwohl ihm der Streit um die dogmatische Herleitung des Geldentschädigungsanspruchs hinreichend bekannt gewesen sein muss[814], hat er hierauf jedoch verzichtet.

Ebenso sind die Referentenentwürfe im Hinblick auf den Geldentschädigungsanspruch zu berücksichtigen. In diesen Entwürfen war jeweils geplant, auch den Geldentschädigungsanspruch der Vorschrift des § 847 BGB a.F. samt den dort enthaltenen Beschränkungen zu unterwerfen[815].
Bis zur Aufhebung des § 847 Abs. 1 S. 2 BGB a.F. ist stets von der beschränkten Vererbbarkeit des Geldentschädigungsanspruchs ausgegangen worden[816].

Insgesamt ist also anzunehmen, dass der Geldentschädigungsanspruch auch noch im Jahr 1990, also bei Aufhebung des § 847 Abs. 1 S. 2 BGB a.F. aus entsprechender Anwendung dieser Vorschrift hergeleitet wurde[817]. Nimmt man nun also an, dass der Geldentschädigungsanspruch erst ab Rechtskraft des zusprechenden

---

809   *Kutschera*, AfP 2000, 147 (148); *Schubert*, JZ 2014, 1056 (1058).
810   BGH NJW 1961, 2059 (2060) = BGH, Urt. v. 19.09.1961 (VI ZR 259/60).
811   BGH NJW 2014, 2871 (2872) = BGH, Urt. v. 29.04.2014 (VI ZR 246/12).
812   Vgl. BT-Drs. 11/4415, Art. 3.
813   So: BGH NJW 2017, 3004 (3006) = BGH, Urt. v. 23.05.2017 (VI ZR 261/16); ebenso unter Bezugnahme auf diese Entscheidung: GRUR-RS 2018, 17910 Rn. 547 = OLG Köln, Urt. v. 29.05.2018 (15 U 64/17).
814   Dies ergibt sich bereits aus den mehrfachen Versuchen der gesetzlichen Regelung des Allgemeinen Persönlichkeitsrechts.
815   Vgl. hierzu die in diesem Kapitel erfolgten Darstellungen zu den Gesetzesentwürfen.
816   Vgl. BGH NJW 1969, 1110 = BGH, Urt. v. 17.02.1969 (II ZR 102/67).
817   Ebenso: *Becker*, Persönlichkeitsrecht, S. 77, 78.

Urteils vererbbar sein soll[818], so bleibt diese Rechtslage deutlich hinter der Rechtslage zur Zeit der Geltung des § 847 Abs. 1 S. 2 BGB a.F. zurück[819]. Dass der Gesetzgeber mit Aufhebung des § 847 Abs. 1 S. 2 BGB a.F. den Geldentschädigungsanspruch nachteilig belasten wollte bzw. den Schädiger bevorzugen, ist aber nicht ersichtlich[820]. Ganz im Gegenteil erfolgte die Aufhebung der Norm, um den Geschädigten zu schützen[821]. Daher können aus der Aufhebung der Vorschrift keine negativen Folgen für den Geldentschädigungsanspruch – im vorliegenden Fall also die Unvererbbarkeit – gezogen werden[822].

Ebenso muss man bedenken, dass der Anspruch auf Geldentschädigung wegen Verletzung immaterieller Bestandteile des Allgemeinen Persönlichkeitsrechts überhaupt nur geschaffen wurde, da ansonsten der Rechtsschutz der Persönlichkeit nicht hinreichend gewährleistet wäre[823]. Die Tatsache, dass die Rechtsprechung später eine Abkehr von der entsprechenden Anwendung des § 847 Abs. 1 S. 2 BGB a.F. vorgenommen hat, war dem Umstand geschuldet, dass das Allgemeine Persönlichkeitsrecht hierunter nicht dogmatisch nachvollziehbar subsumiert werden konnte. Allein dieser Umstand kann aber nicht begründen, dass dieser „dogmatische Wandel" des Anspruchs dazu geführt haben soll, diesen unvererbbar auszugestalten. Denn dies würde den Anspruch und somit auch den Schutz der Persönlichkeit bedenklich entwerten[824].

Die Frage, ob sich bereits allein aus der Aufhebung des § 847 Abs. 1 S. 2 BGB a.F. die uneingeschränkte Vererbbarkeit des Geldentschädigungsanspruchs ergeben hat, ist dahingehend zu beantworten, dass dieser zumindest *spätestens*[825] ab Rechtshängigkeit bzw. vertraglichem Anerkenntnis vererbbar sein muss[826]. Denn

---

818 So: BGH NJW 2017, 3004 (3006) = BGH, Urt. v. 23.05.2017 (VI ZR 261/16); ebenso unter Bezugnahme auf diese Entscheidung: GRUR-RS 2018, 17910, Rn. 547 = OLG Köln, Urt. v. 29.05.2018 (15 U 64/17).

819 *Hermann*, AfP 2018, 469 (471).

820 Vgl. *Specht-Riemenschneider*, BeckOGK BGB, § 823 Rn. 1110.

821 Vgl. BT-Drs. 11/4415.

822 Im Ergebnis auch: *Cronemeyer*, AfP 2012, 10 (11 f.); *Hermann*, AfP 2018, 469 (471); *Kutschera*, AfP 2000, 147 (148 f.); *Specht-Riemenschneider*, BeckOGK BGB, § 823 Rn. 1110.

823 Erstmals: BGH NJW 1995, 861 (865) = BGH, Urt. v. 15.11.1994 (VI ZR 56/94).

824 Vgl. *Leipold* in MüKo BGB, § 1922 Rn. 122.

825 Hervorhebung durch die Autorin.

826 So auch: *Beater* in: Soergel BGB, § 823 Rn. 25; *Cronemeyer*, AfP 2012, 10 (11 f.); *Kutschera*, AfP 2000, 147 (148 f.). Vgl. zudem: *Staudinger*, Jura 2016, 783 (790).

die Aufhebung der Vorschrift kann keinesfalls zur Benachteiligung des in seiner Persönlichkeit Geschädigten geführt haben.

IV   Zusammenspiel von Genugtuung und § 847 Abs. 1 S. 2 BGB a.F.

Seit der sog. „Ginseng-Rechtsprechung"[827] kommt dem Anspruch auf Geldentschädigung wegen Verletzung des Allgemeinen Persönlichkeitsrechts primär die Funktion der Genugtuung zu. Der Gedanke der Genugtuung ist somit keineswegs neu. Selbst zum Zeitpunkt als der Geldentschädigungsanspruch noch aus der entsprechenden Anwendung des § 847 Abs. 1 BGB a.F. hergeleitet wurde, nahm man eine Vererbbarkeit des Anspruchs zumindest dann an, wenn der Anspruch vertraglich anerkannt oder rechtshängig geworden war[828]. Unabhängig hiervon war die Frage, ob sich die Genugtuungsfunktion des Anspruchs mit dem Tod des Geschädigten erledigt. Nach damaliger Ansicht sollte die vertragliche Anerkennung bzw. die Rechtshängigkeit lediglich dem Umstand dienen, dass es auch tatsächlich in der Hand des Geschädigten lag, ob er aufgrund der Verletzung seiner Persönlichkeit Ansprüche geltend machen möchte oder eben nicht[829]. Zu keinem Zeitpunkt wurde die Problematik angesprochen, dass sich durch den Tod des Geschädigten die Genugtuungsfunktion erledigt. Somit ist es nicht verständlich, dass es bis zur Abschaffung des § 847 Abs. 1 S. 2 BGB a.F. für die Vererbbarkeit des Anspruchs ausreichend war, den Geldentschädigungsanspruch vertraglich anerkennen zu lassen oder rechtshängig zu machen, heute hingegen die Genugtuungsfunktion des Anspruchs den Tod nicht mehr überleben können soll[830].

---

827   BGH NJW 1961, 2059 = BGH, Urt. v. 19.09.1961 (VI ZR 259/60).
828   Vgl. BGH NJW 1969, 1110 (1111) = BGH, Urt. v. 17.02.1969 (II ZR 102/67).
829   *Mudgan*, Materialien, S. 448; vgl. zudem auch: *Münzel*, NJW 1961, 1558 ff.
830   Grundlegend: BGH NJW 2014, 2871 = BGH, Urt. v. 29.04.2014 (VI ZR 246/12).

V   Bei Annahme der Unvererbbarkeit: Verstoß gegen Art. 3 Abs. 1 GG?

Nach der Rechtsprechung des BGH[831] und des OLG Köln[832] soll sich auch im Hinblick auf verfassungsrechtliche Gründe – insbesondere auch aufgrund von Art. 3 Abs. 1 GG – nicht die Vererbbarkeit des Geldentschädigungsanspruchs ergeben[833]. Teilweise wird jedoch in der unterschiedlichen Behandlung des Schmerzensgeldanspruchs und des Geldentschädigungsanspruchs ein Verstoß gegen Art. 3 Abs. 1 GG gesehen[834]. Dies soll im Folgenden – ebenso wie mögliche weitere Verstöße gegen Art. 3 Abs. 1 GG – untersucht werden.

1)   Voraussetzungen einer Ungleichbehandlung

Art. 3 Abs. 1 GG ist verletzt, wenn vergleichbare Sachverhalte in wesentlicher Hinsicht ungleich behandelt werden, obwohl zwischen diesen Sachverhalten keine Unterschiede von solcher Art und solchem Gewicht vorliegen, die diese ungleiche Behandlung rechtfertigen könnten[835]. Ebenso liegt eine Grundrechtsverletzung auch dann vor, wenn die Gerichte im Wege der Auslegung gesetzlicher Vorschriften zu einer derartigen, dem Gesetzgeber verwehrten Differenzierung gelangen[836].

2)   Ungleichbehandlung zum Schmerzensgeld

Bereits aus dem Vergleich zum Anspruch auf Schmerzensgeld ergibt sich eine Ungleichbehandlung des Geldentschädigungsanspruchs, die am Maßstab des Art. 3 Abs. 1 GG nicht gerechtfertigt ist, da hierfür kein sachlicher Grund ersichtlich

---

831   Vgl. grundlegend: BGH NJW 2014, 2871 (2873) = BGH, Urt. v. 29.04.2014 (VI ZR 246/12).

832   GRUR-RS 2018, 17910 = OLG Köln, Urt. v. 29.05.2018 (15 U 64/17).

833   GRUR-RS 2018, 17910, Rn. 525 = OLG Köln, Urt. v. 29.05.2018 (15 U 64/17).

834   Vgl. *Cronemeyer*, AfP 2012, 10 (11 f.); *Hermann*, AfP 2018, 469 (473); *Kutschera*, AfP 2000, 147 (148).

835   *Nußberger* in: Sachs GG, Art. 3 Rn. 13.

836   BVerfG NJW 2000, 2187 = BVerfG, Beschl. v. 08.03.2000 (1 BvR 1127/96).

ist[837]. Hierbei ist die historische Entwicklung des Anspruchs auf Schmerzensgeld zu berücksichtigen.

Wie bereits ausführlich dargelegt[838], war es im Zeitpunkt der Einführung des Bürgerlichen Gesetzbuchs noch nicht mit dem Moralgefühl der Menschen vereinbar, dass eine Verletzung von immateriellen Rechten materiell ausgeglichen wird. Daher war der BGB-Gesetzgeber bei dem Ersatz von immateriellen Schäden zunächst sehr zurückhaltend eingestellt[839]. Dieses Verständnis vom Schmerzensgeld hat sich jedoch im Laufe der Zeit, in der sich auch die Gesellschaft weiterentwickelt hat, grundlegend geändert. Heute ist es allgemein anerkannt, dass nicht lediglich materielle, sondern auch immaterielle Verletzungen materiell ersetzt werden, da hierfür ein unabdingbares Bedürfnis besteht. Zudem ist der Anspruch auf Schmerzensgeld seit der Aufhebung des § 847 Abs. 1 S. 2 BGB a.F. frei vererblich[840]. Hierbei ist zu beachten, dass das Schmerzensgeld gem. § 253 Abs. 2 BGB in seiner heutigen Form, weit über den Anwendungsbereich der damals geltenden Vorschrift hinausgeht, da der Anspruch nicht mehr von einem besonderen Haftungsgrund abhängig ist[841]. Hier zeigt sich, dass der Gesetzgeber das Bedürfnis des umfassenden Ersatzes immaterieller Schäden erkannt hat. Das Schmerzensgeld – wie wir es heute kennen – hat sich ebenso wie die Gesellschaft im Laufe der Zeit weiterentwickelt und dem „modernen Zeitalter" angepasst. Würde man heute die Unvererbbarkeit des Schmerzensgeldanspruchs aus § 253 Abs. 2 BGB annehmen, würde dies vermutlich auf wenig Verständnis stoßen.

Trotzdem ist die Rechtsprechung der Ansicht, dass der Ausnahmecharakter der Geldentschädigung eine Ungleichbehandlung im Hinblick auf die Vererbbarkeit des Schmerzensgeldanspruchs rechtfertigt[842]. Fraglich erscheint hier, welcher Ausnahmecharakter des Geldentschädigungsanspruchs gemeint sein soll[843]. Zwar

---

837 Zustimmend: *Cronemeyer*, AfP 2012, 10 (11 f.); *Hermann*, AfP 2018, 469 (473); *Kutschera*, AfP 2000, 147 (148).
838 Vgl. die Darstellungen zur historischen Entwicklung des Schmerzensgeldes in Kapitel B II.
839 Vergleiche z. B. BGH NJW 1956, 1554 (1555) = BGH, Urt. v. 08.05.1956 (I ZR 62/54), wonach der Anspruch auf Ersatz immaterieller Schäden bei Persönlichkeitsrechtsverletzungen noch versagt wurde.
840   Vgl. BGBl. I 1990, S. 478, Art. 1 ff.
841 *Grüneberg* in: Palandt BGB, § 253 Rn. 1 f.
842 So z. B. GRUR-RS 2018, 17910, Rn. 539 = OLG Köln, Urt. v. 29.05.2018 (15 U 64/17).
843 Zustimmend: *Hermann*, AfP 2018, 469 (474); *Schubert*, JZ 2014, 1056 (1058).

hat der Anspruch erhöhte Anforderungen auf Tatbestandsebene[844], jedoch muss berücksichtigt werden, dass bei einem Eingriff in die sexuelle Selbstbestimmung des Opfers, die ausdrücklich in § 253 Abs. 2 BGB geregelt ist, stets auch eine Verletzung des Allgemeinen Persönlichkeitsrechts vorliegt[845]. Allein die Tatsache, dass der Gesetzgeber auf eine ausdrückliche Normierung des Allgemeinen Persönlichkeitsrechts in umfassender Form verzichtet hat, lässt keinen Rückschluss darauf zu, dass auch die Vererbbarkeit umfassend ausgeschlossen sein sollte[846]. Dies zeigt sich auch darin, dass Teilaspekte des Persönlichkeitsrechts in § 253 Abs. 2 BGB geregelt sind[847] und somit unbeschränkt vererbbar sind. Der Gesetzgeber hat vielmehr von einer gesetzlichen Regelung des Allgemeinen Persönlichkeitsrechts abgesehen, da eine gesetzliche Regelung wohl nicht hätte durchgesetzt werden können[848]. Berücksichtigt man zudem, dass der Geldentschädigungsanspruch lediglich bei schwerem Verschulden des Schädigers entsteht, Schmerzensgeldansprüche insbesondere bei Verkehrsunfällen hingegen auf Gefährdungshaftung beruhen, erscheint eine Ungleichbehandlung im Hinblick auf die Vererbbarkeit schwer vertretbar. Denn hierdurch würde der Schädiger quasi „doppelt privilegiert"[849]. Der Mensch darf aber in Bezug auf seine Persönlichkeit keinen geringeren Schutz erfahren, als im Hinblick auf seine körperliche Unversehrtheit und Freiheit. Denn seelisches Leid ist gleichzusetzen mit körperlichem Leid[850]. Um aber diesem seelischen Leid ausreichend Rechnung zu tragen, wurde der Geldentschädigungsanspruch geschaffen[851].

Ebenso kann dem Argument der Rechtsprechung im Hinblick auf die „dogmatisch unterschiedlichen Wurzeln" der beiden Rechtsinstitute, aus denen sich die Ungleichbehandlung ergeben soll[852], nicht gefolgt werden[853]. Denn das Allgemeine

---

844 Voraussetzung ist stets eine schwere Verletzung. Zudem ist der Geldentschädigungsanspruch auch nur subsidiär.

845 *Seitz*, NJW 1996, 2848.

846 *Schubert*, JZ 2014, 1056 (1058).

847 *Epping*, Grundrechte, Kap. 13, Rn. 615.

848 Gesetzesbegründung zu § 253 n.F., BT-Drs. 14/7752; *Grüneberg* in: Palandt BGB, § 253 Rn. 10.

849 Ebenso: *Hermann*, AfP 2018, 469 (473).

850 *Beuthien*, GRUR 2014, 957 f.; *Hermann*, AfP 2018, 469 (473).

851 Vgl. BGH NJW 1958, 827 = BGH, Urt. v. 14.02.1958 (I ZR 151/56).

852 GRUR-RS 2018, 17910, Rn. 539 = OLG Köln v. 29.5.2018 (15 U 64/17).

853 *Schubert*, JZ 2014, 1056 (1058), ist ebenso der Ansicht, dass eine „abweichende Behandlung dieses Anspruchs im Vergleich zum Ausgleich immaterieller Schäden bei Körperverletzungen und Gesundheitsbeschädigungen [...] keine überzeugende dogmatische Grundlage [...]" hat.

Persönlichkeitsrecht ist – wie die in § 823 Abs. 1 BGB genannten Rechtsgüter – ein durch § 823 Abs. 1 BGB absolut geschütztes Recht, das seine verfassungsrechtliche Grundlage in Art. 2 Abs. 1, 1 Abs. 1 GG findet. Beides sind somit deliktsrechtliche Ansprüche. Es würde zudem niemand auf die Idee kommen, dem Allgemeinen Persönlichkeitsrecht einen Rechtsschutz über § 1004 Abs. 1 S. 2 BGB analog i.V.m. § 823 Abs. 1 BGB zu versagen[854].

Zudem kann sich auch eine unterschiedliche Behandlung auch nicht aus dem Wegfall der Genugtuungsfunktion des Geldentschädigungsanspruchs aufgrund des Versterbens des Geschädigten ergeben[855]. Auch das Schmerzensgeld dient der Genugtuung des Geschädigten für das ihm zugefügte Leid[856] sowie dem Ausgleich für erlittene Schmerzen[857]. Somit kann auch beim Schmerzensgeld der Geschädigte nach seinem Tod keine Genugtuung mehr erfahren. Daraus ergibt sich, dass die Ungleichbehandlung der beiden Ansprüche nicht in ihrem unterschiedlichen Zweck gesehen werden kann[858]. Einziger Unterschied ist, dass bei Bemessung des Schmerzensgeldes der Gedanke der Prävention keine Rolle spielt[859]. Jedoch lässt sich hieraus keine Rechtfertigung für die Unvererbbarkeit der Geldentschädigung entnehmen[860].

Das Allgemeine Persönlichkeitsrecht hat sich – ebenso wie das Schmerzensgeld – im Hinblick auf die gesellschaftlichen Bedürfnisse weiterentwickelt[861] und ist insbesondere im Hinblick auf die technischen und medialen Möglichkeiten, präsenter als jemals zuvor[862]. Teilweise wird daher auch eine Weiterentwicklung des Schutzes des Allgemeinen Persönlichkeitsrechts gefordert[863]. Weshalb die Rechtsprechung aber versucht, den Anspruch auf Geldentschädigung gegenüber dem Schmerzensgeldanspruch zu benachteiligen, erscheint im Hinblick auf das in der Gesellschaft bestehende Bedürfnis nach Schutz nicht nachvollziehbar. Die unterschiedliche Behandlung der Ansprüche ist das Ergebnis einer historischen Ent-

---

854 *Hermann*, AfP 2018, 469 (474).
855 Vgl. BGH NJW 2014, 2871 (2873) = BGH, Urt. v. 29.04.2014 (VI ZR 246/12).
856 Ausführlich dazu: *Spindler* in: BeckOK BGB, § 253 Rn. 13 ff.
857 *Specht-Riemenschneider*, BeckOGK BGB, § 823 Rn. 1108.
858 So aber: GRUR-RS 2018, 17910, Rn. 540 = OLG Köln, Urt. v. 29.05.2018 (15 U 64/17).
859 Vgl. *Teichmann* in: Jauernig BGB, § 253 Rn. 3.
860 Ebenso: *Hermann*, AfP 2018, 469 (473).
861 *Rixecker* in: MüKo BGB, Anh. zu § 12 Rn. 15.
862 Vgl. *Rixecker* in: MüKo BGB, Anh. zu § 12 Rn. 15.
863 Vgl. hierzu z. B.: *Bruns*, AfP 2011, 421 (421 ff.); *Ladeur/Gostomczyk*, NJW 2012, 710 (710 ff.).

wicklung, wobei als Ausgangspunkt die fehlende gesetzliche Kodifikation gesehen werden kann[864]. Ebenso wie der Anspruch auf Schmerzensgeld hat der Geldentschädigungsanspruch eine historische Entwicklung durchlaufen, aus welcher sich das Bedürfnis der uneingeschränkten Vererbbarkeit ergibt.

3) Ungleichbehandlung zur Urheberrechtspersönlichkeit

Aufgrund der Untrennbarkeit von vermögensrechtlichen und persönlichkeitsrechtlichen Bestandteilen des Urheberrechts, ist dieses einheitlich vererbblich[865], § 28 Abs. 1 UrhG. Dies gilt im Hinblick auf die persönlichkeitsrechtlichen Bestandteile zumindest insoweit, als jedenfalls bereits entstandene Ansprüche auf immateriellen Schadensersatz, die auf Urheberrechtsverletzungen vor dem Rechtsübergang beruhen, auf die Erben übergehen können, § 97 Abs. 2 S. 4 UrhG[866]. Hat der in seiner Urheberrechtspersönlichkeit Verletzte einen Anspruch auf immateriellen Schaden erworben, so kann dieser auf die Erben übergehen[867]. Vergleicht man das Allgemeine zivilrechtliche Persönlichkeitsrecht mit dem Urheberrechtspersönlichkeitsrecht, so liegt zwischen diesen eine Ungleichbehandlung vor[868], die am Maßstab des Art. 3 Abs. 1 GG eines sachlichen Grundes bedarf. Denn Urheberrechtspersönlichkeit und Allgemeines Persönlichkeitsrecht sind strukturell vergleichbar[869].

Nach Ansicht der Rechtsprechung soll die Ungleichbehandlung von Geldentschädigung und Urheberrechtspersönlichkeit jedoch gerechtfertigt sein[870]. Denn das Urheberrechtspersönlichkeitsrecht sei derart eng mit den vermögensrechtlichen Elementen des Urheberrechts verbunden, dass eine Trennung nicht konsequent vorgenommen werden könne. Bereits aus dieser Tatsache ergebe sich auch der maßgebliche Unterschied zum Allgemeinen Persönlichkeitsrecht[871]. Diese Ansicht verkennt allerdings, dass auch beim Allgemeinen Persönlichkeitsrecht eine konsequente Trennung der materiellen und ideellen Bestandteile oft-

---

864   *Schubert*, JZ 2014, 1056 (1059).
865   *Schulze* in: UrhG, § 28 Rn. 1.
866   *Hoche* in: Wandtke/Bullinger UrhR, § 30 Rn. 2.
867   Amtl. Begr. BT-Drs. IV/270, S. 104.
868   Vgl. *Hermann*, AfP 2018, 469 (474).
869   Vgl. *Wortmann*, Vererblichkeit, S. 288.
870   BGH NJW 2014, 2871 (2873) = BGH, Urt. v. 29.04.2014 (VI ZR 246/12).
871   BGH NJW 2014, 2871 (2873) = BGH, Urt. v. 29.04.2014 (VI ZR 246/12).

mals gar nicht möglich ist[872], was auch das OLG Köln teilweise selbst einräumt[873]. Des Weiteren geht die Argumentation des Gerichts fehl, dass das Allgemeine Persönlichkeitsrecht im Vergleich zum Urheberrechtspersönlichkeitsrecht grundsätzlich eben unvererbbar ausgestaltet worden sei[874]. Denn nach mittlerweile gefestigter Rechtsprechung gehen die vermögenswerten Bestandteile des Persönlichkeitsrechts nach dem Tod des Trägers auf dessen Erben über, da es unbillig wäre, die durch Leistung des Verstorbenen geschaffenen und in seinen Persönlichkeitsmerkmalen verkörperten Vermögenswerte, der Verwertung durch beliebige Dritte auszusetzen[875]. Die unberechtigte Ausnutzung solcher vermögenswerten Interessen kann folglich einen Anspruch auf materiellen Ersatz des Erben begründen. Somit ergibt sich zwischen dem Allgemeinen Persönlichkeitsrecht und der Urheberrechtspersönlichkeit eine Ungleichbehandlung, für die keine Rechtfertigung ersichtlich ist[876].

4)   Ungleichbehandlung zum Urlaubsabgeltungsanspruch

Ebenso erscheint die Unvererbbarkeit des Geldentschädigungsanspruchs, bei Betrachtung der Rechtsprechung zum Urlaubsabgeltungsanspruch, schwer nachvollziehbar[877]. Das BAG versteht den Urlaubsanspruch als Anspruch des Arbeitnehmers auf Freistellung von der Arbeit, also als höchstpersönlichen Anspruch[878]. Da nach dem Tod des Arbeitnehmers dieser in seiner Person keine Erholung mehr erfahren kann, ist der Urlaubsanspruch selbst grundsätzlich nicht vererbbar. Der Urlaubsabgeltungsanspruch hingegen stellt einen finanziellen Ersatz für die nicht erfolgte – aber verdiente – Erholung dar[879]. Somit handelt es sich beim Urlaubsabgeltungsanspruch um einen reinen Geldanspruch, wobei dies die Rechtsnatur

872   Vgl. *Bullinger* in: Wandtke/Ders. UrhR, vor §§ 12 ff Rn. 3; *Götting* in: Handbuch, § 37 Rn. 26; *Lichtenstein*, Idealwert, S. 318; *Wortmann*, Vererblichkeit, S. 309.

873   GRUR-RS 2018, 17910, Rn. 539 = OLG Köln v. 29.05.2018 (15 U 64/17). Hier erkennt das Gericht an, dass der Kläger eingesetzt wurde, um die Neugier der Leser zu wecken, also gerade zum Zwecke der Werbung. Hieraus ergibt sich, dass durchaus auch die materiellen Bestandteile des Allgemeinen Persönlichkeitsrechts verletzt worden sind. Vgl. auch: *Hager*, JA 2014, 627 (629).

874   BGH NJW 2014, 2871 (2873) = BGH, Urt. v. 29.04.2014 (VI ZR 246/12).

875   Vgl. BGH NJW 2000, 2195 (2199) = BGH, Urt. v. 01.12.1999 (I ZR 49/97).

876   Zustimmend: *Hermann*, AfP 2018, 469 (474).

877   Ebenso: *Beuthien*, GRUR 2014, 957 (959); *Hermann*, AfP 2018, 469 (472).

878   *Müller-Glöge* in: MüKo BGB, § 613 Rn. 11.

879   Vgl. *Lampe* in: BeckOK ArbR, § 7 BUrlG Rn. 21.

des Urlaubsanspruchs nicht berührt[880]. Der höchstpersönliche Zweck des Ur- laubsanspruchs (§ 1 BUrlG) und dessen Unvererbbarkeit wirken sich also nicht auf den hieraus resultierenden Urlaubsabgeltungsanspruch aus, da der Tod des Arbeitnehmers diesen durch Arbeitsleistung erworbenen Vermögenswert nicht zum Vorteil des Arbeitgebers vernichten darf[881]. Zwar handelt es sich beim Ur- laubsabgeltungsanspruch nicht um einen Schadensersatzanspruch, jedoch zeigt die Vererbbarkeit des Urlaubsabgeltungsanspruchs, dass auch Ansprüche, die aus höchstpersönlichen Rechten mit individuellem Bezug zum Träger des Rechts ent- stehen, vererbbar sein können. Auch der Erholungszweck des höchstpersönlichen Urlaubsanspruchs macht den Urlaubsabgeltungsanspruch nicht unvererblich[882]. Die Argumentation der Rechtsprechung, dass bei nichtvermögenswerten Rechts- verhältnissen die Unvererbbarkeit die Regel sein soll[883], ist somit nicht zielfüh- rend. Denn beim Geldentschädigungsanspruch handelt es sich – ebenso wie beim Urlaubsabgeltungsanspruch – um einen aus einem nichtvermögenswerten, höchstpersönlichen Recht stammenden Anspruch, der auf Geld gerichtet ist[884].

5) Ungleichbehandlung zum Gegendarstellungsanspruch

Nach Ansicht der Rechtsprechung soll sich die Unvererbbarkeit des Geldentschä- digungsanspruchs zudem aus einer Vergleichbarkeit zum Anspruch auf Abdruck einer Gegendarstellung ergeben[885]. Auch beim Gegendarstellungsanspruch handle es sich um einen immateriellen, untrennbar mit der Person des Geschädig- ten verbundenen Anspruch, der ebenso unvererbbar sei. Selbst wenn der An- spruch sogar tituliert worden sei, erlösche er mit dem Tod des Betroffenen. Hie- raus ergebe sich also, dass in bestimmten Konstellationen Ausgleichsinstrumente von Persönlichkeitsbeeinträchtigungen eben entfallen können, da sie aufgrund der untrennbaren Verbindung zum Persönlichkeitsrecht eine eigenständige Bedeu- tung verloren hätten[886]. Diese Argumentation wird jedoch heftig kritisiert[887], da der Geldentschädigungsanspruch nicht mit dem Anspruch auf Abdruck einer Ge-

---

880 BAG NJW 2012, 634 (635) = BAG, Urt. v. 20.09.2011 (9 AZR 416/10).
881 *Beuthien*, GRUR 2014, 957 (959).
882 *Beuthien*, GRUR 2014, 957 (959).
883 So GRUR-RS 2018, 17910, Rn. 526 = OLG Köln v. 29.05.2018 (15 U 64/17).
884 Im Ergebnis auch: *Beuthien*, GRUR 2014, 957 (959).
885 GRUR-RS 2018, 17910, Rn. 546 = OLG Köln Urt. v. 29.05.2018 (15 U 64/17).
886 GRUR-RS 2018, 17910, Rn. 546 = OLG Köln, Urt. v. 29.05.2018 (15 U 64/17).
887 Vgl. *Hermann*, AfP 2018, 469 (472).

gendarstellung vergleichbar ist[888]. Der Anspruch auf Abdruck einer Gegendarstellung soll dem Geschädigten gerade die Möglichkeit einräumen, sein Bild in der Öffentlichkeit zu „korrigieren". Er ist eine besondere Ausprägung des gesetzlichen Schutzes des Allgemeinen Persönlichkeitsrechts[889]. Der Geldentschädigungsanspruch hingegen ist ein auf Geldzahlung gerichteter Anspruch, der völlig andere Tatbestandsvoraussetzungen hat[890]. Daher sind die Ansprüche überhaupt nicht miteinander vergleichbar und die Argumentation der Rechtsprechung[891] hierzu keineswegs zielführend.

6) Ungleichbehandlung zum Anspruch auf Hinterbliebenengeld

Nach der Gesetzesbegründung zu § 844 Abs. 3 BGB soll der Anspruch auf Hinterbliebenengeld grundsätzlich vererbbar sein[892].
Bredemeyer vertritt jedoch die Ansicht, dass der Anspruch auf Hinterbliebenengeld nicht vererbbar sein dürfe, wenn auch der Anspruch auf Geldentschädigung nicht vererbbar sei[893].
Problematisch ist hierbei insbesondere, inwieweit – wie beim Geldentschädigungsanspruch – beim Anspruch auf Hinterbliebenengeld der Gedanke der Genugtuung im Vordergrund steht[894]. Grundsätzlich kommt einem Anspruch auf Schmerzensgeld Ausgleichs- und Genugtuungsfunktion zu[895].
Im Hinblick auf die Ausgleichsfunktion ist beim Hinterbliebenengeld jedoch zu berücksichtigen, dass der Anspruch nach der Gesetzesbegründung eingeführt wurde, damit die Hinterbliebenen *„im Sinne einer Anerkennung ihres seelischen Leids wegen der Tötung eines ihnen besonders nahestehenden Menschen von dem hierfür Verantwortlichen eine Entschädigung verlangen können."*[896] Hingegen könnten *„Bewertungen des verlorenen Lebens oder des Verlustes des besonders*

---

888 *Hermann*, AfP 2018, 469 (472).
889 BGH NJW 1963, 151 (151) = BGH, Urt. v. 02.10.1962 (VI ZR 253/61).
890 Zustimmend: *Hermann*, AfP 2018, 469 (472).
891 GRUR-RS 2018, 17910, Rn. 546 = OLG Köln v. 29.05.2018 (15 U 64/17).
892 BT-Drs. 18/11397, S. 12.
893 *Bredemeyer*, ZEV 2017, 690 (693); ebenso: *Balke*, SVR 2018, 207 (211); *Burmann/Jahnke*, NZV 2017, 401 (413).
894 Vgl. zur Ansicht der überwiegenden Genugtuungsfunktion: *Burmann/Jahnke*, NZV 2017, 401 (413); *Diederichsen*, DAR 2011, 122 (124); *Müller*, VersR 2017, 321.
895 *Grüneberg* in: Palandt BGB, § 253 Rn. 4.
896 BT-Drs. 18/11615, S. 1.

nahestehenden Menschen für den Hinterbliebenen [...] *nicht in die Bemessung einfließen.*"[897]

Der Anspruch auf Hinterbliebenengeld bezweckt somit die Anerkennung seelischen Leids. Diese Anerkennung ist aber kein Ausgleich eines immateriellen Schadens, sondern eben Genugtuung[898]. Genau wie bei der Verletzung des Allgemeinen Persönlichkeitsrechts steht demnach der Gedanke der Genugtuung im Vordergrund[899]. Denn der Anspruch soll unabhängig vom Nachweis einer medizinisch fassbaren Gesundheitsbeeinträchtigung gewährt werden können und verlangt kein Mindestmaß des seelischen Leids. Aufgrund des bestehenden besonderen Näheverhältnisses zum Opfer empfindet der Hinterbliebene infolge der Tötung seelisches Leid. Daher setzt der Anspruch auch keine außergewöhnliche gesundheitliche Beeinträchtigung voraus[900].

Berücksichtigt man, dass der Anspruch auf Hinterbliebenengeld – ebenso wie der Geldentschädigungsanspruch wegen Verletzung des Allgemeinen Persönlichkeitsrechts – insbesondere der Genugtuung dienen soll, erscheint es konsequent, aus der Vererbbarkeit des Hinterbliebenengeldes auch die Vererbbarkeit des Geldentschädigungsanspruchs herzuleiten[901]. Denn der Gesetzgeber ist bei Schaffung des Anspruchs auf Hinterbliebenengeld ausdrücklich von dessen Vererbbarkeit und Übertragbarkeit ausgegangen[902].

7)   Ungleichbehandlung: Mittelbare Altersdiskriminierung?

Einige Stimmen in der Literatur sehen in der Annahme der Unvererbbarkeit des Geldentschädigungsanspruchs bzw. des Abstellens auf den Zeitpunkt der Rechts-

---

897   BT-Drs. 18/11397, S. 8, 13.
898   *Jahnke* in: Straßenverkehrsrecht, § 844 Rn. 221.
899   *Burmann/Jahnke*, NZV 2017, 401 (413); *Jahnke* in: Straßenverkehrsrecht, § 844 Rn. 221; *Müller*, VersR 2017, 321.
900   BT-Drs. 18/11397, S. 8, 13. Hingegen wird auch die Ansicht vertreten, dass dem Anspruch auf Hinterbliebenengeld gerade keine Genugtuungsfunktion zukomme, dass sich der Angehörige mit dem Hinterbliebenengeld Annehmlichkeiten verschaffen können solle, die den Verlust zumindest teilweise kompensieren. Vgl. hierzu: *Steenbuck*, r+s 2017, 449 (451).
901   *Sprau* in: Palandt BGB, § 844 Rn. 25 weist zudem darauf hin, dass das Hinterbliebenengeld dem Geldentschädigungsanspruch ähnelt.
902   BT-Drs. 18/11397, S. 12.

kraft des zusprechenden Urteils für die Vererbbarkeit, eine mittelbare Altersdiskriminierung[903].

Die Rechtsprechung entgegnet hier jedoch, dass es auch sonst unvererbliche (höchstpersönliche) Ansprüche gebe, die das Zivilrecht grundsätzlich anerkennt. Zudem seien ebenso jüngere Kläger, die vor Rechtskraft des den Anspruch zusprechenden Urteils versterben, von der Unvererbbarkeit des Anspruchs betroffen[904].

Hierbei ist jedoch zu berücksichtigen, dass zwar auch jung sterbende Kläger von der Unvererbbarkeit des Geldentschädigungsanspruchs betroffen werden, soweit sie vor Rechtskraft des zusprechenden Urteils versterben[905]. Jedoch werden ältere und kranke Menschen bei tatsächlicher Betrachtung deutlich schwerwiegender damit belastet werden, dass die Vererbbarkeit eines von ihnen geltend gemachten Geldentschädigungsanspruch von der Rechtskraft des zusprechenden Urteils abhängen soll und sie keinerlei Einfluss auf die zeitliche Dauer des Prozesses haben. Das von der Rechtsprechung dem Geldentschädigungsanspruch zugrunde gelegte Verständnis von Genugtuung führt bei einem Geschädigten höheren Alters letztlich dazu, dass er der Ansicht sein muss, die Rechtsordnung schütze seine Persönlichkeit nicht. Im Zentrum steht also nicht der Gedanke, ob er die Verletzung seiner Persönlichkeit sanktionslos hinnehmen möchte, sondern vielmehr die Frage, ob es sich für ihn „noch lohnt" einen Prozess anzustrengen. Denn ein Schädiger „darf"[906] bei älteren Menschen eine Verletzung des Allgemeinen Persönlichkeitsrechts in der Hoffnung begehen, dass der Geschädigte einen langwierigen Prozess wohl nicht überleben wird und er somit auch keinen Entschädigungsanspruch leisten muss. Schädiger werden von der Rechtsprechung also dazu „aufgefordert", keinesfalls freiwillig eine Entschädigung zu leisten, sondern es auf einen langwierigen Prozess ankommen zu lassen[907].

---

903 Vgl. *Schack*, JZ 2018, 44 (46); *Spickhoff*, LMK 2014, 359158.

904 GRUR-RS 2018, 17910, Rn. 540 = OLG Köln, Urt. v. 29.05.2018 (15 U 64/17).

905 Legt man die bisherige Rechtsprechung zugrunde.

906 Der Begriff „darf" soll vorliegend deshalb verwendet werden, um ein Gespür dafür zu bekommen, wie ein älterer oder kranker Mensch, der in seiner Persönlichkeit verletzt wurde und ggf. die Gewissheit hat, nicht mehr lange zu leben die Rechtsprechung zur Vererbbarkeit des Geldentschädigungsanspruchs empfinden muss.

907 Ebenso: *Hermann*, AfP 2018, 469 (470); *Schack*, JZ 2018, 44 (46); *Spickhoff*, LMK 2014, 359158.

Die sachliche Rechtfertigung allein in der Genugtuungsfunktion des Geldentschädigungsanspruchs zu sehen[908], kann keinesfalls überzeugen, da der Anspruch geschaffen wurde, um einen umfassenden Schutz der Persönlichkeit zu gewährleisten[909]. In diesem Zusammenhang sei darauf hingewiesen, dass ein subjektives Verständnis von Genugtuung somit auch unter Berücksichtigung einer mittelbaren Altersdiskriminierung dem Anspruch nicht zugrunde gelegt werden darf. Hiermit hätte sich die Rechtsprechung auseinandersetzen müssen[910].

VI Unverhältnismäßigkeit der Rechtsprechung

Im Hinblick auf eine etwaige Unverhältnismäßigkeit der Rechtsprechung trägt diese vor, dass es grundsätzlich Vererblichkeitsbeschränkungen geben könne[911]. Beim Geldentschädigungsanspruch sei die Forderung tatsächlich nie in weitergehender Form zum Entstehen gelangt. Zudem seien nichtvermögensrechtliche Ansprüche eben grundsätzlich unvererbbar. Daher sei die Rechtsprechung im konkreten Fall auch nicht zu beanstanden und unverhältnismäßig[912].

Verwunderlich erscheint bei dieser Argumentation, dass hierdurch Anspruch und geschütztes Rechtsgut miteinander vermischt werden. Denn das Entstehen und die Frage der Vererbbarkeit eines Anspruchs ist grundsätzlich völlig unabhängig voneinander zu betrachten[913]. Zudem ist das Allgemeine Persönlichkeitsrecht ein höchstpersönliches Recht, und der Geldentschädigungsanspruch ein aus diesem höchstpersönlichen Recht resultierender Anspruch, gerichtet auf Geld. Somit handelt es sich beim Geldentschädigungsanspruch eben nicht um einen nichtvermögensrechtlichen Anspruch[914]. Ebenso wie beim Anspruch auf Urlaubsabgeltung wirkt sich die Höchstpersönlichkeit eines Rechts keineswegs zwingend auf einen aus der Rechtsverletzung resultierenden Entschädigungsanspruch aus[915]. Eine dogmatisch sauberere Begründung bleibt das Gericht hierzu somit schuldig.

---

908   GRUR-RS 2018, 17910, Rn. 540 = OLG Köln, Urt. v. 29.05.2018 (15 U 64/17).
909   BGH NJW 1958, 827 (830) = BGH, Urt. v. 14.02.1958 (I ZR 151/56).
910   Im Ergebnis auch: *Schack*, JZ 2018, 44 (46); *Spickhoff*, LMK 2014, 359158.
911   GRUR-RS 2018, 17910, Rn. 544 = OLG Köln, Urt. v. 29.05.2018 (15 U 64/17).
912   GRUR-RS 2018, 17910, Rn. 544 = OLG Köln, Urt. v. 29.05.2018 (15 U 64/17).
913   Vgl. *Hermann*, AfP 2018, 469 (472).
914   *Hermann*, AfP 2018, 469 (472).
915   Im Ergebnis auch: *Hermann*, AfP 2018, 469 (472).

VII   Unvererbbarkeit aufgrund fehlender Pfändbarkeit/ Zugehörigkeit zur Insolvenzmasse?

Im Urteil aus dem Jahre 2011[916] erscheint es so, als wolle die Rechtsprechung die Unvererbbarkeit des Geldentschädigungsanspruchs mit der fehlenden Pfändbarkeit bzw. dem Umstand, dass der Geldentschädigungsanspruch nicht in die Insolvenzmasse des Geschädigten fallen kann, begründen[917]. Auch einige Stimmen in der Literatur wollen hieraus die Unvererbbarkeit des Anspruchs herleiten[918].

Hierbei ist jedoch zu berücksichtigen, dass diese Argumentation den Schutzzweck der Unpfändbarkeit bzw. der fehlenden Zugehörigkeit zur Insolvenzmasse des Anspruchs verkennt. Denn die Tatsache, dass der Anspruch auf Geldentschädigung nicht pfändbar bzw. nicht in die Insolvenzmasse des Geschädigten fallen soll, begünstigt den Träger des Allgemeinen Persönlichkeitsrechts. Die Annahme der Unvererbbarkeit des Geldentschädigungsanspruchs führt hingegen zur Benachteiligung des Geschädigten, da der Anspruch nicht auf die Erben übergehen kann. Daher kann ein Vergleich zur fehlenden Pfändbarkeit bzw. der Tatsache, dass der Anspruch nicht in die Insolvenzmasse fällt und somit die Unvererbbarkeit des Anspruchs begründen soll, nicht überzeugen[919].

---

916   BGH NJW 2011, 2296 = BGH, Urt. v. 24.03.2011 (IX ZR 180/10).
917   BGH NJW 2011, 2296 (2298) = BGH, Urt. v. 24.03.2011 (IX ZR 180/10): „Soweit die Persönlichkeitsrechte dem Schutz ideeller Interessen dienen, sind sie unauflöslich an die Person ihres Trägers gebunden und als höchstpersönliches Recht unverzichtbar und unveräußerlich, also nicht übertragbar und nicht vererbbar. Dementsprechend sind sie auch nicht pfändbar.".
918   *Götting* in: Handbuch, § 51 Rn. 28.
919   Ebenso: *Hager*, JA 2014, 627 (629).

VIII Auswirkungen von Anhängigkeit / Rechtshängigkeit / Rechtskraft auf die Vererbbarkeit des Geldentschädigungsanspruchs

Im Urteil aus dem Jahre 2014 hat der erkennende Senat klargestellt, dass der Anspruch auf Geldentschädigung grundsätzlich nicht vererbbar sein soll[920]. Die Klage war hier jedoch lediglich anhängig geworden, da der Kläger vor Rechtshängigkeit verstorben war[921]. Mittlerweile hat die Rechtsprechung entschieden, dass auch die Rechtshängigkeit keine Ausnahme von der grundsätzlichen Unvererbbarkeit des Anspruchs rechtfertigen soll[922]. Der Geldentschädigungsanspruch sei unvererbbar, unabhängig von Anhängigkeit oder Rechtshängigkeit. Lediglich die Rechtskraft soll die vom Anspruch primär bezweckte Genugtuung für den Geschädigten erreichen und somit der Anspruch auch erst ab diesem Zeitpunkt vererbbar sein[923].

Dass der Geldentschädigungsanspruch aber zwingend uneingeschränkt für vererbbar erklärt werden sollte, wurde bereits umfassend dargestellt. Jedoch ist zu untersuchen, auf welchen Zeitpunkt für die Vererbbarkeit des Anspruchs abgestellt werden sollte.

1) Anhängigkeit

Mit dem Eingang der Klage bei Gericht ist die Sache anhängig, jedoch noch nicht rechtshängig, §§ 253 Abs. 1, 261 Abs. 1 ZPO[924]. Grundsätzlich liegt die Anhängigkeit zeitlich also vor der Rechtshängigkeit, wobei im Finanz-, (§ 66 FGO)[925] Verwaltungs- (§ 90 VwGO)[926] und Sozialgerichtsverfahren (§ 94 SGG)[927] die Zeitpunkte der Anhängigkeit und Rechtshängigkeit zusammenfallen. Die Einreichung setzt voraus, dass die Klageschrift in den Machtbereich des Gerichts ge-

---

920   Grundlegend: BGH NJW 2014, 2871 = BGH, Urt. v. 29.04.2014 (VI ZR 246/12).
921   Vgl. BGH NJW 2014, 2871 = BGH, Urt. v. 29.04.2014 (VI ZR 246/12).
922   Erstmals: BGH NJW 2017, 3004 = BGH, Urt. v. 23.05.2017 (VI ZR 261/16).
923   So: BGH NJW 2017, 3004 (3006) = BGH, Urt. v. 23.05.2017 (VI ZR 261/16); ebenso unter Bezugnahme auf diese Entscheidung: GRUR-RS 2018, 17910, Rn. 547 = OLG Köln, Urt. v. 29.05.2018 (15 U 64/17).
924   *Thomas/Putzo*, ZPO, § 253 Rn. 1; *Saenger*, in: Saenger ZPO, § 253 Rn. 1.
925   *Herbert* in: Gräber FGO, § 66 Rn. 1.
926   *Rennert* in: Eyermann VwGO, § 90 Rn. 5.
927   *Schmidt* in: SGG, § 94 Rn. 2.

langt[928]. Die Anhängigkeit ermöglicht gem. § 167 ZPO gewisse Vorwirkungen der Rechtshängigkeit, wie z. B. Fristenwahrung und die Hemmung der Verjährung[929]. Zudem ist sie Voraussetzung für einen Beitritt bei der Nebenintervention (§ 66 ZPO)[930], der Hauptintervention (§ 64 ZPO)[931] und der Prozessverbindung (§ 147 ZPO)[932].

Zwar ist die Klage aufgrund der Anhängigkeit noch nicht erhoben, jedoch hat sie bereits zu diesem Zeitpunkt rechtliche Wirkungen. Insbesondere wird hierdurch das Prozessgericht verpflichtet, sie an den Beklagten zuzustellen[933].

2) Rechtshängigkeit

a) Allgemeines zur Rechtshängigkeit

„Durch die Erhebung der Klage, wird die Rechtshängigkeit der Streitsache begründet.", § 261 Abs. 1 ZPO. Die Erhebung der Klage erfolgt gem. § 253 Abs. 1 ZPO durch Zustellung (§§ 271 Abs. 1, 166 ff. ZPO) eines Schriftsatzes (Klageschrift)[934].

Unschädlich ist dabei das Fehlen einer Prozessvoraussetzung, jedoch muss die Klage selbst wirksam erhoben worden sein[935].

Ab dem Zeitpunkt der Rechtshängigkeit besteht zwischen den Parteien ein sog. Prozessrechtsverhältnis. Erst ab diesem Zeitpunkt darf eine gerichtliche Entscheidung ergehen[936]. Weitere prozessuale Konsequenz ist zudem, dass weitere Klagen mit demselben Streitgegenstand unzulässig sind, § 261 Abs. 3 Nr. 1 ZPO[937] und die einmal begründete Zuständigkeit des Gerichts durch nachträgliche Veränderungen nicht berührt wird[938]. Zudem hat die Rechtshängigkeit materiell-rechtliche Wirkungen. Gem. § 262 S. 1 ZPO richten sich diese nach materiellem Recht und

928 Foerste in: Musielak/Voit ZPO, § 253 Rn. 11.
929 Foerste in: Musielak/Voit ZPO, § 253 Rn. 11.
930 Thomas/Putzo, ZPO, § 66 Rn. 4.
931 Thomas/Putzo, ZPO, § 64 Rn. 2.
932 Thomas/Putzo, ZPO, § 147 Rn. 1.
933 Vgl. Saenger in: Saenger ZPO, § 253 Rn. 1 ff.
934 Thomas/Putzo, ZPO, § 261 Rn. 2.
935 Thomas/Putzo, ZPO, § 261 Rn. 2; Foerste in: Musielak/Voit ZPO, § 261 Rn. 2.
936 Thomas/Putzo, ZPO, Vor § 253 Rn. 1.
937 Thomas/Putzo, ZPO, § 261 Rn. 15.
938 Thomas/Putzo, ZPO, § 261 Rn. 16.

sind rechtserhaltender oder rechtsvermehrender Natur bzw. betreffen die Übertragbarkeit[939].

b) Rückwirkung gem. § 167 ZPO

Nach Eingang der Klage ist ungewiss, wann das Gericht die Zustellung bewirkt. Da dies von Zufällen abhängen kann, will § 167 ZPO diese vom Kläger nicht zu beeinflussende Verzögerung verhindern[940]. Daher ist als Zeitpunkt der Zustellung der Klage auf die Anhängigkeit, und nicht auf die Rechtshängigkeit abzustellen, soweit die Zustellung „demnächst" erfolgt (sog. fingierte Rückwirkung)[941]. Wird das Verfahren innerhalb einer nach den Umständen angemessenen Frist weitergegeben und hat die Partei alles ihr Zumutbare für die alsbaldige Klagezustellung getan, liegt dies vor[942]. Geringfügige Verzögerungen von bis zu zwei Wochen sind dabei unschädlich, selbst wenn sie auf Fahrlässigkeit des Klägers beruhen[943]. Um das Merkmal „demnächst" des § 167 ZPO auszulegen, bedarf es neben der zeitlichen auch einer wertenden Komponente in Form einer gerechten Abwägung der beteiligten Interessen[944]. Der Rückwirkung dürfen keine schutzwürdigen Belange des Gegners entgegenstehen[945].

Insgesamt ist bei der Vorschrift des § 167 ZPO zu berücksichtigen, dass es sich hierbei um einen „fundamentalen Grundsatz des Prozessrechts" handelt[946].

c) Anhängigkeit/ Rechtshängigkeit führen nach Ansicht der Rechtsprechung nicht zur Vererbbarkeit des Geldentschädigungsanspruchs

Ob die Rechtshängigkeit die Vererbbarkeit des Geldentschädigungsanspruchs begründen kann, wurde von der Rechtsprechung in ihrem Grundsatzurteil zur Vererbbarkeit des Geldentschädigungsanspruchs aus dem Jahre 2014 zunächst offengelassen[947]. Die Anhängigkeit des Geldentschädigungsanspruchs soll hiernach

---

939 *Thomas/Putzo*, ZPO, § 262 Rn. 1.
940 *Thomas/Putzo*, ZPO, § 167 Rn. 1.
941 *Thomas/Putzo*, ZPO, § 167 Rn. 10.
942 *Häublein* in: MüKo ZPO, § 167 Rn. 9.
943 *Thomas/Putzo* ZPO, § 167 Rn. 12.
944 *Thomas/Putzo* ZPO, § 167 Rn. 10.
945 BGH NJW 1999, 3125 = BGH, Urt. v. 27.05.1999 (VII ZR 24/98).
946 *Cronemeyer*, AfP 2012, 10 (13); *Häublein* in: MüKo ZPO, Rn. 1.
947 Grundlegend: BGH NJW 2014, 2871 = BGH, Urt. v. 29.04.2014 (VI ZR 246/12).

nicht ausreichend sein, um die Vererbbarkeit des Geldentschädigungsanspruchs zu begründen[948]. Die Rückwirkung die sich aus § 167 ZPO ergebe gelte allein in den Fällen, in denen durch die Zustellung eine laufende Frist gewahrt oder die Verjährung neu beginnen bzw. gehemmt werden solle. Hingegen gelte sie nicht für sonstige Zustellungen[949]. Daher könne auch die Anhängigkeit eines geltend gemachten Geldentschädigungsanspruchs nicht die Vererbbarkeit begründen[950].

Mittlerweile hat die Rechtsprechung zudem entschieden, dass auch die Rechtshängigkeit nichts an der Unvererbbarkeit des Anspruchs ändern könne[951]. Als Begründung hierfür wird angeführt, dass die Rechtshängigkeit zwar materiell-rechtlich rechtserhaltende Wirkung haben kann, sofern eine Rechtsnorm die Durchsetzbarkeit oder den Bestand eines Rechts, regelmäßig eines Anspruchs, ausschließe, sofern das Recht nicht innerhalb einer bestimmten Frist rechtshängig gemacht werde. Grund hierfür sei aber typischerweise, dass der Rechtsgegner nach einer bestimmten Zeit Klarheit darüber haben müsse, ob das Recht nun verfolgt werde oder nicht. Bei der Frage der Vererbbarkeit des Geldentschädigungsanspruchs gehe es jedoch nicht um Rechtsfrieden oder Rechtsklarheit, sondern darum, dass die Unvererbbarkeit unabhängig von der Schutzwürdigkeit des Schädigers sei[952]. Etwas Anderes könne sich auch nicht aus § 847 Abs. 1 S. 2 BGB a.F. ergeben. Denn die Beschränkung des Schmerzensgeldes sei geschaffen worden, da der historische Gesetzgeber es als etwas Anstößiges ansah, den Erben die Verfolgung eines Anspruchs zu gestatten, den der Verletzte selbst möglicherweise gar nicht als derart schwerwiegend empfunden habe bzw. er auch aus persönlichen Gründen die Sache nicht weiterverfolgt wissen wollte. Aus Gründen praktischer Zweckmäßigkeit hielt es der Gesetzgeber somit für sinnvoll, den Übergang des Schmerzensgeldanspruchs auf die Erben nur dann zuzulassen, wenn der Geschädigte den Anspruch vertragsmäßig anerkannt hatte oder dieser rechtshängig geworden war. Somit sollte also dem Erben die Anspruchsverfolgung nur dann gestattet sein, wenn der Wille des Verletzten klar erkennbar war[953].

---

948 BGH NJW 2014, 2871 = BGH, Urt. v. 29.04.2014 (VI ZR 246/12).
949 BGH NJW 2014, 2871 (2873) m.w.N. = BGH, Urt. v. 29.04.2014 (VI ZR 246/12).
950 BGH NJW 2014, 2871 = BGH, Urt. v. 29.04.2014 (VI ZR 246/12).
951 Erstmals: BGH NJW 2017, 3004 = BGH, Urt. v. 23.05.2017 (VI ZR 261/16).
952 BGH NJW 2017, 3004 (3005) = BGH, Urt. v. 23.05.2017 (VI ZR 261/16).
953 BGH NJW 2017, 3004 (3005) = BGH, Urt. v. 23.05.2017 (VI ZR 261/16).

3) Rechtskraft

a) Sinn und Zweck der Rechtskraft

Der Rechtsstaat muss gewährleisten, dass die Gerichte entscheiden, was rechtens ist. Ebenso bedarf es der Garantie der Rechtssicherheit für die Zukunft. Dies wird durch den Eintritt der formellen Rechtskraft eines Urteils (§ 705 ZPO) umgesetzt[954]. Tritt diese ein, kann ein Urteil mit den gewöhnlichen Rechtsmitteln nicht mehr angefochten werden. Zudem muss im Interesse des Rechtsfriedens auch ausgeschlossen werden, dass der durch Klage entschiedene Anspruch nicht erneut zum Gegenstand eines Verfahrens gemacht werden kann. Diese inhaltliche Bindungswirkung eines Urteils wird als materielle Rechtskraft bezeichnet[955]. Das bedeutet, dass der Inhalt des Urteils für die Parteien und ebenso für das Gericht maßgeblich ist, wenn es in einem späteren Verfahren erneut um diesen prozessualen Anspruch gehen sollte.

Die formelle Rechtskraft ist zudem Voraussetzung für die materielle Rechtskraft[956]. Zwar kann hierdurch auch ein ggf. unrichtiges Urteil für die Zukunft maßgeblich sein. Jedoch ist dies im Hinblick auf den Gesichtspunkt der Rechtssicherheit sowie des Rechtsfriedens grundsätzlich hinzunehmen[957].

b) Rechtskraft verschafft keine Genugtuung

Die Rechtsprechung ist der Ansicht, dass der Geldentschädigungsanspruch wegen Verletzung des Allgemeinen Persönlichkeitsrechts erst ab dem Zeitpunkt der Rechtskraft des den Anspruchs zusprechenden Urteils vererbbar sein soll. Der Geschädigte erlange erst hierdurch eine hinreichend gesicherte Rechtsposition, wodurch die primär vom Anspruch bezweckte Genugtuungsfunktion eintreten könne. Das Versterben des Geschädigten vor Rechtskraft des den Anspruch zusprechenden Urteils hindere somit die Vererbbarkeit des Anspruchs[958].

---

954 *Kindl* in: Saenger ZPO, § 705 Rn. 4.
955 *Thomas/Putzo*, ZPO, § 322 Rn. 1.
956 *Thomas/Putzo*, ZPO, § 322 Rn. 1.
957 *Thomas/Putzo*, ZPO, § 322 Rn. 1.
958 So: BGH NJW 2017, 3004 (3006) = BGH, Urt. v. 23.05.2017 (VI ZR 261/16); ebenso unter Bezugnahme auf diese Entscheidung: GRUR-RS 2018, 17910, Rn. 547 = OLG Köln, Urt. v. 29.05.2018 (15 U 64/17).

Hier gilt es zu beachten, dass das Kriterium der Rechtskraft aber kein im Erbrecht vorgesehenes Merkmal für die Vererbbarkeit eines Anspruchs darstellt[959]. Denn die Rechtskraft eines Urteils hat nach der heute vertretenen prozessualen Rechtskraftlehre keinen Einfluss auf die materielle Rechtslage, sondern macht vielmehr einen neuen Prozess um denselben Streitgegenstand unzulässig[960]. Ein weiteres Gericht darf sich bei Rechtskraft eines Urteils mit der Sache nicht erneut befassen (Wiederholungsverbot) bzw. hat entsprechend dem rechtskräftigen Urteil zu entscheiden (Abweichungsverbot)[961]. Wenn nun die Rechtsprechung der Rechtskraft dahingehend Bedeutung zusprechen möchte, dass diese dem Geschädigten eine hinreichend gesicherte Rechtsposition und somit auch Genugtuung verschaffen soll[962], so belebt sie hierdurch die heute nicht mehr vertretene materielle Rechtskraftlehre wieder[963]. Nach dieser Theorie soll das richtige Urteil die materielle Rechtslage bestätigen und schafft somit einen zusätzlichen Tatbestand für die festgestellte Rechtsfolge. Das unrichtige Urteil hingegen soll die materielle Rechtslage ändern. Wird ein materiell nicht bestehendes Recht zuerkannt, entsteht es zudem durch die materielle Rechtskraft des Urteils. Ein materiell bestehendes Recht, welches zu Unrecht aberkannt werde, erlischt hingegen mit Rechtskraft des Urteils[964].

Nach der heute herrschenden prozessrechtlichen Theorie[965] entscheidet das Gericht aber über das bestehende materielle Recht und wirkt – abgesehen vom Gestaltungsurteil – nicht auf die materielle Rechtslage ein und ändert sie nicht[966].

Im Unterschied zu Gestaltungsurteilen[967] berührt die materielle Rechtskraft von Leistungsurteilen die materielle Rechtslage nämlich grundsätzlich gerade nicht[968]. Daher hat der Gesetzgeber auch lediglich in einigen wenigen Ausnahmefällen Tatbestandswirkungen eines rechtskräftigen Urteils angeordnet[969].

---

959   *Hermann*, AfP 2018, 469 (475).
960   *Thomas/Putzo*, ZPO, § 322 Rn. 8ff; vgl. zudem: *Schack*, Rechtskraft, S. 611 (612).
961   *Thomas/Putzo*, ZPO, § 322 Rn. 8 ff.
962   So: BGH NJW 2017, 3004 (3006) = BGH, Urt. v. 23.05.2017 (VI ZR 261/16); ebenso unter Bezugnahme auf diese Entscheidung: GRUR-RS 2018, 17910, Rn. 547 = OLG Köln, Urt. v. 29.05.2018 (15 U 64/17).
963   Ebenso: *Hermann*, AfP 2018, 469 (475).
964   *Thomas/Putzo*, ZPO, § 322 Rn. 5.
965   *Thomas/Putzo*, ZPO, § 322 Rn. 6.
966   *Thomas/Putzo*, ZPO, § 322 Rn. 6.
967   Vgl. etwa §§ 1313 S. 2, 1564 S. 2 BGB, § 133 HGB.
968   Zur prozessualen Rechtskrafttheorie vgl. etwa: *Schack*, Rechtskraft, S. 611, 612.
969   Etwa in §§ 197 Abs. 1 Nr. 3, ähnlich in § 775 Abs. 1 Nr. 4 BGB.

Das Wesen der materiellen Rechtskraft liegt darin, dass der Entscheidungsinhalt in Zukunft für die Gerichte verbindlich ist[970]. Es ist aber nicht die Aufgabe des Richters, das Recht zu gestalten oder zu schaffen, sondern eben für Recht zu erkennen[971].

Eine Rechtsposition (Anspruch) für den Geschädigten entsteht doch bereits im Zeitpunkt der Verletzung des geschützten Rechtsguts und wird nicht durch Urteil rechtsbegründend zugesprochen. Dass das materielle Recht nicht ausreichend sein soll, einem Geschädigten eine (gesicherte) Rechtsposition zu verschaffen, sondern es hierfür eines rechtskräftigen Urteils bedarf, erscheint schlichtweg falsch[972]. Denn ein rechtskräftiges Urteil ist im Vergleich zum materiellen Anspruch letztlich nur dahingehend „hinreichend verfestigter", als dass dieses die Möglichkeit schafft, den Anspruch ggf. auch zwangsweise durchzusetzen[973]. In diesem Zusammenhang ist auch die Ansicht von *Fölsing*[974] zu berücksichtigen, der die Frage aufwirft, inwiefern ein vorläufig für vollstreckbar erklärtes Urteil, welches dem Geschädigten die zumindest vorläufige Möglichkeit der zwangsweisen Durchsetzung eines Geldentschädigungsanspruchs ermöglicht, diesem „weniger" subjektive Genugtuung verschaffen soll als ein rechtskräftiges Urteil. Denn ein Kläger ohne juristische Kenntnisse, der gerichtlich einen Anspruch zuerkannt bekommt, wird zunächst keinerlei Unterschied darin sehen, ob die Vollstreckung aus einem für vorläufig vollstreckbaren oder rechtskräftigen Urteil erfolgt.

Wie bereits aufgezeigt, ist es zudem verfehlt, eine subjektive Empfindungsfähigkeit des Geschädigten für die vom Anspruch primär bezweckte Genugtuungsfunktion zu verlangen[975]. Selbst wenn man diese jedoch für erforderlich halten möchte, erscheint es lebensfremd, dass ein gerichtliches Urteil dem in seiner Persönlichkeit Verletzten Genugtuung verschafft. Denn würde ein Geschädigter nicht davon ausgehen, dass die Rechtsordnung die von ihm erlittene Rechtsverletzung schützt, wäre er wohl kaum den Weg gegangen, den Anspruch gerichtlich durchzusetzen. Daher empfindet es ein in seiner Persönlichkeit Geschädigter wohl

---

970   *Thomas/Putzo*, ZPO, § 322 Rn. 8 ff.
971   *Saenger* in: Saenger ZPO, § 322 Rn. 11.
972   *Preuß*, LMK 2017, 395735 meint, dass die schlichte Tatsache, dass die Rechtsordnung dem Geschädigten einen Entschädigungsanspruch wegen der Verletzung der Persönlichkeit überhaupt gewährt, genüge der Genugtuung, da er diesen im Zweifel eben auch gerichtlich durchsetzen könne.
973   Zustimmend: *Beuthien*, GRUR 2018, 1021 (1023).
974   *Fölsing*, EWiR 2017, 595 (596).
975   Vgl. hierzu Kapitel G II.

bereits als „Genugtuung", dass die Rechtsordnung seine Persönlichkeit schützt[976]. Die Rechtskraft des zusprechenden Urteils kann – selbst bei subjektivem Verständnis der Rechtsprechung von Genugtuung – somit kein geeignetes Kriterium sein, um die Vererbbarkeit des Entschädigungsanspruchs zu begründen[977].

4) Maßgeblicher Zeitpunkt für die Vererbbarkeit

Zunächst einmal bleibt festzuhalten, dass der Anspruch auf Geldentschädigung wegen Verletzung des Allgemeinen Persönlichkeitsrechts zwingend vererbbar sein muss[978], wobei hierdurch noch nicht die Frage beantwortet ist, ob die Vererbbarkeit von der gerichtlichen Geltendmachung, Anhängigkeit, Rechtshängigkeit bzw. vertraglichen Anerkennung abhängig ist.

Um der „Höchstpersönlichkeit" des Allgemeinen Persönlichkeitsrechts gerecht zu werden, könnte man geneigt sein, die Vererbbarkeit – ebenso wie in § 847 Abs. 1 S. 2 BGB a.F. – von der gerichtlichen Geltendmachung bzw. vertraglichen Anerkennung des Geldentschädigungsanspruchs abhängig zu machen[979]. Denn wie bereits aufgezeigt, wurde bis zur Aufhebung des § 847 Abs. 1 S. 2 BGB a.F. entsprechend im Hinblick auf den Geldentschädigungsanspruch verfahren[980]. Dieser

---

976   Vgl. *Preuß*, LMK 2017, 395735.
977   Im Ergebnis auch: *Hermann*, AfP 2018, 469 (475); *Schack*, JZ 2018, 44 (45); ebenso: *Cronemeyer*, AfP 2012, 10 (14), die der Ansicht ist, dass der noch zu Lebzeiten entstandene Geldentschädigungsanspruch zumindest nach gerichtlicher Geltendmachung gem. § 1922 Abs. 1 BGB vererbbar sein müsse.
978   Im Ergebnis wohl auch: *Schubert*, JZ 2014, 1056 (1059), die vorträgt, dass es gute Gründe gibt, Konzeption und Eigenart des Geldentschädigungsanspruchs zu überdenken. Auch *Ludyga*, ZEV 2014, 333 (338), fordert eine Vererbbarkeit des Allgemeinen Persönlichkeitsrechts in vermögens- und nicht vermögensrechtlicher Hinsicht, wobei er jedoch sogar noch einen Schritt weitergeht und der Ansicht ist, dass die postmortale Verletzung ideeller Bestandteile des Allgemeinen Persönlichkeitsrechts im Einzelfall zu einer Geldentschädigung führen müsste. Auch *Schack*, JZ 2018, 44 (46), ist der Ansicht, dass der Geldentschädigungsanspruch zwingend vererbbar sein müsse, wobei er jedoch an die Anhängigkeit des Geldentschädigungsanspruchs anknüpft.
979   Auch *Cronemeyer*, AfP 2012, 10 (14) und *Schack*, JZ 2018, 44 (46) räumen ein, dass an die Anhängigkeit des Geldentschädigungsanspruchs für die Vererbbarkeit des Anspruchs angeknüpft werden könnte. Zudem ist *Schack*, JZ 2018, 44 (46) der Ansicht, dass sich aus den §§ 291, 818 IV, 989, 987, 996 BGB ergebe, dass jedenfalls nach Rechtshängigkeit eines Anspruchs auf Geldentschädigung die vom Geschädigten nicht beeinflussbare Verfahrensdauer dem Betroffenen nicht mehr zu seinem Nachteil gereichen darf.
980   BGH NJW 1969, 1110 = BGH, Urt. v. 17.02.1969 (II ZR 102/67); BGH NJW-RR 1987, 231 = BGH, Urt. v. 14.10.1986 (VI ZR 10/86).

Gedanke mag der Sensibilität des Allgemeinen Persönlichkeitsrechts ebenso wie dessen Höchstpersönlichkeit geschuldet sein. Soll doch der Geschädigte zweifellos selbst entscheiden, ob er die Verletzung seiner Persönlichkeit hinnehmen möchte oder nicht[981]. Folgt man dieser Ansicht und setzt einen ausdrücklichen Verfolgungswillen des Geschädigten voraus, wäre jedoch entgegen § 847 Abs. 1 S. 2 BGB a.F. auf den Zeitpunkt der Anhängigkeit und nicht der Rechtshängigkeit des Anspruchs abzustellen[982]. Denn der Grund für die Anknüpfung an eine gewisse Handlung des Geschädigten ist lediglich, dass zweifelsfrei sichergestellt werden soll, dass der Geschädigte die Verletzung seiner Persönlichkeit nicht hinnehmen möchte. Hat der Geschädigte sich zweifelsfrei hierfür entschieden, dürfen Verzögerung durch das Gericht nicht zu seinem Nachteil gereichen[983]. Denn auch im Hinblick auf das Gebot des effektiven Rechtsschutzes gem. Art. 19 Abs. 4 GG erscheint es nicht sachgerecht, die Vererbbarkeit des Geldentschädigungsanspruchs von Zufälligkeiten abhängig zu machen[984].

Jedoch ist zu berücksichtigen, dass der Geldentschädigungsanspruch wegen Verletzung des Allgemeinen Persönlichkeitsrechts völlig unabhängig von der vertraglichen Anerkennung, Anhängigkeit oder gar Rechtshängigkeit vererbbar sein muss[985]. Die Rechtsprechung erkennt selbst an, dass der Rechtshängigkeit auch rechtsverstärkende Wirkung zukommen kann. Soweit man diese § 847 Abs. 1 S. 2 BGB a.F. entnommen hat, ist eine solche Wirkung aber durch dessen Streichung

---

981 Zustimmend: *Cronemeyer*, AfP 2012, 10 (14); *Schack*, JZ 2018, 44 (46). Hier wird jedoch keinesfalls die Ansicht vertreten, dass die Vererbbarkeit des Geldentschädigungsanspruchs nicht bereits im Zeitpunkt der Entstehung des Anspruchs angenommen werden sollte, sondern dass „zumindest" ab Anhängigkeit der Anspruch zwingend vererbbar sein müsse.

982 *Cronemeyer*, AfP 2012, 10 (14); *Schack*, JZ 2018, 44 (46).

983 Ebenso: *Cronemeyer*, AfP 2012, 10 (12 ff.).

984 *Cronemeyer*, AfP 2012, 10 (14).

985 *Beuthien*, GRUR 2018, 1021 (1026), ist der Ansicht, dass ebenso wie die Ansprüche auf Schmerzensgeld auch die Ansprüche auf Entschädigung für Persönlichkeitsverletzungen uneingeschränkt vererbbar sein müssen; Ebenso: *Beuthien*, GRUR 2014, 957 (960). *Cronemeyer*, AfP 2012, 10 ff. ist wohl grundsätzlich auch der Ansicht, dass der Geldentschädigungsanspruch nach Aufhebung des § 847 Abs. 1 S. 2 BGB a.F. uneingeschränkt vererbbar geworden ist. Einschränkend kommt sie jedoch zu dem Ergebnis, dass der Geldentschädigungsanspruch zumindest dann vererbbar sein müsse, wenn er noch zu Lebzeiten in der Person des Geschädigten entstanden ist und er diesen auch gerichtlich geltend gemacht hat. Auch *Schack*, JZ 2018, 44 (46), schlägt vor, dass der „[...] Gesetzgeber die Vererblichkeit aller zu Lebzeiten entstandener Schmerzensgeldansprüche klarstellen und Verletzungen des allgemeinen Persönlichkeitsrechts unmittelbar in § 253 Abs. 2 BGB aufnehmen [...]" sollte.

gerade gegenstandslos geworden. Auf die Äußerung des Willens des Geschädigten kommt es heute also eben nicht mehr an.

Wurde der Geldentschädigungsanspruch zum Zeitpunkt der Aufhebung des § 847 Abs. 1 S. 2 BGB a.F. noch aus der entsprechenden Anwendung der Vorschrift hergeleitet[986], so gelten diese Beschränkungen der vertraglichen Anerkennung oder Rechtshängigkeit auch heute nicht mehr für den Geldentschädigungsanspruch. Durch Aufhebung dieser Vorschrift ist der Anspruch uneingeschränkt vererbbar geworden[987].

Dem steht auch nicht entgegen, dass es sich beim Allgemeinen Persönlichkeitsrecht um ein höchst sensibles Recht handelt, welches bei Verletzung der ideellen Bestandteile des Rechts auch entsprechend dem Willen des Geschädigten geltend gemacht werden soll. Denn vorliegend ist zu beachten, dass die Weiterentwicklung der technischen Möglichkeiten den Zugriff auf das Allgemeine Persönlichkeitsrecht durch unberechtigte Dritte stets erleicherz. Um dieser Entwicklung entgegenzutreten, bedarf es eines umfassenden Schutzes des Allgemeinen Persönlichkeitsrechts. Hierfür wurde der Geldentschädigungsanspruch von der Rechtsprechung geschaffen[988].

Der besonderen Sensibilität dieses Rechts wird dadurch Rechnung getragen, dass der Geldentschädigungsanspruch lediglich bei schwerwiegenden Rechtsverletzungen überhaupt zur Entstehung gelangen kann und zudem ohnehin lediglich subsidiär ist[989]. Diese erhöhten Entstehungsvoraussetzungen tragen somit der Höchstpersönlichkeit des Allgemeinen Persönlichkeitsrechts bereits ausreichend Rechnung[990]. Im Kern geht es auch nicht um die Kommerzialisierung der Persönlichkeit durch die Erben des Geschädigten, sondern darum, dass der Geschädigte zu Lebzeiten eine schwere Persönlichkeitsverletzung bereits erlitten hat[991]. Dass dieser auf Geld gerichtete Entschädigungsanspruch nicht mehr ihm selbst, son-

---

986   *Becker*, Persönlichkeitsrecht, S. 77, 78.Vgl. zudem die gefundenen Ergebnisse in Kapitel G III.

987   So auch: *Beater* in: Soergel BGB, § 823 Rn. 25; *Cronemeyer*, AfP 2012, 10 (10ff).; *Kutschera*, AfP 2000, 147, (148 f.).

988   BGH NJW 1958, 827 (830) = BGH, Urt. v. 14.02.1958 (I ZR 151/56).

989   *Mann* in: Spindler/Schuster, Recht der elektronischen Medien, § 823 Rn. 102.

990   Ebenso: *Schubert*, JR 2018, 514 (519): „Das Erfordernis einer schwerwiegenden Beeinträchtigung des Persönlichkeitsrechts dürfte die Zuerkennung ungerechtfertigter bzw. überhöhter Geldentschädigungsansprüche weitgehend ausschließen.".

991   Auch *Preuß*, LMK 2017, 395735 ist der Ansicht, dass eine lebzeitig erlittene Verletzung des Allgemeinen Persönlichkeitsrecht konsequent von der Verletzung des postmortalen Persönlichkeitsrechts unterschieden werden muss.

dern bei Versterben seinen Erben finanziell zugutekommt, ändert nichts an der Tatsache, dass eine schwere Persönlichkeitsrechtsverletzung nicht sanktionslos hingenommen werden muss.

IX Ausnahmefallgruppen bei Annahme der grundsätzlichen Unvererbbarkeit des Geldentschädigungsanspruchs

Wie bereits dargestellt, geht die Rechtsprechung insgesamt von der grundsätzlichen Unvererbbarkeit des Geldentschädigungsanspruchs aufgrund der im Vordergrund stehenden Genugtuungsfunktion aus[992]. Jedoch soll es beim Vorliegen besonderer Umstände möglich sein, ausnahmsweise im Einzelfall eine Vererbbarkeit des Anspruchs anzunehmen[993]. Da sich der Bundesgerichtshof zu den möglichen Ausnahmefallgruppen bisher nicht geäußert hat, wurde im Urteil des OLG Köln die Revision zugelassen[994].

Dass der Geldentschädigungsanspruch aber für grundsätzlich vererbbar erklärt werden muss, wurde bereits umfassend dargestellt. Daher kann es vorliegend offengelassen werden, ob die vom OLG Köln angeführten Ausnahmefallgruppen überhaupt geeignet wären, die Vererbbarkeit des Anspruchs zu begründen bzw. ob diese im Einzelfall vom Gericht auch zutreffend als erfolglos bewertet worden sind.

---

992 Grundlegend: BGH NJW 2014, 2871 = BGH, Urt. v. 29.04.2014 (VI ZR 246/12).
993 GRUR-RS 2018, 17910, Rn. 551 m.w.N. = OLG Köln, Urt. v. 29.05.2018 (15 U 64/17).
994 GRUR-RS 2018, 17910, Rn. 550 = OLG Köln, Urt. v. 29.05.2018 (15 U 64/17).

H Untersuchungsergebnis und persönliches Fazit

I Untersuchungsergebnis: Der Geldentschädigungsanspruch muss vererbbar sein

Wie bereits umfassend dargestellt muss sich aus verschiedensten Gesichtspunkten – entgegen der Ansicht der aktuellen Rechtsprechung[995] – zwingend die Vererbbarkeit des Geldentschädigungsanspruchs ergeben. Den Anspruch für grundsätzlich unvererbbar zu erklären bzw. für die Vererbbarkeit an die Rechtskraft des zusprechenden Urteils anzuknüpfen[996], wird weder dem Sinn und Zweck des Anspruchs gerecht, noch lässt sich hierfür eine nachvollziehbare, dogmatisch saubere Argumentation finden.

Im Folgenden sollen daher erneut – in aller Kürze – diejenigen Hauptargumente aufgeführt werden, aus denen sich zwingend die Vererbbarkeit des Geldentschädigungsanspruchs ergeben muss.

1) Abschaffung von § 847 Abs. 1 S. 2 BGB a.F.

Bereits allein aus der Aufhebung des § 847 Abs. 1 S. 2 BGB a.F. muss sich die Vererbbarkeit des Geldentschädigungsanspruchs – zumindest spätestens ab Rechtshängigkeit bzw. vertraglichem Anerkenntnis – ergeben[997]. Denn wurde der Anspruch ursprünglich aus § 847 Abs. 1 BGB a.F. entsprechend hergeleitet, so war diese Begründung im Zeitpunkt der Aufhebung der Vorschrift noch gar nicht aufgegeben worden[998]. Dass der Gesetzgeber mit der Aufhebung der Vererbbarkeitsbeschränkungen in § 847 Abs. 1 S. 2 BGB a.F. den Geldentschädigungsanspruch aber nachteilig belasten, also für unvererbbar erklären wollte, ist nicht ersichtlich. Denn die Aufhebung der Beschränkungen erfolgte gerade zum Schutze des Geschädigten, und nicht zu dessen Nachteil[999]. Allein aus der Tatsache, dass

---

995 GRUR-RS 2018, 17910 = OLG Köln, Urt. v. 29.05.2018 (15 U 64/17).
996 GRUR-RS 2018, 17910, Rn. 547 = OLG Köln, Urt. v. 29.05.2018 (15 U 64/17).
997 So auch: *Beater* in: Soergel BGB, § 823 Rn. 25; *Cronemeyer*, AfP 2012, 10 (11 f.); *Kutschera*, AfP 2000, 147 (148 f.). Vgl. zudem: *Staudinger*, Jura 2016, 783 (790).
998 Vgl. hierzu Kapitel E II) 2) c).
999 Vgl. BT-Drs. 11/4415, S. 4.

der Gesetzgeber bei der Aufhebung des § 847 Abs. 1 S. 2 BGB a.F. den Geldent-schädigungsanspruch nicht ausdrücklich erwähnt hat, kann nicht dazu geführt haben, dass der Anspruch im Zuge dieser Aufhebung unvererbbar geworden ist.

2) Vergleichbarkeit zum Anspruch auf Schmerzensgeld

Zudem sollte sich die Rechtsprechung endgültig vom Gedanken lösen, den Geldentschädigungsanspruch wie einen „Fremdkörper" im zivilrechtlichen Haftungssystem zu behandeln. Die Ansprüche auf Schmerzensgeld und Geldentschädigung sind vergleichbar, zumal beide einen immateriellen Schaden ersetzen[1000]. Hat der Geldentschädigungsanspruch doch bereits erhöhte Anforderungen auf Tatbestandsebene, so kann es nicht gewollt sein, den Anspruch auf Schmerzensgeld „doppelt zu privilegieren"[1001]. Der Mensch darf nämlich in Bezug auf seine Persönlichkeit keinen geringeren Schutz erfahren als im Hinblick auf seine körperliche Unversehrtheit und Freiheit, da seelisches Leid nicht geringer wiegt als körperliches Leid[1002]. Um diesem Umstand Rechnung zu tragen, hat die Rechtsprechung doch eben den Geldentschädigungsanspruch entwickelt. Hat der Gesetzgeber das gesellschaftliche Bedürfnis für einen umfassenden Schutz des Schmerzensgeldes erkannt und die Beschränkungen der Vererbbarkeit in § 847 Abs. 1 S. 2 BGB a.F. aufgehoben, so sollte die Rechtsprechung anerkennen, dass dieses Bedürfnis ebenso für den Geldentschädigungsanspruch besteht[1003].

3) Vergleichbarkeit zu anderen Ansprüchen

Dass der Geldentschädigungsanspruch zwingend vererbbar sein muss, zeigt sich auch aus der Vergleichbarkeit zu anderen vererbbaren Ansprüchen. Erkennt das BAG mittlerweile die Vererbbarkeit des Urlaubsabgeltungsanspruchs sogar dann an, wenn der Urlaubsanspruch in der Person des Arbeitnehmers noch gar nicht entstanden ist[1004] bzw. gewährt § 844 Abs. 3 BGB einen Anspruch auf Hinterbliebenengeld der uneingeschränkt vererbbar sein soll, obwohl bei diesem ebenso der

---

1000 *Hermann*, AfP 2018, 469 (474); *Schubert*, JZ 2014, 1056 (1058).
1001 *Hermann*, AfP 2018, 469 (473).
1002 *Beuthien*, GRUR 2014, 957 (957 ff.); *Hermann*, AfP 2018, 469 (473).
1003 Vgl. *Rixecker* in: MüKo BGB, Anh. zu § 12 Rn. 15.
1004 BAG NJW 2019, 2046 = BAG, Urt. v. 22.01.2019 (9 AZR 45/16).

Gedanke der Genugtuung im Vordergrund steht[1005], so darf der Geldentschädigungsanspruch nicht für unvererbbar erklärt werden. Dabei sei auch erneut auf das Urheberrechtspersönlichkeitsrecht gem. § 28 Abs. 1 UrhG hingewiesen, welches ebenso einheitlich vererbbar ist[1006] und mit dem zivilrechtlichen Allgemeinen Persönlichkeitsrecht durchaus vergleichbar ist[1007].

II Persönliches Fazit

1) Genugtuungsfunktion keine Universallösung für Unvererbbarkeit

Im Rahmen der umfassenden Auseinandersetzung mit der „Vererbbarkeit des Geldentschädigungsanspruchs bei Verletzung des Allgemeinen Persönlichkeitsrechts" gewinnt man durchweg den Eindruck, dass die Rechtsprechung die dem Anspruch überwiegend zugeschriebene Genugtuungsfunktion als „Universallösung" zur Begründung der Unvererbbarkeit des Anspruchs heranzieht. Was aber „Genugtuung" innerhalb des Anspruchs sein soll, bleibt weitestgehend ungeklärt. Hauptargument für die Unvererbbarkeit des Anspruchs ist stets, dass ein Verstorbener Genugtuung nicht mehr verspüren könne und daher auch der Hauptzweck des Anspruchs nach dem Versterben des Geschädigten nicht mehr zu erreichen ist[1008]. Somit setzt die Rechtsprechung für Genugtuung innerhalb des Anspruchs ein subjektives Empfinden beim Geschädigten voraus. In diesem Rahmen stützt sie sich auch auf das postmortale Persönlichkeitsrecht, da auch hier eine Verletzung der immateriellen Bestandteile dieses Rechts keine Ersatzansprüche der Erben begründen kann[1009]. Die Tatsache aber, dass eine noch zu Lebzeiten erlittene Verletzung des Allgemeinen Persönlichkeitsrechts strikt von der Verletzung des postmortalen Persönlichkeitsrechts zu trennen ist, lässt die Rechtsprechung völlig außer Acht.

1005 *Burmann/Jahnke*, NZV 2017, 401 (413); *Müller*, VersR 2017, 312; *Jahnke* in: Straßenverkehrsrecht, § 844 Rn. 221. Auch *Sprau* in: Palandt BGB, § 844 Rn. 25 ist der Ansicht, dass das Hinterbliebenengeld dem Geldentschädigungsanspruch ähnelt.
1006 *Schulze* in: Dreier/Schulze UrhG, § 28 Rn. 1.
1007 *Wortmann*, Vererblichkeit, S. 288, spricht von einer strukturellen Vergleichbarkeit.
1008 Grundlegend: BGH NJW 2014, 2871 (2872) m.w.N. = BGH, Urt. v. 29.04.2014 (VI ZR 246/12).
1009 Grundlegend: BGH NJW 2014, 2871 (2872 f.) = BGH, Urt. v. 29.04.2014 (VI ZR 246/12).

Zudem muss man berücksichtigen, dass die Genugtuungsfunktion beim Geldentschädigungsanspruch lediglich derart im Vordergrund steht, weil Verletzungen des Allgemeinen Persönlichkeitsrechts noch deutlich schwerer am allgemeinen Wertmesser des Geldes zu messen sind als bei körperlichen Beeinträchtigungen[1010]. Dass diese Tatsache den Anspruch nachteilig belasten sollte, ist nicht nachvollziehbar.

Da der Geldentschädigungsanspruch geschaffen wurde, um einen umfassenden Schutz der Persönlichkeit zu gewährleisten, kann ein subjektives Verständnis von Genugtuung dem Anspruch nicht gerecht werden. Daher ist die Genugtuungsfunktion zu objektivieren und somit auch nicht als Universallösung zur Begründung der Unvererbbarkeit des Anspruchs geeignet. Daneben ist ebenso zu berücksichtigen, dass – wie bereits umfassend dargestellt – das Kriterium der Rechtskraft weder rechtsdogmatisch nachvollziehbar zur Begründung der Vererbbarkeit des Geldentschädigungsanspruchs herangezogen werden kann, noch in tatsächlicher Hinsicht ein subjektives Empfinden von Genugtuung vermittelt.

2) Ziel: Umfassender Schutz des Allgemeinen Persönlichkeitsrechts

Im Zentrum der Frage der Vererbbarkeit des Geldentschädigungsanspruchs hat der Sinn und Zweck des Anspruchs zu stehen. Hatte die Rechtsprechung ursprünglich noch Ersatzansprüche wegen der Verletzung der „Ehre" abgelehnt, so wurde der Geldentschädigungsanspruch geschaffen[1011], da ein Bedürfnis für den Schutz des Allgemeinen Persönlichkeitsrechts bestand. Heute, also mehr als 60 Jahre nachdem der Anspruch geschaffen wurde, hat sich die Gesellschaft weiterentwickelt. Durch die technischen und medialen Entwicklungen ist ein Eingriff in den Kernbereich der persönlichen Sphäre der Menschen allgegenwärtig und somit auch verletzlicher und empfindlicher denn je. Daher besteht mittlerweile ein „gesteigertes" Bedürfnis eines verkehrsfähigen Ersatzanspruchs, der gewährleistet, dass das Allgemeine Persönlichkeitsrecht nicht „sanktionslos"[1012] dem Zugriff Dritter ausgeliefert ist. Der Geldentschädigungsanspruch, der dazu dienen soll, den innersten persönlichen Kern des Menschen vor Dritten zu schützen, kann und

---

1010 BGH NJW 1961, 2059 (2060) = BGH, Urt. v. 19.09.1961 (VI ZR 259/60).
1011 BGH NJW 1958, 827 = BGH, Urt. v. 14.02.1958 (I ZR 151/56).
1012 Jedoch stellt der Geldentschädigungsanspruch grundsätzlich keine Strafe dar, vgl. BVerfGE 34, 269.

darf daher nicht unvererbbar sein. Ansonsten handelt es sich bei dem Anspruch lediglich um ein „halbherzig geschaffenes Instrument", das einen umfassenden Schutz der Persönlichkeit nicht gewährleistet.

Besteht die Stärke einer Rechtsordnung doch eben auch darin, dass sich diese stets den wandelnden Verhältnissen und Gegebenheiten anpassen kann, so sollte die Rechtsprechung, die den Geldentschädigungsanspruch geschaffen hat, einen umfassenden Schutz der Persönlichkeit nun auch tatsächlich gewährleisten und den Geldentschädigungsanspruch für uneingeschränkt vererbbar erklären.